ÜBER DIESES BUCH: Während sich die meisten Bücher über den Buddhismus mit den philosophischen Grundlagen beschäftigen, will Volker Zotz dem Leser die ungeheure Lebensnähe der Lehren Buddhas zeigen. Und das war auch Buddhas Ziel: Er interessierte sich nicht so sehr für philosophische Spekulationen über Gott, die Welt oder das Leben nach dem Tod, sondern für Einsichten und Verhaltensweisen, die dem Menschen ein sinnvolles und glückliches Leben ermöglichen.

PROFESSOR DR. VOLKER ZOTZ, Jahrgang 1956, ist Philosoph und Kulturwissenschaftler. Der Spezialist für Buddhismus und Konfuzianismus promovierte an der Universität Wien und habilitierte sich im Fach Religionswissenschaft an der Universität des Saarlandes. Nach längeren Studien- und Forschungsaufenthalten in Indien und anderen Ländern Asiens arbeitete er von 1989 bis 1999 an japanischen Universitäten in Kioto und Tokio. Seither lehrt er an der Université du Luxembourg. Volker Zotz ist Autor zahlreicher Bücher zu geistesgeschichtlichen Themen und Initiator des Projekts «Eurasischer Humanismus und Interkulturelle Spiritualität».
www.volkerzotz.eu

VOLKER ZOTZ

*Mit **Buddha***
das Leben meistern

~ BUDDHISMUS
FÜR PRAKTIKER ~

ROWOHLT

rororo transformation

Herausgegeben von Bernd Jost

7. Auflage Juni 2007

Originalausgabe
Veröffentlicht im Rowohlt Taschenbuch Verlag,
Reinbek bei Hamburg, Januar 1999
Copyright © 1999 by Rowohlt Taschenbuch Verlag
GmbH, Reinbek bei Hamburg
Umschlaggestaltung: Walter Hellmann
(Foto: The Image Bank/Paul Slaughter)
Satz Goudy Old Style PostScript (PageOne)
Gesamtherstellung Clausen & Bosse, Leck
Printed in Germany
ISBN 978 3 499 60586 4

Inhalt

～ 1. KAPITEL ～

～ 2. KAPITEL ～

Dem Gedächtnis an
Dr. Ernst Pagenstecher und
Frau Traude Pagenstecher
gewidmet

Vorwort

Dieses Buch behandelt Lehren des als Buddha bekannten Gautama im Hinblick auf ihren Nutzen für heutige Menschen. Es stellt keine theoretische Philosophie dar, sondern deren Impulse für die Lebenspraxis. Entsprechend geht es nicht um ‹Buddhismus›, ein Wort, das außer der Erwähnung in diesem Satz im Text nicht mehr vorkommt. Es wird gefragt, wie Gautamas Aussagen dem einzelnen helfen, sein Dasein bewußter, verantwortlicher und freier zu gestalten.

Gautamas Antworten auf Probleme des Alltags, die sich seit mehr als zweieinhalb Jahrtausenden in Ländern Asiens bewährten, gewinnen heute an Relevanz für viele Menschen Europas und Amerikas, denen die Werte des alten Abendlandes nicht mehr zur Orientierung genügen. Obwohl sich dieses Buch als Einführung in Grundhaltungen Gautamas lesen läßt, ist es sein Anliegen, zur Verwandlung des Lebens anzuregen. Darum wird der Leser durch Fragen und Aufforderungen zum praktischen Experiment gefordert. Seine Antworten und Erfahrungen erschließen erst, worauf der Text hindeuten will.

Die ursprüngliche Fassung dieses Buches erschien vor einem Jahrzehnt unter dem Titel *Freiheit und Glück. Buddhas Lehren für das tägliche Leben*, gefolgt von der Taschenbuchausgabe *Erleuchtung im Alltag*. Es wurde einigen Lesern zum Wegbegleiter. Reaktionen und Fragen aus ihrem Kreis ließen sich bei vorliegender erweiterter Neufassung berücksichtigen.

Kyōto, im Januar 1997   Volker Zotz

Vorwort zur Originalfassung

Sind Alter, Krankheit und Tod für mich wirklich Bedrohungen, die zwangsläufig Schmerz, Kummer und Verzweiflung bringen müssen? Wie kann ich trotz der zahlreichen inneren und äußeren Probleme, die mich leiden lassen, dauerhaftes Glück und wahren Frieden finden? Ist es möglich, in jedem Augenblick des Lebens aus einer wachen und klaren Bewußtheit zu handeln? Muß ich Opfer ungewollter Umstände sein, oder kann ich mein Dasein tatsächlich selbst in die Hand nehmen? Wie wird aus einem trüben, eintönigen Alltag ein erfülltes und vollkommenes Leben? Gibt es eine Erkenntnis, die mir echte Freiheit schenken kann?

Vor mehr als 2500 Jahren lebte in Indien ein Weiser, der auf diese Fragen eindeutige Antworten fand. Man nannte ihn den Buddha, was in indischen Sprachen «der Erwachte» bedeutet, denn in jeder Situation behielt er einen wachen und ungetrübten Geist. Obwohl er auf ein Königreich als Erbe verzichtete und die Kriegskunst, die er in seiner Jugend erlernte, niemals ausübte, wurde er zu einem der einflußreichsten Menschen der Weltgeschichte. Ungezählte Frauen und Männer fanden durch seine Weisheit, die sich bald über ganz Asien verbreitete, zu einem glücklichen und erfüllten Leben.

Nun sind 2500 Jahre eine lange Zeitspanne, und Indien ist ein fernes Land. Sind jene Antworten, die der weise Buddha damals auf die Kernfragen des Lebens fand, auch hier und heute noch aktuell? Können sie uns bei der Bewältigung unserer täglichen Schwierigkeiten hilfreich sein?

Echte Weisheit ist zeitlos. Die Bedeutung eines wahren Weisen besteht darin, daß er die *Gesetzmäßigkeiten der Natur und des Geistes* aufzeigt, die immer gültig sind. So wie die Lehren der Weisen Griechenlands und Chinas stets Geltung besitzen, verkündete auch der Buddha eine zeitlose Botschaft. Echte Weisheit kann daher das Leben jedes Menschen bereichern, gleichgültig welcher

Religion er angehört, welche Sprache er spricht und wo sein Platz in der Gesellschaft ist. Die Lehren des Buddha kennen dabei keine engstirnigen Dogmen. Sie stellen die persönliche Erfahrung des Menschen und seine großartigen Möglichkeiten zu innerem Wachstum in den Mittelpunkt.

Aber es ist ein schillerndes Gewand, in das sich diese zeitlose Botschaft hüllt, und es heißt aufzupassen, daß man dadurch nicht vom Eigentlichen abgelenkt wird. Wer die Lehren des Buddha zur Meisterung seines Daseins nutzen möchte, darf dies keinesfalls mit einer Faszination von exotischen Sitten und Gebräuchen verwechseln. Das würde bedeuten, daß man überlieferte *Formen* über die wesentlichen *Inhalte* stellt.

Diese wesentlichen Inhalte sind praktisch anwendbare Hilfen: Der Buddha zeigte seinen Schülern, was sie tun können, um jene Freiheit zu finden, die sie sich wünschen. Er gab dazu Ratschläge für das tägliche Leben: zum rechten Gebrauch des *Denkens* und der *Erkenntnis*, zur *Lebensführung* und zur *Meditation*.

Jene Ratschläge des Buddha und anderer großer Weiser aus Indien, Tibet, China und Japan, die in seiner Nachfolge standen, bilden die Grundlage des vorliegenden Buches. Es möchte diese wesentlichen Inhalte in der Sprache unserer Zeit vermitteln, ohne dabei an traditionellen Formen zu haften. Im Zentrum stehen folgende Fragen: «Wie kann mir die Weisheit des Buddha heute im täglichen Kampf helfen? Wie komme ich zu einer meditativen Lebenshaltung, die mir geistige Klarheit, wache Handlungsfähigkeit und inneren Frieden schenkt? Welche praktischen Übungen können hierzu förderlich sein? Wie fange ich an?»

Die Weisheit des Buddha ist oftmals erstaunlich einfach. Viele Menschen suchen nach hochtrabenden Systemen, die schwer verständlich und möglichst undurchschaubar klingen. Aber das, was uns Zufriedenheit und Erfolg bringen kann, ist in Wahrheit meist ganz simpel. Wer meint, nur das Komplizierte und Teure könnte hilfreich sein, übersieht dabei leicht die einfachen Schritte, die wir selbst zu Freiheit und Glück gehen können.

Der Buddha weist stets auf das Naheliegende. Der Mensch neigt dazu, sich durch Fragen und Überlegungen, die nichts mit seinen *unmittelbaren* Schwierigkeiten zu tun haben, abzulenken oder noch zusätzliche Probleme zu schaffen. Dabei wissen wir oft ganz genau, wo wir beginnen sollten. Doch wir haben Angst, es könnte mühselig oder beschwerlich sein, das Naheliegende zu tun. Wir schaffen uns ungezählte Ablenkungen, die uns im entscheidenden Moment vom Wesentlichen fernhalten. So verschieben wir alles auf eine unbestimmte Zukunft und verdrängen aus unserem Bewußtsein, daß wir grundsätzlich in *jedem* Augenblick die Richtung unseres Lebens ändern könnten.

Wir können den Weg zu Glück und Freiheit einschlagen. Oder auch Sklaven der äußeren Umstände und unserer Ablenkungen bleiben. Die Wahl liegt bei jedem einzelnen Menschen. Die einfachen und auf das Naheliegende gerichteten Ratschläge des Buddha zeigen sichere Möglichkeiten auf, wie man das eigene Leben selbstverantwortlich und schöpferisch gestaltet. Meditative Methoden unterstützen diesen Weg und führen zu klarer Bewußtheit und ungeahnten Erkenntnissen. Angst vor Veränderung wird überwunden. Wir kommen in die Lage, zu werden und zu tun, was wir wahrhaft wollen. Wir verwirklichen die Harmonie mit den Gesetzen der Natur und des Geistes.

Wer mehr aus seinem Leben machen möchte, wer sich nicht länger mit Scheinerklärungen, Ablenkungen und Entschuldigungen, die man selbst nicht glaubt, zufriedengeben will, kann in den Lehren des Buddha klare Anregungen erwarten, um für sein Leben Antworten auf lange gestellte Fragen zu finden.

Die folgende Darstellung einiger wichtiger Lehren des Buddha für das tägliche Leben gründet sich auf Vortragsmanuskripte und Mitschriften aus Seminaren, die von mir in den vergangenen Jahren an verschiedenen Orten, insbesondere am Buddhistischen Zentrum in Wien, abgehalten wurden. Zudem konnte ich in wenigen Punkten auf eine kurze sechsteilige Einführung in die Botschaft des Buddha zurückgreifen, die ich vor einigen Jahren unter der Redaktion Lama Anagarika Govindas verfaßte.[1]

Dieses Buch sei dem Andenken an Dr. Ernst Pagenstecher und seine Frau Traude gewidmet, die mir in früher Jugend durch ihr Vorbild die Lehre des Buddha in wunderbarer Weise nahebrachten.

Wien, im Mai 1987   *Volker Zotz*

1. KAPITEL

Das Beispiel Gautamas

Im Hochland Tibets, an Chinas Flüssen, in mongolischen Steppen, Indochinas Dschungeln und an Japans Küsten erzählt man seit Jahrhunderten die Geschichte von Gautama, dem Buddha. In Thailand, Sri Lanka und Birma illustrieren sie Reliefs und Malereien prächtiger Tempel. Mehr als zwei Jahrtausende alte Texte indischen Ursprungs wurden immer wieder neu bearbeitet, um sie verschiedenen Epochen und Kulturen nahezubringen. Daß man sie so lange bewahrte und ihrem Helden überall im Süden und Osten Asiens großartige Denkmäler errichtete, liegt nicht nur daran, daß er ein besonderer Mensch war: So außergewöhnlich die Geschichte seines Lebens klingt, handelt sie doch vom Leben jedes Menschen, dem meinen wie Ihrem, mag dies auf den ersten Blick auch schwer erkennbar sein. Der Bericht gründet auf tatsächlich Geschehenem. Doch schmückte man manches aus und ergänzte es, damit die Lehren, die dieses Leben mitteilt, fern vom Ort und der Zeit des Ereignisses verständlich bleiben. Liest man heute in den alten Texten, entsteht in der Vorstellung ein Bild wie folgendes.[2]

Vor mehr als 2500 Jahren bestanden im Norden Indiens am Fuß des Himalaya zahlreiche kleine Staaten, in denen die Gemeinschaft der Krieger ihren regierenden Fürsten wählte. Der später als Buddha bekannte Gautama Siddhārtha war der Sohn eines solchen Regenten. Lumbini, sein Geburtsort, befindet sich im heutigen Königreich Nepal.

Die Familie wünschte, er würde in Zukunft eine Funktion wie sein Vater wahrnehmen, weshalb er eine gute Erziehung und Ausbildung erhielt. Die besten Lehrer vermittelten dem Kind, das vielleicht einmal Herrscher sein würde, umfassende Kenntnisse und Fertigkeiten. Neben der Ausbildung in Dingen, die zur Verwaltung eines Landes nötig waren, erlernte er vor allem die Waffenkünste, schließlich gehörte er der stolzen Kriegerkaste an. Gautama war ein guter Bogenschütze, verstand es, das Schwert zu führen, zu reiten und den Kriegswagen zu lenken.

Großer Luxus begleitete die Kindheit und Jugend des Prinzen. Auf seiner mit wohlriechenden Ölen gesalbten Haut trug er Kleider erlesener Stoffe, die man aus dem berühmten Benares herbeischaffte. Vielerlei Möglichkeiten der Zerstreuung und alle denkbaren Vergnügungen standen ihm zur Verfügung. Musikanten sorgten für Unterhaltung, hübsche Tänzerinnen warteten ihm auf, lasen ihm jeden Wunsch von den Augen ab, um ihn zu befriedigen. Als er heranreifte, stellte Gautama fest, daß keine Stimme, kein Geruch, keine Berührung dem Mann angenehmer ist als jene einer Frau.[3]

Negatives wurde von Gautama ferngehalten. Trauriges, Häßliches und Leidvolles sollte er nicht erleben. Seine Mutter starb bald nach der Geburt, worauf Vater und Pflegemutter alles Kummervolle aus dem jungen Leben verbannen wollten.

Obwohl man ihm nur Freuden bereitete, fand er doch Anlaß zu tiefem Nachdenken. Mit den Zuständen des Glücks hatte Gautama ein Problem: Er merkte, wie er sie nicht festhalten konnte. Sah er, wie eine Tänzerin ihre Hüften wiegte, und kam sie ihm dann näher, schlug sein Herz stärker. Er dachte nur daran, sie zu berühren. Später in ihrer Umarmung steigerte sich der Rausch bis zur Ekstase. Doch diese endete ganz plötzlich, und was ihn vorher in Taumel versetzte, hatte seinen Zauber verloren. Die zuerst so begehrte Berührung ihrer Hände löste keine Schauer mehr aus, konnte sogar lästig sein. Daß Lust kam und ging, beobachtete er auch bei anderen Gelegenheiten. Traf er bei der Schwertübung auf einen guten Gegner, kam er in eine hohe Stimmung, die im Sieg einen unbeschreiblichen Gipfel erreichte. Doch nur Augenblicke später konnte alle Freude erlöschen, und er fragte sich, was er eigentlich gewonnen hatte.

Gautama war sechzehn Jahre alt, als seine Angehörigen merkten, wie er verschlossen und nachdenklich wurde. Sie fürchteten, er fiele in Schwermut und könnte trotz seiner Begabung auf die Nachfolge des Vaters verzichten. Dem wollten sie entgegenwirken. Gautama wurde mit einem Mädchen seiner Wahl verheiratet. Gemäß dem Brauch konnte er weitere Frauen nehmen. Man hoffte, ihn damit an die Welt des Reichtums und der Macht zu binden. Bald war er stolzer Vater eines Sohnes. Um ihn weiter für ein Leben nach den Vorstellungen der Familie zu formen, bestimmte man ihn zum Mitregenten. Er saß im Rat der Krieger, hörte Streitfälle an und durfte bei Entscheidungen mitreden. Er besaß alles, was sich ein Mensch wünschen kann: Familie, Wohlstand, Macht und jede Möglichkeit zur Befriedigung seiner Wünsche.

Der Preis des Lebens

Der Versuch, ihm nur Schönes und Gutes zu zeigen, schränkte Gautamas Bewegungsraum weitgehend auf fürstliche Schlösser und Parks ein. Begegnungen mit der Außenwelt waren gut geplant, damit sie angenehm verliefen. Doch sogar ein goldener Käfig bleibt ein Gefängnis, über dessen Enge menschliches Träumen, Sehnen und Denken hinausdrängen. Oft fragte sich Gautama, ob es wohl jenseits der ummauerten Paläste etwas gab, das er entdecken sollte. Schließlich trieb es ihn aus der Sicherheit des Gewohnten. Er wollte jene Dinge kennenlernen, denen Menschen seines Standes auswichen. Hierdurch nahm sein Leben eine entscheidende Wende.

Bei einer ersten Erkundung erblickte er am Wegesrand einen männlichen Leib, hautüberspannte Knochen, die schwach und ausgezehrt im trockenen Staub unter der heißen Sonne zuckten. Schockiert vom Anblick des entstellten Körpers, erfuhr der Prinz, jener Mann leide wie viele andere an einer unheilbaren Seuche. Während ihn das leise Wimmern des Kranken entsetzte und zugleich mitleidig rührte, erklärte man ihm, wie alltäglich körperlicher Zerfall ist. Gautama stellte sich vor, eine Krankheit unterbräche jäh sein glückliches Dasein, und der Rausch des Genusses würde von Leid und Hilflosigkeit abgelöst. Er sah klar, daß es Zustände gab, die weitaus unbefriedigender waren als sein Leben kurzweiliger Freuden. Doch was sollte er tun mit einem Dasein, dessen schale Lust jederzeit in lähmenden Schmerz umschlagen konnte?

Später beobachtete Gautama einen vom Alter und der Last eines schweren Schicksals gebeugten Greis. Unter unsäglicher Mühe versuchte dieser, einige Schritte voranzukommen, doch besaß seine zittrige Hand kaum die Kraft, den Stock zu halten, der ihn stützte. Speichel rann aus dem zahnlosen Mund, dessen Lippen unter der Anstrengung bebten. Nichts erinnerte an die Jugendfrische, die auch dieser Mensch einmal besessen hatte. Dem Prinzen wurde plötzlich bewußt, wie *auch er* dem Altar entgegenging. Sicher, er hatte nicht so schwere Arbeit zu leisten wie dieser Mann in früheren Jahren. Vielleicht würde er darum als Greis noch aufrecht gehen. Doch seine Energie würde in Zukunft sicher abnehmen und sein Körper verfallen. Sollte er dann noch mit trübem Blick den anmutigen Bewegungen der Tänzerinnen folgen und mit unsicherer Hand die Berührung ihrer Haut suchen?

Schließlich kam es zur schrecklichsten Begegnung, als Gautama einem Trauerzug folgte. Ein in Tücher gehüllter lebloser Körper wurde aus der Stadt zur Verbrennungsstätte am Flußufer getragen. Dort angekommen, sah Gautama, wie einige Scheiterhaufen aufgerichtet wurden, auf denen tote Leiber lagen. Vor dem Leichnam einer jungen Frau blieb er stehen. Wie hübsch sie war! Doch die vollkommene Regungslosigkeit und die seltsame Bleiche ihrer dunklen Haut lösten in ihm ein banges Gefühl aus. Nie mehr würde dieser Mund würzigen Reis schmecken, nie mehr diese Hand das lange Haar kämmen. Noch nie hatte Gautama einen gräßlicheren Ort betreten. Doch für den Priester, der jetzt den Scheiterhaufen der Frau entzündete, schien dies alles so selbstverständlich zu sein wie eine Schale Reis am Abend. Die Tatsache, die Gautama fortan entsetzte, sprach im Palast niemand deutlich aus: Du magst dem Fluch der Krankheit und schweren

Alters entrinnen. *Doch der Tod steht dir unweigerlich bevor. Er ist der Preis des Lebens.*

Gautama konnte die Eindrücke von Krankheit, Alter und Tod nicht mehr abstreifen. Bilder des Grauens verfolgten ihn. Einmal beobachtete er, wie eine seiner Frauen bis zu den Hüften im Badeteich stand. Sie wandte ihm den Rücken zu, und er sah ihre vollen Brüste im Spiegel des Wassers. Dies weckte seine Begierde, und er trat näher. Als sie ihn hörte, drehte sie sich lächelnd um. Ihm aber schien, er blicke ins faltige Gesicht einer kahlköpfigen Alten, deren Brüste als schlaffe Hautsäcke herabhingen. Mit Lust und Abscheu zugleich erlebte er dann ihre Zärtlichkeit. Beim Mittagsmahl verwandelte sich der Geruch köstlichen Fleischs in den Gestank der Leichenverbrennung. In der feinen Soße, die Zunge und Gaumen wohl tat, verbarg sich unverkennbar der Geschmack des Todes. In der Nacht fuhr er schweißgebadet vom Lager hoch, als er träumte, selbst auf dem Scheiterhaufen zu liegen. Auch wenn Gautama ruhte, fand er keine Ruhe mehr.

Früher hatte er immer bedauert, keine Lust festhalten zu können, doch fühlte er sich seines Lebens und der Fähigkeit zum Genuß sicher. Jetzt wußte er, wie brüchig dieses Dasein ist, und er empfand schon im Augenblick der Lust diese als unbefriedigend. Kein Glück, das er kannte, war von nun an groß genug, ihn die quälenden Fragen vergessen zu lassen: Was tun mit diesem Menschenleben, das so kurz währt und schwankt zwischen Freude und Leid? Gibt es echtes Glück jenseits der Wechselfälle des Lebens?

Als er wieder einmal den Palast verließ, um ziellos umherzustreifen, traf Gautama einen seltsamen Mann. Dieser war nicht mit Pferd und Wagen unterwegs, lief nicht einmal mit Sandalen. Seine nackten Füße sprachen von langen Wegen auf steinigem Boden. Statt Kleidern trug er einen spärlichen Fetzen um den Unterleib geschlungen. Insektenstiche, die seinen Körper bedeckten, störten ihn nicht. Der Mann konnte kein unter Armut leidender Bettler sein, denn seine Züge verrieten innere Freiheit und heitere Gelassenheit. Gautama erfuhr, daß dies ein wandernder Weiser war. Alles, was er einst besaß, gab er fort, um seine Tage unbelastet von der Bürde des Besitzes ganz der Suche nach dem Sinn des Daseins zu widmen. Gautama konnte den Blick nicht von ihm wenden: Dieser Mensch lebte ohne Reichtum und Macht, schlief auf blanker Erde unter Bäumen und Felsen, ernährte sich von dem, was er gerade fand oder man ihm gab, und doch strahlte er eine nie gesehene Freude aus!

Durch die Begegnung reifte in Gautama eine folgenschwere Entscheidung. Auch er wollte sein altes Leben hinter sich lassen, um sich ausschließlich mit dem Klären seiner Fragen zu beschäftigen. Führte ein Weg vom Schwanken zwischen Freude und Leid zu ungetrübtem Glück, wollte er ihn finden. Nichts und niemand sollte ihn hindern oder ablenken. Er war 29 Jahre als, als er nachts heimlich aus dem Palast schlich und für immer auf Bequemlichkeit, Zerstreuung und sinnliche Freuden verzichtete, um ins Ungewisse zu ziehen.

Wege und Irrwege

Groß war die Umstellung: Die Sicherheit behüteter Räume und bequemer Fahrzeuge wich dem Leben und Wandern in unwirtlicher Natur. Gewohnt an die erlesenen Speisen der fürstlichen Küche, kämpfte Gautama hart gegen den Ekel, als er erstmals die karge Nahrung armer Menschen kostete. Doch sein Entschluß stand fest: Er wollte einen Lehrer finden wie jenen Weisen, der so frei und glücklich wirkte, obwohl er nichts besaß.

Im geistigen Leben Indiens herrschte schöpferische Unruhe. Viele fragten wie Gautama, was es mit dem Leben auf sich hätte, oder forschten nach Gesetzen des Daseins. An vielen Orten trafen Suchende zusammen, scharten sich Lernbegierige um Meister und legten Mystiker Methoden der Meditation dar. In dieser bunten Szene lernte Gautama unterschiedliche Wege kennen, die Menschen bei ihrer Suche beschritten.

Einige Asketen hielten sich ständig an den Stätten der Leichenverbrennung auf, um im Anblick qualmender Scheiterhaufen und beim Geruch schmorender Körper nie ihre Vergänglichkeit zu vergessen. Sie wälzten sich in Stacheln und Asche, rieben ihre Körper mit Schlamm ein und verbrachten die wenigen Stunden des Schlafs auf Dornen, rauhem Felsgestein oder im Wasser. Andere hielten lange mit unnatürlich verrenkten Gliedern aus oder setzten sich zwischen hohe Feuer, um höllische Hitze auszuhalten. Sie unterwarfen sich während des Lebens freiwilligen Qualen, weil sie hofften, dadurch nach dem Tod ewiges Glück zu genießen. Manche lebten wie Tiere, krochen auf allen vieren und ernährten sich von dem, was sie am Boden fanden. So, glaubten sie, würden sie im kommenden Dasein zu strahlenden Göttern.

Unter dem Eindruck seiner Erschütterung durch Alter, Krankheit und Tod schien Gautama die Erklärung der Asketen zunächst plausibel: Verzichtet man auf Lust und Freuden, um sich durch Schmerz und Erniedrigung zu reinigen, gewinnt man einen wahrhaft freien Zustand. Gautama versuchte es. Doch nach einiger Zeit sich absichtlich zugefügter Pein kamen ihm Zweifel. Durfte er dieses ihm sicher gegebene Dasein um eines erhofften jenseitigen geringachten? War dies nicht bloß die Kehrseite seines früheren Lebens im Palast? Wie er sich zuvor an Lust und Zerstreuungen berauschte, floh er jetzt ins Leid. Beide extremen Wirklichkeiten schlossen ein Erkennen der Wahrheit des Daseins aus. Gautama zog weiter.

Er traf Lehrer, von denen jeder behauptete, die Wahrheit zu kennen. Diese scharfsinnigen Denker stellten komplizierte Systeme zur Erklärung der Welt auf. Alles Dasein geht auf ein Urprinzip zurück, meinten die anderen. Nein, alles gründet im Gegensatz zweier Grundkräfte, sagten die nächsten. Wieder andere dachten darüber nach, ob alles vorbestimmt sei. Manche hatten ihre Theorien über das Wesen des Menschen in Beziehung zu den elementaren Naturkräften: Der Wind entspricht dem Atem oder das Auge der Sonne, legten sie dar. Spitzfindig diskutierten sie ihre Ansichten. Es war faszinierend, ihnen zuzuhören, denn alles schien plötzlich sinnvoll und geordnet. Doch kamen Gautama neue Zweifel. Ob man alles Existierende auf einen alleinigen Ursprung zurückführt oder von zwei, drei, vier oder fünf Prinzipien spricht, jeder der einander widersprechenden Ideen läßt sich gleichermaßen schlüssig begründen und taugt zur Interpretation des Daseins. Letztlich bleiben es Spekulationen. Was gewönne man mit der Entscheidung für die einem am meisten einleuchtende Philosophie? Seine Frage nach dem echten Glück jenseits der Wechselfälle des Lebens fand in der Annahme von Glaubenssätzen keine Antwort. Durch Schwelgen in Gedankenkonstruktionen wollte er sich ebensowenig betäuben wie vormals durch Genuß oder Schmerz. Sein Problem war einzig durch *unmittelbares Erfahren* zu lösen.

Gautama schloß sich nacheinander zwei Mystikern an, die direkte Erfahrungen versprachen. Ihre Yoga-Lehren sollten zur Verwirklichung eines leidfreien Geisteszustandes führen. Die Yoga-Praxis des alten Indien hat wenig mit dem gemein, was man heute in Europa oft als solche verkauft. Sie bedeutete harte Disziplinierung des Körpers, der Empfindungen und des Denkens, die jeden Augenblick des Tages beanspruchte und dem Übenden keine Trägheit gestattete. Wie sich aus überlieferten Texten schließen läßt, ging es in den Systemen der beiden Meister um ein Unterdrücken sinnlicher Wahrnehmung: Indem man während der stillen Meditation nichts mehr sieht, hört, schmeckt, riecht, tastet oder denkt, bleibt ein letzter Nachklang von Bewußtsein. Diesen hielt man für die letzte Wahrheit, die eigentliche Essenz des Menschen, die den Tod überdauern soll.

Gautama verwirklichte die Lehren beider Meister, worauf ihm einer die Leitung seiner Schule anbot. Gautama lehnte ab. Der Rückzug auf einen Funken Bewußtheit brachte während der Meditation tatsächlich Freiheit von Leid, Zweifeln und Fragen, weshalb ihn mancher als höchstes Heil sah. Doch was als Übersteigen von Raum und Zeit erklärt wurde, bedeutete Abwendung vom konkreten Dasein. War dies nicht wieder eine Flucht wie jene in Lust, Schmerz und erklärende Theorien, nur eine andere Art des Verdrängens der großen Rätsel des Daseins? Gautama zog weiter.

Jede bisherige Situation brachte ihm Gewinn. Die Askese stärkte Disziplin und Durchhaltevermögen. Die Beschäftigung mit Theorien zeigte, wie ein systematisches Erklären der Welt vieles bewußter macht. Die mystische Praxis erwies, wie Erfahrungen jenseits alltäglicher Wahrnehmung möglich waren. Alles ließ ihn irgendwie weiterkommen. Trotzdem fühlte er sich noch ganz am Anfang.

Schließlich kam er unter den Einfluß von Asketen, die eine schlüssige Erklärung mit rigoroser Praxis und unmittelbarer Erfahrung verbanden, womit sie die Vorteile seiner bisherigen Versuche vereinten. Der Mensch leidet, erklärten sie, weil er eine unglückliche Zweiheit von Geist und Materie ist. Der gute, ewige und erkenntnisbegabte Geist wird als Gefangener des Körpers von dessen Trieben und Wünschen beherrscht. Tötete man den Körper, um den Geist zu befreien, nützte dies nichts. Der Geist steht so stark unter dem Einfluß der Materie, daß er sich sofort ein neues Gefängnis sucht. Er muß den Stoff besiegen, indem er alles, was der Körper verlangt, bewußt aufgibt. Löste er sich so weit von der Materie, daß ihm gleichgültig wird, ob der Körper Schmerzen empfindet, atmen oder essen will, kann er bewußt die Trennung vom Stoff vollziehen. Auf ewig frei von jeder leiblichen Beschränkung, sind ihm alle Erkenntnisse zugänglich.

Diese Lehre wollte Gautama verwirklichen. Zunächst kämpfte er gegen körperliche Triebe und Empfindungen an, die in sein Bewußtsein traten. Doch wurde sein Leib im Unterdrücken der Regungen immer nervöser. Gautama versuchte sich zu beruhigen, indem er den Körper gewaltsam unter die Kontrolle des Geistes zwang. Er hielt möglichst lange den Atem an, um zu beweisen, wie unabhängig sein Geist von einem grundlegenden Bedürfnis des Leibes war. Sein geschulter Wille ließ ihn die Perioden der Atemstille immer weiter ausdehnen. Doch kein ruhiges und klares Bewußtsein stellte sich ein, sondern er fühlte sich elend und krank. War er zu weit oder noch nicht weit genug gegangen? Er entschied sich für einen radikaleren Versuch, um sein Bewußtsein vom Stoff zu lösen. Er reduzierte das Essen, bis er nur mehr winzigste Mengen zu sich nahm. Begeistert schlossen sich Gautama fünf andere Asketen an, die seine kompromißlose Praxis zum Vorbild nahmen. Wenn einer das Ziel erreicht, dachten sie, dann er. Fast zum Skelett abgemagert, wurde Gautama immer schwächer. Schließlich verweigerte er jede Nahrung. Als er sich nicht mehr auf den Beinen hielt, ihm die Körperhaare ausfielen und er beim Berühren der Bauchdecke mit der Hand an die Wirbelsäule stieß, begriff er, daß sein Sterben einsetzte. Doch wo war der freie Geist, der sich über dieses leibliche Wrack erhob?

Ausgerechnet der Versuch, Leid zu überwinden, verstrickte ihn in immer tieferes. Mit dem Tod ringend, erkannte er seinen Irrweg: Zwang und Gewalt führen nicht zu Glück und Erkenntnis, sondern trieben ihn in verzweifelte Hilflosigkeit. Sechs Jahre waren verstrichen, seit er den Palast verlassen hatte. Wohin war er gekommen? Lehren und Übungen hervorragender Meister seiner Zeit verstand und verwirklichte er, härteste Askese ertrug er. Nichts blieb unversucht. Doch jetzt schien er am Ende. In diesem Augenblick gab er das Verlangen auf, irgend etwas zu erreichen, gab sich und sein Leben auf.

Zu akzeptieren, daß nichts mehr vor ihm lag, schenkte ihm ein fast heiteres Empfinden innerer Freiheit. Dieses ging in die Erinnerung an ein lange vergessenes Erlebnis über, bei dem er sich ähnlich frei fühlte. Als Knabe hatte er seinen Vater zum Frühlingsfest begleitet. Während dieser als Fürst zeremoniellen Pflichten nachging, saß Gautama unter einem Baum und beobachtete Tiere. Vor ihm im Gras lief eine Echse auf der Jagd nach Insekten. Doch eine Schlange hatte die Echse als Beute ausersehen, während schon ein hungriger Greifvogel über der Schlange kreiste. Der junge Prinz war damals von Mitleid für diese Tiere erfüllt, deren eines der Jagd des anderen zum Opfer fiel. Wie grausam die Natur war! Doch dann empfand er, wie Leben immer von Leben lebt, auch seines. Das Annehmen dieser nicht änderbaren Wahrheit weitete ihm das Bewußtsein. Er spürte die Zusammengehörigkeit jedes Lebens und erfuhr für kurze Zeit eine unbeschreibliche Harmonie mit allem, was existiert.

Die Erinnerung daran schenkte dem von Hungeraskese Geschwächten neues Vertrauen. Kam er mit dem Leben davon, wollte er auf diese Weise üben. Nicht länger sollten Zwang und Gewalt ersehnte Einsichten bringen. Es ging ab jetzt darum, alles einfach so zu sehen und anzunehmen, wie es ist, ungetrübt von Verzerrungen durch extreme Bewertungen und Erwartungen. So entschlossen, erholte er sich und nahm wieder Nahrung zu sich. Die fünf Gefährten konnten seinen Gesinnungswandel nicht verstehen. Ihnen schien, ihr großes Vorbild schreckte aus Feigheit vor dem letzten Schritt zur Freiheit zurück. Enttäuscht verließen sie ihn.

Das Erwachen

Gautama widmete sich dem neuen Weg. Fünfunddreißig Jahre war er alt, als er aufgab, krampfhaft nach etwas zu streben. Meditierend betrachtete er von nun an ruhig den Körper, die Gefühle und Gedanken, um sich und alles andere der Wahrheit entsprechend zu erfahren. Was ist, wollte er weder durch Theorien erklären noch durch Flucht in Extreme verlassen, sondern einfach annehmen. Allmählich kräftigte sich sein Körper wieder.

An einem sonnigen Tag im Mai saß er im Schatten eines Baums. Er fragte nicht, warum oder wozu er hier war und was er tun sollte. Er wollte nichts ändern, erlebte einfach das Dasein. Seine Aufmerksamkeit verweilte beim Gesang der Vögel, dem Schwirren der Insekten und dem sanften Rauschen des Windes in den Blättern. Indem er all das wahrnahm, war er Teil des um ihn Geschehenden, und er empfand das Sitzen an diesem Ort intensiv, wie er sich nie zurvor anwesend gefühlt hatte. Allmählich rückte sein Körper in den Brennpunkt des Gewahrseins. Die Achtsamkeit konzentrierte sich auf das Fließen des Atems. Ruhig begleitete sein Bewußtsein das Strömen der Luft in die Lunge hinein und wieder hinaus. Es verband sich inniger mit jedem Atemzug, bis er nicht länger Beobachter war, nicht mehr verschieden vom Atem, sondern ganz Teil dieser Bewegung. Jedes Ein- und Ausatmen steigerte das Gegenwärtigsein. Der Abend dämmerte, eine Vollmondnacht brach an, und er saß da, wach wie nie zuvor.

Einfach nur wahrnehmend, dachte er nicht nach. Hätte er überlegt, wäre ihm seine Erfahrung wohl widersprüchlich erschienen. Kein Moment im Strömen der Luft existierte für sich, sondern immer als Übergang, war vorbei, bevor Gautama ihn erfassen konnte. In diesem Geschehen, das nie innehielt, gab es keinen für sich erlebbaren Zeitpunkt oder einzelnen Augenblick. Auch Gautamas mit dem Fluß des Atems verbundenes Bewußtsein war Geschehen, stand dem Ereignis nicht als getrennter Beobachter gegenüber, sondern war dieses Ereignis. Ohne Abstand zwischen Erlebnis und Erlebendem existierte Gautama und existierte zugleich nicht. Was dem Denken als Gegensatz erscheint, erfuhr er ganz natürlich in immer stärkerem Gewahrwerden.

Während der Nacht ging das Bewußtsein des Werdens allmählich in Erinnerung über. Gautama rief sich ins Gedächtnis, wie er an diesen Ort gekommen war, was er an den Vortagen getan hatte, und so ging es immer weiter zurück. Ein Atemzug schloß plötzlich Jahre ein, deren Ablauf deutlich zu Bewußtsein kam. Nachdem er in die frühe Kindheit gelangt war und seine Geburt erfahren hatte, riß die Erinnerung nicht ab. Sie reichte über die Zeit im Mutterleib hinaus und umfaßte ein anderes Dasein vor dem seinen, dann ein weiteres und immer mehr. Die Reihe der Biographien schien nicht zu enden. Schließlich kam seine Erinnerung zum Entstehen dieser Welt und weit darüber hinaus in das endlose Werden und Vergehen von Universen und Weltsystemen.

Alles, was jemals war, bevor er sich hier niedergelassen hatte, gehörte zum großen Geschehen, das jetzt in seinem Sitzen und Atmen weiterging. Sein gegenwärtiges Werden setzte einen Prozeß aus anfangloser Vergangenheit fort. Unendlich viele Wesen und unvorstellbare kosmische Prozesse, die ihm vorausgingen, gehörten untrennbar zu seinem Jetzt, das so Teil eines umfassenden Geschehens war. Was sich bislang als Ich vom Rest der Welt unterschied, hatte in Wahrheit keine Grenze, sondern war ein Brennpunkt, in dem das Werden seiner selbst gewahr wird.

Gautama überschritt so die Schranken normalen Menschseins. Von der weiten Perspektive dieses Erlebnisses aus verloren Alter, Krankheit und Sterben jeden Schrecken. Das enge Ich, das sich vor der Vergänglichkeit fürchtete und zwischen Freude und Leid schwankte, war als begrenzter Ausschnitt aus einem Größeren entlarvt, in dessen Werden und Zusammenhängen es letztlich keinen Tod gibt. Gautama erwachte aus dem Traum verzerrter Wirklichkeit zur Wahrheit. Aus diesem Grund nannte man ihn *Buddha*, was ‹Erwachter› bedeutet. Sein Erwachen führte ihm nicht nur seine Stellung im Ganzen vor Augen. Die Schau der großen Prozesse des Werdens offenbarte zugleich deren Gesetze. Er erkannte, wie Einklang mit diesen Gesetzen Freiheit schenkt, während ihr Ignorieren unglücklich und unzufrieden macht.

Der Weise

Gautama kannte jetzt die Gesetze des Daseins und wußte, wie ein Mensch dem Leben Sinn verleihen kann. Weil er erkannt hatte, wie Unwissen zu Schmerz, Kummer und Verzweiflung führt, entschloß er sich, seine Erkenntnisse jedem weiterzugeben, der an sich an sich arbeiten wollte. Schnell verbreitete sich der Ruf seiner Weisheit. Bis er im Alter von achtzig Jahren starb, wanderte er durch Indien und vermittelte seine Einsichten einem wachsenden Schülerkreis.

Frauen und Männer, Könige und Bauern, Händler und Gelehrte lernten von ihm. Jeder Fragende erhielt seiner persönlichen Situation und seinem Verständnis entsprechend Auskunft. Das Erwachen hatte Gautama die Relativität des einzelnen Daseins gezeigt. Weil jede Persönlichkeit sich unter anderen Zusammenhängen entwickelt hat, braucht sie den ihr angemessenen Zugang zur Wahrheit. Es gibt kein Patentrezept, keine Universalübung, die jeden rasch befreit. Gautama bot darum nicht *die* Lösung für alle Probleme, sondern führte den einzelnen dahin, seinen Schwierigkeiten ins Auge zu sehen und sie zu überwinden. Dazu hinterließ er einen reichen Schatz an Lehren und Methoden, der von einfachen Gleichnissen und Übungen bis zur philosophischen und psychologischen Analyse vieles enthält.

Sein Rat verhinderte Kriege, zeigte soziale Ungerechtigkeiten auf und bildete für weite Teile Asiens den Ausgangspunkt hoher kultureller Entwicklung. Dabei stand für Gautama das konkrete Leben des einzelnen im Mittelpunkt und dessen Möglichkeit, Leid und Beschränkung zu überwinden. Immer wieder wies er auf Gesetze hin, mit denen in Einklang zu leben «beglückend ist am Anfang, beglückend in der Mitte und beglückend am Ende».

Auf langen Wanderungen kam Gautama durch die ehemalige Heimat. Seine Angehörigen, die einst seine Flucht aus dem Palast verurteilt hatten, nahmen nach anfänglichem Zweifel die Lehren an. Der Vater, die Stiefmutter, die Frau und der Sohn wurden begeisterte Schüler.

Als der achtzigjährige Gautama sich furchtlos zum Sterben niederlegte, hatte er während 45 Jahren ungezählten Frauen und Männern Wege zur Freiheit gewiesen. Sein Grundsatz lautete: «Willkommen sei mir ein einsichtiger Mensch, der offen, ehrlich und aufrecht. Ich leite ihn an und zeige ihm Tatsachen. Folgt er der Anleitung, wird er in kurzer Zeit selber erkennen und sehen. So wird er restlos von der Fessel des Nichtwissens frei.» [4]

Akzeptieren Sie nichts blind!

Gautamas Geist lebt in seinen überlieferten Lehren. Darum gilt diese Einladung bis heute und richtet sich *auch an Sie*! Allerdings wird sie nur der annehmen, den sein augenblicklicher Zustand zumindest nicht ganz zufriedenstellt. Einem Menschen, der denkt, es gibt in seinem Leben nichts zu ändern, hat Gautama wenig zu sagen. Doch wer Leiden, Verhaltensweisen und Ängste kennt, die er überwinden will, wer nach der Stellung seines flüchtigen Daseins im größeren Ganzen fragt, wer über die Enge dessen hinaus will, was er jetzt ist, dem bietet Gautama vieles, um «zu erkennen und die Fessel des Nichtwissens zu lösen».

Seine Weisheit ruht auf drei Pfeilern: Wissen, Lebensgestaltung und Meditation. Bedeutungsvoll ist, daß diese Aufzählung mit dem Wissen beginnt. Vor dem Handeln stehen Einsicht und Denken. Was wir auf Gautamas Weg unternehmen, um uns zu verändern, vollzieht sich in drei Schritten:

1. Wir lernen eine neue Möglichkeit kennen und verstehen.

2. Wir bewegen sie in unserem Denken, erwägen ihre Vor- und Nachteile für uns.

3. Schließlich setzen wir, was wir erkannt haben, in unserem Leben um.

Wir sollen wissen, was wir tun und warum. Auch wenn wir etwas unternehmen, ohne Grund und Ursache zu begreifen, sollten wir uns dessen bewußt sein. Abwägen ist ein wesentliches Element unserer Freiheit, denn es ermöglicht echtes Entscheiden. Um uns zielgerichtet zu verändern, brauchen wir Klarheit, wo wir jetzt stehen und wohin wir wollen. Auch wenn uns all das nicht klar ist, sollten wir dies wissen. Auch dies wäre Klarheit. Darum stehen in der Lehre Gautamas vor jeder Empfehlung zur Praxis einige Erklärungen, deren Kenntnis uns ein Bedenken unserer Situation und unserer Perspektiven ermöglicht.

Mancher will meditieren, ohne von Theorien belästigt zu werden. Er sucht Erfahrungen, die über seine bisherigen hinausführen. Das geht auf den Drang des Menschen zurück, zu übersteigen, was er ist. Auch auf Gautamas Weg ist dies ein wichtiger Motor. Doch wer etwas übt und gar nicht wissen will wozu, gleicht jemandem, der nur läuft, egal wohin sein Weg führt. Meditation kann so leicht zur Flucht vor der Wahrheit werden. Vielleicht vermittelt sie angenehme Empfindungen, entspannt und macht glücklicher. Auf dem Weg Gautamas reicht dies nicht, denn ich könnte entspannt und voll angenehmer Empfindungen eine Richtung einschlagen, die ich im Grunde gar nicht nehmen will. Das Schlagwort von der Erweiterung des Bewußtseins klingt gut.

Doch wollen wir Bewußtseinserweiterung um ihrer selbst willen? Auch Zustände zuvor nicht gekannten Leids, der Lähmung und Hilflosigkeit erweitern das Spektrum unseres bisherigen Gewahrseins. Doch streben wir in diese Richtung?

Wer nach Befreiung strebt, sollte wissen, wozu er etwas tut. Zwar werden ihm weitere Stufen zeigen, wie unvollkommen seine Einsicht noch war. Doch sind sein Denken und Abwägen *die* Werkzeuge innerer Freiheit. Selbst der verlockendsten Anleitung zum Handeln sollte man nicht ohne eigene Überlegungen folgen. Der Weg zur Entfaltung innerer Freiheit kann niemals von blindem Gehorsam geprägt sein. *Nur freie Schritte führen in die Freiheit!*

Freilich können Wissen und Denken überbetont werden. Eignet man sich Lehren und Gesetze nur theoretisch an, besitzt man bloß intellektuelles Wissen. Kenntnisse ersetzen die eigene Erfahrung nicht.

Ein Mensch in schlechter körperlicher Verfassung mag genau wissen, wo eine Sporthalle steht und wie ein Training Muskelkraft entwickelt und Lebensfreude schenkt. Vielleicht besitzt er Bildung über chemische und physikalische Zusammenhänge beim Aufbau des Gewebes und der Stärkung des Kreislaufs. Aber solange er nicht selber trainiert, kann er nie wissen, was Spannkraft und Fitneß bedeuten.

Was beim Körper offensichtlich ist, gilt für alle Bereiche. Doch schleicht sich oft der Irrtum ein, Kenntnis sei Erlebnis. Theoretisches Wissen ist Wirklichkeit aus zweiter Hand. Andere machten die Erfahrung und faßten sie in Worte. Wir nehmen Gedanken auf. Sie mögen uns einsichtig erscheinen. Aber unsere Zustimmung oder Ablehnung nützt wenig, suchen wir nicht nach eigener Erfahrung.

Haben wir selbst die entsprechende Erfahrung gemacht, können wir gelesene oder gehörte Lehrsätze getrost vergessen. Als Warnung, seine Weisheit nicht für ein System erlernbarer Begriffe zu halten, gab Gautama seinen Schülern ein Gleichnis: Seine Lehre, sagte er, sei ein Floß, ein Mittel, um von einem Ufer zum anderen zu gelangen. Ist man hinübergefahren, wäre es sinnlos und hinderlich, das Floß auf dem Weg übers Land mitzuschleppen. Es hat seinen Dienst getan, und man kann es hinter sich lassen.[5] Gautamas Erklärungen wollen immer aktiv umgesetzt werden. Ihren Wert besitzen sie nicht als Theorien, sondern als zur Praxis hilfreiche Erwägungen.

Zuerst braucht man das Floß als Hilfsmittel, muß einiges wissen, um sich in gewünschter Weise zu ändern oder seine Grenzen zu überschreiten. Doch solange man die entsprechende Erfahrung noch nicht gemacht hat, welchen Maßstab kann man anlegen, um zu entscheiden, mit welchen Lehren der Versuch einer Überfahrt zu neuen Ufern lohnt?

Kriterien des Urteils

Auf seinen Wanderungen in Indien hörte Gautama in einer Stadt die Klagen der Bürger: «Oft kommen hier Lehrer vorbei, die für ihre Anschauungen werben und die anderer falsch nennen und sogar verhöhnen.» Die zweifelnden Menschen fragten Gautama: «Wie soll man wissen, wer recht oder unrecht hat?»

In der Antwort findet sich eine Absage an die Unerschütterlichkeit all dessen, was als Autorität gilt: «Geht nicht nach Hörensagen, nicht nach allgemein befolgten Moden; akzeptiert keinen Rat nur deshalb, weil er in einer heiligen Schrift steht oder ihr denkt, wer es empfiehlt, ist schließlich unser Lehrer, der wissen muß, was richtig ist.»

Doch nicht nur äußere Instanzen stellte Gautama als verläßliche Quelle in Frage, er rüttelte gleichermaßen an den inneren Sicherheiten der Zuhörer: «Nehmt eine Sache nicht bloß darum an, weil sie euch vernünftig und einsichtig scheint oder euren bevorzugten Meinungen entgegenkommt.»

Das Licht der Wahrheit muß nicht in Theorien derer leuchten, die uns sagen wollen, was Wahrheit ist, aber auch nicht in dem, was wir gern als solche hätten. Schließlich lenkte Gautama das Problem vom bloßen Inhalt einer Aussage auf deren Wirkung:

«Erkennt ihr, daß Inhalte schlecht sind, von Menschen verworfen werden, die für euch vorbildlich sind, und daß sie zu Leid und Unheil führen, gebt sie auf. Erkennt ihr jedoch, daß diese Inhalte heilsam sind, von Vorbildlichen geschätzt werden und zum Glück führen, mögt ihr sie annehmen.»[6]

Die Frucht einer Lehre gilt als Zeugnis ihrer Wahrheitskraft. Es reicht nicht, daß etwas einer Mehrheit als gesichert gilt oder traditionell als wertvoll betrachtet wird. Und es reicht schon gar nicht, daß es uns gefällt. Wir müssen die Vorlieben anderer und unserer selbst hinterfragen, um zu prüfen, was sich in der Praxis derer bewährte, von denen wir etwas halten, und vor allem, was sich *für uns* bewährt. Es kann keine äußere oder innere Autorität geben, die uns absolut der Wahrheit versichert. Einzig das, was konkret mit uns geschieht, zeigt, ob wir uns im Einklang mit der Wahrheit befinden oder von ihr entfernen.

Um dies zu erkennen, bedarf es der *kritischen* und zugleich *offenen* Haltung, die Gautama in seiner Antwort empfiehlt. Kritisch heißt: Nehmen Sie dargestellte Lehren nicht einfach hin; prüfen Sie alles. Erstarren Sie nicht aus Ehrfurcht vor alten Weisheiten! Doch vergessen Sie auch nicht die Selbstkritik. Liebgewordene Meinungen müssen hinterfragt werden, will man an sich arbeiten. Im weitesten Sinn bleibt jede Meinung ein Vorurteil. Wir urteilen vor der Erfahrung. Das ist gerechtfertigt, denn Bewertungssysteme sind notwendig, um sich in der Welt zurechtzufinden. Auch wer noch nicht die Erfahrung einer Brandwunde kennt, greift besser nicht ins Feuer. Vorgefaßte Meinungen können uns vor vielem bewahren. Doch können sie ebenso beschränken. Wer nie einen anderen anspricht, weil er meint, es wolle ohnehin niemand mit ihm reden, bleibt einsam. Wir sollten wissen, daß wir in Vorurteilen leben, und sollten jede Meinung als provisorisch, vorübergehend betrachten. Halten wir verbissen daran fest, blockieren wir Erfahrung und Zugewinn.

Die von Gautama angedeutete Offenheit läßt uns Anregungen eine Chance geben, die wir nach drei Kriterien geprüft haben:

1. Was sagt die eigene Einsicht? Was uns trotz echter Auseinandersetzung von unserem gegenwärtigen Erkenntnisstand überhaupt nicht einleuchtet, ist nichts für uns. Gautama hätte niemandem seine Lehre als allein selig machend aufgedrängt. Zu verschieden sind Menschen und ihre Lebenssituationen, um alle über einen Kamm zu scheren. Was uns aber unmittelbar anspricht und reizt, über unsere jetzige Situation hinauszugehen, könnte für uns richtig sein.

2. Wie verhalten sich solche, die uns als vorbildlich gelten? Unsere eigene Ablehnung oder Zustimmung sollte nicht allein zählen. Ein Blick auf die Haltung von Menschen, deren überlegenes Verständnis wir schätzen, lohnt bei der Bewertung jeder Sache. Doch gibt es überhaupt solche für mich? Halte ich gar mein Urteil für einzig maßgeblich? Falls ja, sollte ich mich fragen, ob ich tatsächlich der Größte bin.

3. Führen die Dinge zu Unheil und Leid oder Glück und Freude? Eigene Einsicht und das Urteil Verständiger zusammenfassend, frage ich mich schließlich, welche Chance ich diesen Lehren und Methoden einräume, mir zu helfen. Nicht alles, was mir auf den ersten Blick gefällt und was jene versuchen, von denen ich viel halte, muß mich weiterbringen. Das Leben ist zu kurz, um sich mit Dingen abzugeben, die nichts bringen. Doch was mir anfänglich widerstrebt und bei jenen, an denen ich mich orientiere, Kopfschütteln auslöst, könnte gerade die Herausforderung sein, die ich jetzt brauche.

Diese Punkte gilt es abzuwägen, um zu klären, ob man folgende Anregungen aus Gautamas Lehre als Angebot zum bewußteren Leben ernst nimmt. Wer es damit versuchen will, muß zunächst seinen Ausgangspunkt genau betrachten.

Erwachen als Herausforderung

Eine Episode der Erzählung von Gautamas Leben sollten wir besonders gut nachvollziehen, den Schock bei der Begegnung mit Alter, Krankheit und Tod, als er den Palast verließ. Unsere Wohlstandsgesellschaften der Industriestaaten sind gleichfalls Paläste mit vielfältigen Ablenkungen. Alles, was beunruhigen könnte, verbannen sie. Unheilbar Kranke und vom Alter Gebeugte bewahrt man in sogenannten sozialen Einrichtungen auf, die eine Begegnung mit dem funktionstüchtigen Bürger weitgehend ausschließen. Die Konfrontation mit dem Tod wird gemieden und an hierfür geschaffene Berufsstände delegiert. Das Leid anderer, Kriege und Hungersnöte nimmt man durch Fernsehen zur Kenntnis, wodurch all dies Unterhaltungscharakter erhält. Der Bericht über ein Massensterben in Afrika vor einer Show mit Musik und Ratespiel sorgt für ausgewogene Spannung, und etwas Betroffenheit macht folgenden Unsinn zum größeren Genuß.

Die Wirklichkeit wurde zur betäubenden Mixtur aus Erfindung und Wahrheit, wobei fast jeder genießt, daß die Grenze zwischen beiden kaum mehr erkennbar ist. Viele Menschen jenseits abgezäunter Palastbereiche darben, eine Tierart nach der anderen stirbt aufgrund der von uns zerstörten Natur, und größte Umweltkatastrophen kündigen sich an. Ob kommende Generationen begreifen können, warum in der Wirklichkeit heutiger Palastbewohner ein Kratzer im Lack des Autos, die kaputten Ehen machtloser Adeliger oder die Frage, wer besser einen kleinen Ball mit dem Schläger über ein Netz brachte, erregender war als die Wahrheit über ihren Planeten?

Es gibt viele Arten, Wahrheit zurückzuweisen. Wer sieht, was vorgeht, kann sich sagen, er selbst könne ohnehin nichts ändern, wenn irgendwo in Afrika zuwenig Wasser vom Himmel fällt, und schließlich habe er seinen Genuß redlich verdient. Mancher wendet die Augen überhaupt von der Wahrheit ab, geht mehr oder weniger freudlos seinen Verpflichtungen nach und verlangt ansonsten Genuß. Viele lassen sich nur unterhalten und begnügen sich mit passivem Zusehen. So wird Sport von wenigen stellvertretend für Massen von Zuschauern betrieben. Doch wenn ich auch das beste Mitglied eines Golf- oder Tennisclubs bin, mich politisch engagiere und in vielfältigen Initiativen mitwirke, kann ich trotzdem vor der Wahrheit fliehen. Aktivität mag ebenso betäuben wie Passivität. Laufen führt nirgends hin, es ist ein Weglaufen.

Was aber ist die Wahrheit? Die Wahrheit ist, daß ich die Wahrheit nicht kenne und in einer Scheinwelt lebe, von der aus sie gar nicht erkennbar wird. Ich weiß nicht um meine Stellung im Ganzen und müßte meinen Standort ändern, um diese zu sehen. Ich habe nur vage Vorstellungen von der Bedeutung dieses Lebens, dessen sicheres Ende ich verdränge oder überbewerte.

Ähnliches muß Gautama gespürt haben, als er sich entschloß, den Palast zu verlassen, um aus seinem Dämmerzustand zu erwachen. Der Boden seiner Existenz war unsicher. Zu seiner Zeit bedrohten expansive Monarchien im Gangestal die kleinen Staaten am Fuß des Himalaya. Als Gautama ein alter Mann war, wurde seine Heimatstadt, in der er seine Jugend im Palast verbrachte, von Truppen des Königs eines der neuen Großstaaten zerstört.

Wie geht es uns? Ist auch niemand in Sicht, der uns unser gewohntes Leben streitig machte, wäre es eine Illusion, glaubte man an die Dauerhaftigkeit einmal erworbenen Wohlstands. Die unteren Stockwerke der Paläste füllen sich mit weniger Privilegierten. Jene aus fernen Teilen der Erde lassen sich durch Gesetze abschieben und mit ihnen die Erinnerung, zu einer größeren Welt zu gehören, von deren Problemen man sich letztlich nicht abkoppeln kann. Arbeitslose und Verzweifelte mit Wohnrecht in den Palästen sind nicht aus unserer physischen Umgebung zu verbannen. Doch bieten das Surfen im Internet, Cyberspace und die Qual der Wahl zwischen immer mehr Fernsehprogrammen viele Möglichkeiten der Verdrängung. Ich vergesse, daß ich, wie Gautama sagte, in einer «brennenden Welt» lebe. Hier geht es nicht darum, ob wir als einzelne den großen Gang der Entwicklung aufhalten können, sondern um die Frage, was uns in der begrenzten Zeit dieses Daseins wesentlich wird.

Wer echte Freiheit sucht, muß den Palast der hunderttausend Zerstreuungen verlassen. Dieser Auszug aus dem Luftschloß der Ablenkungen bedeutet keine Flucht vor äußeren Pflichten, sondern den Aufbruch zu innerem Erwachen, aus dessen Klarheit man die Zusammenhänge des Lebens erkennt und meistert. Das schließt ein Erkennen unserer persönlichen und sozialen Wahrheit ein, geht jedoch weit darüber hinaus.

Stufen des Erwachens

Gautamas Erwachen war ein das Bewußtsein weitendes *Erinnern*, das Vergangenes in die Gegenwart holte. Umfassende Kenntnis der Vergangenheit macht die Gegenwart verständlicher. Wie Sie heute sind, existieren Sie als Produkt einer unendlich weit zurückreichenden Vorgeschichte. Sie *sind* diese Vorgeschichte, bestehen nicht aus sich, sondern aus einer uranfänglichen Linie: Ihre Eltern, Großeltern, Urgroßeltern ... Hätte sich vor Generationen ein einziger in dieser Reihe nicht für einen bestimmten Partner entschieden, wären Sie nicht, wer Sie heute sind. Geht man weiter zurück, gelangt man über tierische Vorfahren der Menschheit zum Entstehen des Lebens auf der Erde und schließlich weiter bis zur Entfaltung des Planetensystems. Je weiter Sie denken, um so gemeinsamer wird allen Menschen, allem Leben die Vorgeschichte. Ein kleines anders verlaufendes Detail, und wir könnten nicht *so* sein.

Auch in anderem Sinne sind wir Vergangenheit: Jeder Schall, der an Ihr Ohr dringt, und jedes Bild auf der Netzhaut Ihrer Augen gibt etwas wieder, das schon aufhörte, so zu sein, wie Sie es wahrnehmen. Der Nachthimmel zeigt seit Jahrmillionen erloschene Gestirne, die Sie im gleichen Augenblick als ebenso gegenwärtig erleben wie eine Stimme neben sich. Es ist ein Zerrbild aus Vergangenheiten, die gleichzeitig als Gegenwart erscheinen.

In seinem Erwachen durchschaute Gautama diese Scheinwelt. Sein sich weitendes Bewußtsein erkannte vergangene Bedingungen und erfuhr seine wahre Stellung in der umfassenden Ganzheit. Ob wir an die Möglichkeit solch vollkommener Gegenwärtigkeit, die alle früheren Ursachen einschließt, glauben oder diese Erzählung als Sinnbild deuten, zunächst gilt es, in alltäglichen Belangen wacher zu werden.

Am Beginn ist zu lernen, die eigene Gegenwart und die augenblicklichen Möglichkeiten wahrzunehmen. Trüben Zerstreuungen das Bewußtsein, bleiben unsere aktuelle Stellung im Ganzen und deren vergangene Ursachen verborgen. So handelt man selten aus der inneren Freiheit eines echten Überblicks. Äußere Ablenkungen, innere Dämmerzustände, halbbewußte Tagträume, Erinnerungsfetzen oder Zukunftsphantasien benebeln das Gewahrsein. Selten spürt ein Mensch wahrhaft die Tatsache, daß *er ist* und was *er tut*. Doch hängt der Spielraum, den ich in meinem Handeln habe, davon ab, wie deutlich ich mir jeweiliger körperlicher, mentaler und emotionaler Abläufe bewußt bin.

Ein Beispiel:

Während des Lesens dieser Zeilen nehmen Sie den Inhalt gedanklich auf, bewerten ihn oder unterbrechen das Lesen, um zu überlegen. Dabei sitzen Sie in bestimmter Weise: Arme und Beine haben eine gewisse Haltung, der Rücken ist gekrümmt oder gerade, Ihr Hals in einem bestimmten Winkel geneigt, die Augen halten jenen Abstand von den Zeilen. Die Hände greifen das Buch mehr oder weniger fest.

Diese körperlichen Aspekte waren Ihnen wahrscheinlich beim Lesen nicht bewußt. Sie hatten Ihren Körper vergessen. Jetzt erinnerte Sie dieser Hinweis an Ihre körperliche Anwesenheit. Es gibt viele weitere Funktionen und Prozesse, die zugleich bei Ihnen ablaufen. Während Sie sitzen und lesen, empfinden sie positive, negative oder gemischte Gefühle, verschiedene Gedanken steigen auf. Diese körperlichen, emotionalen und geistigen Prozesse beeinflussen einander.

Angenommen, es gefällt Ihnen, was Sie bis jetzt gelesen haben. Doch stimmen Sie wahrhaft dem Inhalt zu, oder sehen Sie ihn positiv, weil Sie heute besonders bequem und ausgeruht sitzen? Vielleicht hatten Sie zuvor angenehme Erfahrungen, oder dieses Buch erinnert Sie äußerlich an frühere gute Lektüre, und so sind Sie von vornherein freundlicher gestimmt.

Vielleicht denken Sie über das bisher Gelesene: «So ein Unfug» oder «Das ist nichts für mich». Aber spiegeln diese Gedanken Ihre echte Einstellung? Möglicherweise wirkt unbewußt eine unbequeme Sitzhaltung, Nachwirkungen beruflichen Ärgers oder ein Kreislauftief wegen gestörter Verdauung negativ auf Ihre Konzentrationsfähigkeit, und unbemerkt entgeht Ihnen das Wichtigste.

Urteile stehen auf unsicherem Grund. Darum besteht Anlaß, den Motiven eigener Wertungen und Handlungen zu mißtrauen. Erlebten Sie Ihre Gegenwart wach als Vielfalt unterschiedlicher Prozesse, könnten Sie erkennen, welche Ursache ein Gefühl oder ein aufsteigender Gedanke hat. Mancher Fehlschluß käme nicht zustande. Beschränkten Sie Ihr Leben nicht auf einen Bruchteil seiner Möglichkeiten, könnten Sie aus der inneren Freiheit des Überblicks entscheiden und handeln. Vor allem brauchten Sie nicht andere oder äußere Umstände für Konflikte, Fehler und Schwächen verantwortlich zu machen, die *nur Sie* abwenden oder überwinden können.

Man sollte es nicht mit dem Wissen über die Flucht vor der eigenen Gegenwart in Zerstreuungen, Tagträume und Phantasien bewenden lassen, sondern es auf das konkrete Dasein beziehen und am Alltag überprüfen.

Fragen Sie nach Beispielen, wann Sie Ihre Gegenwart vergessen:

– Welche Verrichtungen erledige ich mechanisch und bin eigentlich nicht bei der Sache? Weiß ich noch, wie ich heute morgen aufstand und mich anzog? Kann ich mir einzelne damit verbundene Handgriffe lebendig ins Gedächtnis rufen? Wurde morgendliches Aufstehen und Anziehen ein unbewußter Prozeß, bei dem ich kaum anwesend bin, noch döse oder in Gedanken schon beim Tag bin?

– Schmecke ich bei Mahlzeiten, was ich esse? Bin ich mir bewußt, wie ich Nahrung in den Mund nehme, kaue oder schlucke? Oder was geht statt dessen in mir vor? Weiß ich noch, was ich gestern oder vorgestern gegessen habe?

– Geschieht es, daß ich bei banalen Tätigkeiten wie dem Zusperren der Haustür, Löschen des Lichts oder Schließen eines Fensters nach einiger Zeit zurückkehre, weil ich mir der Ausführung nicht mehr sicher bin?

– Gehen in beruflicher Routine vertraute Dinge so mechanisch von der Hand, daß ich hinterher nicht mehr sagen könnte, wie lange ich was tat?

– Sind mir Beziehungen, in denen ich lebe, Familie, Partner, Kollegen und Freunde, so selbstverständlich, daß ich sie kaum mehr wahrnehme? Höre ich überhaupt noch zu? Wann fiel mir bei sehr vertrauten Menschen zuletzt Neues auf?

– Entgeht mir zuweilen etwas, weil ich im entscheidenden Moment in Erinnerungen befangen bin oder tagträumend in die Zukunft reise?

– Welche Stellung haben äußere Ablenkungen und Zerstreuungen in meinem Leben? Habe ich zuweilen das Gefühl, sinnlos die Zeit totzuschlagen?

Sie denken, Aufstehen und Anziehen, das Zusperren der Tür oder Schließen des Fensters seien nur Kleinigkeiten, berufliche Tätigkeiten und Essen bloße Mittel zum Zweck, bei denen sich große Aufmerksamkeit nicht lohnt? Das Dasein besteht aus einer Aneinanderreihung von Mitteln. Sie gestalten sich ausnahmslos durch alles, was Sie tun, zu dem, der sie sind. Darum verdienen es gerade die Nebensächlichkeiten, die in ihrer Gesamtheit das Leben ausmachen, mit besonderer Aufmerksamkeit ausgeübt zu werden.

Kenkō Yoshida, ein japanischer Weiser des 14. Jahrhunderts, notierte auf der Rückseite einer alten Schrift der Lehren des Buddha folgende Gedanken: «Keiner würdigt den kurzen Moment. Ist es Absicht oder Beschränktheit, erkennt man den Wert der Zeit nicht? Der kurzsichtige Mensch schätzt die kleine Münze nicht; doch viele kleine Münzen machen den Armen zum Reichen. Darum achtet der Kaufmann sorgsam auf jede Münze.

Kurzer Zeitspannen ist man sich oft nur schwach bewußt. Doch eine nach der anderen führen sie plötzlich zu dem Augenblick, an dem das Dasein endet. Wer den Weg des Buddha gehen möchte, sollte, statt sich um ferne Tage und Monate zu sorgen, den jetzigen Moment nicht nutzlos vorübergehen lassen.

Wüßte ich, morgen unabwendbar zu sterben, was wollte oder täte ich heute? Aber was unterscheidet den heutigen Tag vom Moment vor dem Tod? Während eines Tages brauchen wir viel Zeit für Essen, Notdurft, Schlafen, Reden und Gehen. Dies ist nicht vermeidbar. Doch die wenigen übrigen Stunden, verstreichen sie nicht mit sinnlosem Tun, sinnlosen Worten und sinnlosem Denken? Tag für Tag, Monat für Monat verstreicht so, und das Dasein vergeht ungenutzt, weil wir es nicht verstanden.» [7]

Wer nicht jeden Augenblick des Lebens mit gleicher Wertschätzung annimmt, raubt sich viel. Gautama riet seinen Schülern, selbst bei Dingen, die man als unwichtig betrachtet, seiner Gedanken, Worte und Taten bewußt zu sein. Wer nicht in wacher Klarheit einfache Kleinigkeiten wahrnehmen kann, wird Bedeutendes nicht oder nur verschwommen erkennen. Die weiteste Reise beginnt mit einem Schritt. Wird dieser nicht bewußt ausgeführt, bricht man sich vielleicht das Bein, bevor man noch den Ausgangsort verlassen hat.

Gautamas Weg ist eine weite Reise. Sie beginnt genau jetzt und genau hier. Der kleine erste Schritt besteht im Erkennen des Ausgangspunktes. Drei Übungen, die nicht viel Zeit erfordern, sollen dazu Bewußtheit und Wachheit fördern. Parallel zu den aufeinander aufbauenden Kapiteln über Gautamas Lehren bauen weitere Übungen auf diesen ersten auf.

Verschieben Sie die Praxis nicht! Beginnen Sie gleich und fahren Sie konsequent fort. Die *Kenntnis* von Wegen und Methoden, die ein erfüllteres und freieres Leben ermöglichen, ist toter Ballast, wenn man sie aus Trägheit nicht in die Tat umsetzt.

Jeden Tag erleben Sie ungezählte Wahrnehmungen, Gefühle und Gedanken, die Sie zu dem Menschen prägen, der Sie sind. Vielleicht schien Ihnen selten ein Alltag des Erinnerns wert, weil er sich nicht aus dem Fluß des Gewohnten heraushob. Damit verzichteten Sie auf Ihre Chance zum Erwachen.

Lassen Sie keinen Tag erinnerungslos verstreichen, gedenken Sie seiner nochmals beim oder vor dem Schlafengehen. Betrachten Sie ihn einfach mit seinen gewöhnlichen und herausragenden Vorkommnissen. Dem dient die Übung des Tagesrückblicks. Es geht darum, was geschah, im Schnelldurchlauf an sich vorüberziehen zu lassen.

Beginnen Sie den Rückblick des Tages nicht mit dem Aufstehen am Morgen, sondern damit, wie Sie sich gerade zum Schlafen niedergelegt haben, und erinnern Sie sich, wie Sie eben zu Bett gegangen sind. So betrachten Sie den Tag *rücklaufend* vom zuletzt Erlebten bis zum Aufstehen am Morgen.

Rückläufiges Erleben verhindert mechanisches Abspulen des Gewesenen, weil es ordnende und überschauende Funktionen des Geistes fordert. Zudem hilft es, einfach zu sehen, was war, indem es die Gefahr einer Spekulation über Ursachen beim Gewesenen vermindert. Schließlich lösen Sie den Tag so mit seinen Spannungen auf, nehmen ihn zurück zum Ausgangspunkt und haben sich doch aller wesentlichen Begebenheiten erinnert.

Betrachten Sie die Geschehnisse des Tages einfach und kurz. Nehmen Sie zur Kenntnis, daß sie waren und wie sie waren. Beobachten Sie sich nicht wie einen Außenstehenden. Es geht nicht um Objektivität, sondern Ihr Erleben. Doch grübeln Sie nicht darüber, und bewerten Sie es nicht! Ärgern Sie sich nicht über unangenehme Vorkommnisse! Regten Sie sich während des Tages auf, ist es nicht Sinn der Übung, sich jetzt wieder aufzuregen. Es geht auch nicht darum, zu analysieren, ob die Aufregung gerechtfertigt ist. Registrieren Sie ganz ruhig: «In dieser Situation war ich erregt.» Auch gewesene Freude soll nicht wieder aufflammen. Sehen Sie nüchtern, daß und worüber Sie sich gefreut haben. Gab es Streit, suchen Sie weder den Schuldigen, noch denken Sie über vorgebrachte Argumente nach. Erkennen Sie ruhig: Es wurde auf diese Weise gestritten. Fallen Sie nicht in Wachträume, wie Sie eine Situation lieber gehabt hätten, oder in Gedankenspiele. Halten Sie Schlüsse und Urteile zurück. Sehen Sie nur, was war. Nachträgliches reines und wertungsloses Sehen dessen, was nicht mehr geändert werden kann, ist ein wichtiger Schritt zur Klarheit.

Werden Sie nicht mißmutig, und zwingen Sie keine Erinnerung herbei, wenn sich Lücken auftun. Können Sie sich nicht mehr aller Hauptbegebenheiten eines Tages erinnern, stellen Sie das nüchtern fest und knüpfen am nächsten Punkt wieder an. Merken Sie plötzlich, daß Sie in Wachträume abgeglitten sind oder grübeln über Ereignisse nach, statt einfach Gewesenes zu sehen, ärgern Sie sich nicht. Sagen Sie sich ruhig, daß Sie von Ihrem ursprünglichen Vorhaben abgewichen sind, und lenken Sie Ihre Achtsamkeit wieder darauf. Aus Gautamas Erfahrungen wissen Sie, daß innere Gewalt nicht weiter führt. Es wird leichter, bei der Sache zu bleiben, probiert man es mit spielerischer Ungezwungenheit.

Schlafen Sie während des Tagesrückblicks ein, ist es nicht schlimm. Geschieht es jedoch immer bald nach Beginn, nehmen Sie die Übung besser nicht im Liegen, sondern auf dem Bett sitzend vor. Da Sie nichts beurteilen und nicht über einzelne Ereignisse grübeln, braucht sie nur wenige Minuten zu dauern.

Wenn Sie Erfahrungen damit gesammelt haben, werden Sie nicht nur Ihre Zeit in neuer Weise einschätzen, sie werden auch nach Abschluß der Übung empfinden, wie der verflossen Tag nun abgeschlossen ist. Sie sahen, was geschah und nicht mehr rückgängig zu machen ist. Damit nahmen Sie den abgelaufenen Tag an und ließen ihn zugleich hinter sich. Seine Ereignisse bedrängen Ihr Unbewußtes im Schlaf nicht mehr. Mit friedlichen, positiven und heilsamen Gedanken oder Bildern im Bewußtsein schlafen Sie ein.

Durch Regelmäßigkeit entfaltet diese einfache Übung ihre ganze Wirksamkeit. Fangen Sie heute an, mit diesem ersten Schritt, Ihr Leben bewußter zu gestalten! ⌒

⌒ ÜBUNG 2: *Das gesammelte Aufstehen*

Was Sie sind und womit Sie wirken, ist der Körper. Seine Sinnesorgane bilden die Grundlage Ihres Bewußtseins. Dieses kann sich durch Handlungen nur so weit ausdrücken, wie es der Körper erlaubt. Wie oft aber vergißt der Mensch in der täglichen Routine seine körperliche Existenz!

Dies beginnt schon am Morgen: Der Körper erhebt sich aus dem Bett, wäscht sich, zieht sich an. Währenddessen weiß das Bewußtsein oft wenig von diesen Vorgängen. Zur gleichen Zeit, wie diese sich mechanisch vollziehen, wird die Aufmerksamkeit von Gedanken und Vorstellungen über den begonnenen Tag beansprucht. Man eilt weit voraus und bemerkt kaum den gegenwärtigen Augenblick. Vielleicht ist man noch völlig schlaftrunken und kann keiner konsequenten Gedankenlinie folgen. Selten ist das Bewußtsein bei dem, was im Moment tatsächlich geschieht.

Springen Sie ab morgen, wenn Sie aufwachen oder geweckt werden, nicht sofort aus dem Bett, um sich zu waschen und anzuziehen. Dösen Sie auch nicht einige Minuten vor sich hin. Gönnen Sie sich nach dem Aufwachen zwei oder drei Minuten, in denen Sie sich sammeln, um klar bewußt und wach in den Tag zu gehen.

Erleben Sie nach dem Aufwachen das, was unmittelbar geschieht: Ihr Körper liegt im Bett. Um sich dies wahrhaft zu vergegenwärtigen, wandern Sie mit Ihrem Bewußtsein durch den Körper, um dessen einzelne Teile zu spüren! Bewegen Sie diese ganz leicht, können Sie sie so besser empfinden. Beginnen Sie bei den Zehen, Sohlen, Fersen und Fußgelenken. Spüren Sie die Unterschenkel, Knie, Oberschenkel, das Gesäß, das Kreuz, Rücken, Brust und Bauch. Empfinden Sie die Finger, Handflächen, Handrücken und Handgelenke. Wandern Sie durch Unterarme, Ellbogengelenke, Oberarme bis in die Schultern und zum Nacken. Werden Sie sich Ihres Kopfes bewußt: Ohren, Hinterkopf, Stirn, Augen, Nase, Mund, Wangen und Kinn.

Spüren Sie, wie die morgendliche Spannkraft in alle Teile Ihres Körpers einzieht. Dann werden Sie sich des ganzen Körpers bewußt: «Hier liege ich.» Mit dem Empfinden, wahrhaft *da* zu sein, stehen Sie auf.

Halten Sie diese Bewußtheit so lange wie möglich aufrecht. Seien Sie achtsam beim Waschen und Anziehen. Eilen Sie nicht in Gedanken voraus, sondern *erleben* Sie, was Sie tun. Sie brauchen nichts langsamer oder gezwungen bedächtig zu machen. Im Gegenteil: Was wir wahrhaft achtsam ausführen, geht in der Regel effektiver von der Hand.

Regelmäßiges Praktizieren dieser Übung steigert die Fähigkeit, im Augenblick zu sein. Beginnen Sie morgen früh! Setzen Sie durch das gesammelte Aufstehen und den Tagesrückblick zwei Punkte des Bewußtwerdens am Anfang und das Ende jeden Tages! ∾

∾ ÜBUNG 3: *Das Feststellen des Zeitaufwandes*

Sind vorangegangene Übungen regelmäßige Praktiken, erstreckt sich die dritte Aufgabe über wenige Tage. Sie verschaffen sich Klarheit, wie ein durchschnittlicher Tag Ihres Lebens abläuft. Glaubt man auch, das genau zu wissen, reichte dies doch nicht, um darauf gewünschte Veränderung zu gründen.

Führen Sie in den nächsten drei bis fünf Tagen Buch, wieviel Zeit Sie womit verbringen. Halten Sie es möglichst minutengenau und detailliert fest. Notieren Sie, was Sie wie lange beschäftigte: Essen, Toilette, Arbeiten, Partner, Kinder, Verwandte, Berufliches, Anfahrtswege, Gespräche, Unterhaltung und Zerstreuung.

Vergleichen Sie nach diesen Tagen die Aufzeichnungen, um zu sehen, was Sie durchschnittlich aus den vierundzwanzig Stunden Ihres Tages machen. Wenn Sie ehrlich beobachten, können Sie sehen: So verbringe ich meine Zeit!

Der Mensch erschafft sich durch das, was er tut, zu großen Teilen selbst. Womit und wie Sie Tag um Tag verbringen, prägt Ihren Charakter. Wer Änderungen wünscht, muß zunächst klar sehen, was ist. ∾

2. KAPITEL

Gesetz und Freiheit

Je weniger wach ein Mensch ist, um so verschleierter sind ihm die Motive eigener Handlungen. Wer kaum wahrnimmt, was in ihm und um ihn vorgeht, kann nur beschränkt über sich hinausblicken. Unwissend, daß man eine blaue Brille trägt, hält man die ganze Welt für blau getönt. Wer nicht erkennt, wie Ängste ihn beherrschen, sieht in harmlosesten Begegnungen bedrohliche Situationen. Wer sein Denken und Tun nicht begreift, wird über umfassendere Zusammenhänge kein tieferes Verständnis gewinnen.

Vorangegangenen Sätzen wird wohl allgemein zugestimmt. Doch was so selbstverständlich scheint, würde in praktischer Konsequenz eine folgenschwere Wandlung unserer Persönlichkeit bedeuten, denn jeder neigt dazu, sein Wahrnehmen mit der Wahrheit zu verwechseln.

Es geht um Ihr Weltbild, die Brille, durch die Sie sich, andere und die Dinge sehen. Jeder besitzt ein eigenes Weltbild, ob er sich dessen bewußt ist oder nicht. Wenn er vielleicht auch nicht theoretisch formulieren kann, was er für richtig oder falsch hält, stimmt er doch gewissen Taten gefühlsmäßig zu und lehnt andere ab. Auch wer sich nie Gedanken darüber gemacht hat, empfindet und handelt entsprechend der Summe all dessen, wovon er unhinterfragt ausgeht. Sogar wer über sein Weltbild nachdenkt, wird hier oft von großer Verwirrung beherrscht. Mancher glaubt, die Werte seiner Erziehung hinter sich gelassen zu haben und kann in schönen Worten Anschauungen darlegen, die von denen seiner Eltern abweichen. Vielleicht schwor er der bürgerlichen Moral oder dem konventionellen Begriff des Eigentums ab. Dennoch mag ihn die Eifersucht auffressen, lächelt sein Partner einem anderen zu, oder er kann nicht bereit sein, einem Bekannten ein Buch zu leihen.

Was man sich und anderen als Weltanschauung verkündet, muß nicht dem wirklichen Bild entsprechen, nach dem man lebt. Die Abweichung wirkt sich oft tragisch aus. Unterschätzen Sie Ihre Fähigkeiten, bleibt Wertvolles unterentwickelt. Überschätzen Sie sich, müssen Sie unangenehme Folgen tragen, wenn Sie Aufgaben übernommen haben, denen Sie nicht gewachsen sind.

Auch Ihre Auffassung von einem Menschen Ihrer Umgebung besteht aus Vorstellungen. Sie gehen von gewissen Erfahrungen aus und setzen voraus, daß der andere in vorhersehbarer Weise reagiert. Erwartungen wirken wie eine getönte Brille, die jeder Wahrnehmung ihre Farbe verleiht. Angenommen, Ihr Nachbar hat Ihnen einige Male gewollt oder ungewollt übel mitgespielt, und Sie gehen seither davon aus, er möchte Sie grundsätzlich ärgern. Begegnet er Ihnen freundlich, werden Sie mißtrauisch und vermuten eine neue Bosheit. Sie sehen nicht das, was ist, sondern was Sie erwarten. Nicht der Nachbar, sondern Ihr Bild verhindert die Chance zu einem besseren Verhältnis. Wahrscheinlich ist er wie Sie selbst – weder nur böse, noch nur gut.

Unser Bild von einer Person oder Sache mag sich der Wahrheit mehr oder weniger nähern, es bleibt immer *unser* Bild und könnte falsch sein. Es entspricht dann nicht der *Wahrheit*, wird jedoch für uns zur *Wirklichkeit*. Das Wissen um den Unterschied zwischen Wahrheit und Wirklichkeit ist bedeutend auf dem Weg des Erwachens. Halten Sie den Nachbarn grundsätzlich für hinterlistig, mag das nichts mit der Wahrheit zu tun haben. Möchte er Ihnen tatsächlich helfen, läge die Wahrheit in seinen guten Motiven. Nur hätte diese Wahrheit keine Wirkung auf Sie, denn für Sie wäre allein der durch Ihre Brille ins Böse verzerrte Nachbar wirklich.

Wirklichkeit ist, was auf Sie wirkt, was Wirkungen zeigt, also Folgen für Ihr Leben. Die Wahrheit kann mitunter wenig direkte Wirkung auf Ihr Dasein haben, vor allem dann, wenn Sie sie nicht kennen.

Entspricht die Wirklichkeit nicht der Wahrheit, ist man von falschen Bildern abhängig. Stimmt die Wirklichkeit mit der

Wahrheit überein, wird sie *das* Tor zur Freiheit. Sobald Sie wahrheitsgemäß erkennen, daß der Nachbar Ihnen helfen möchte, wären Sie frei, sein Angebot anzunehmen oder abzulehnen. Leben Sie aber in der falschen Wirklichkeit, gibt es keinen Handlungsspielraum, denn Sie gehen von Voraussetzungen aus, die ohne wahre Entsprechung einzig für Sie bestehen. Ebenso verhielte es sich im umgekehrten Fall: Möchte der Nachbar Sie tatsächlich ärgern, wogegen er in Ihrer Wirklichkeit als hilfsbereiter Zeitgenosse existiert, sind Ihre Voraussetzungen unwirksam und Ihr Spielraum gleichfalls begrenzt.

Daß Ihre selbstverständliche Wirklichkeit nicht der Wahrheit entsprechen muß, geht weit über die Frage hinaus, ob Sie den anderen oder sich selbst richtig beurteilen oder einschätzen. Es rüttelt an den Sicherheiten des gesamten Weltbildes: Wie wahr ist Ihre Wirklichkeit?

Wissen und Glauben

Haben Sie sich schon einmal gefragt: «Was weiß ich eigentlich wahrhaft?» Oder: «Wessen darf ich sicher sein?» Je aufrichtiger man alles daraufhin untersucht, um so weniger bleibt als tatsächlich gesichert stehen. So, wie wir niemals sicher sein dürfen, ob wir einen anderen Menschen und seine Beweggründe erschöpfend kennen, wissen wir nie alles über uns. Wie spärlich unser Bewußtsein schon die jeweilige Gegenwart umfaßt! Wie sollten wir da ohne Fehlschlüsse unsere echten Motive erkennen?

Wie sicher können wir als Nichterwachte überhaupt etwas wissen? Von Gautama stammt dazu folgendes Gleichnis: Ein bושhafter König wollte sich einen Scherz auf Kosten anderer leisten. Er ließ einige Blindgeborene an seinen Hof bringen, denen er auftrug, einen Elefanten zu betasten. Sie sollten beschreiben, wie dieses Tier aussieht. Derjenige, der das Schwanzende faßte, verglich es mit einem Besen. Der Betaster des Rumpfes hielt es einem Kornfaß ähnlich. Jener, der den Rüssel berührte, fand, es glich einer Pflugstange. Wer andere Körperteile befühlte, kam zu ähnlich unzutreffenden Bildern eines Elefanten. Schließlich entbrannte unter den Blinden heftiger Streit über dessen wahres Aussehen, und der König amüsierte sich prächtig.[8]

Ebenso verhält es sich in allen Bereichen des Lebens mit unserem Erkennen der Wahrheit. Wir fassen Ausschnitte als Ganzheit auf und eignen uns Theorien an, die darauf zu passen scheinen. Doch mahnt Gautama zur Einsicht, daß unsere Überzeugungen und Meinungen die Wahrheit nicht einfangen. Es sind lediglich Tastversuche. Wie jene Blindgeborenen sind wir zwar in Berührung mit dem Ganzen, doch wir versteifen uns auf den wahrgenommenen Ausschnitt. Dann beharren wir vor uns und anderen auf der Richtigkeit des verengten Bildes. Es kann uns leicht wie den Blinden im Gleichnis gehen: Andere machen sich unser Unvermögen zunutze und ergötzen sich daran.

Jene Blinden *konnten* nicht sehen. Doch ihre Blindheit war nicht das Problem! Ihr Problem war, daß sie leichtfertig die erste Wahrnehmung für die alleinige Wahrheit hielten und sich auf die einmal gefundene Vorstellung versteiften. Hätten ihnen die entgegengesetzten Aussagen der anderen zu denken gegeben, wäre es im Vorantasten erkennbar geworden: Da ist noch viel mehr als das von vornherein Zugängliche!

Es kommt darauf an, zu wissen, daß man glaubt, statt zu glauben, daß man weiß! Haben wir etwas erfahren, müssen wir wissen, daß die Ansichten und Meinungen, die wir um diese Erfahrungen bilden, Glaube sind. Glauben heißt: für wahr halten. Verwechseln wir ein solches Fürwahrhalten mit einer unverrückbaren Tatsache, berauben wir uns der Chance, die ganze Wahrheit zu sehen.

Sicher müssen wir vieles glauben und brauchen Theorien, sonst könnten wir uns nicht in der Welt orientieren. Es ist unmöglich, dem Nachbarn täglich so zu begegnen, als sähen wir ihn zum ersten Mal. Wir kennen ihn, und die Meinung, die wir uns über ihn gebildet haben, ist wichtig. Auch kann Vorsicht gegenüber vergangenen Fehlern vor neuem Schaden bewahren. Doch lehrte Gautama, alle Anschauungen als provisorisch zu betrachten.

Theorien und Glaubensinhalte, die uns heute widersprüchlich scheinen, mögen es auf einer anderen Ebene des Erlebens nicht sein. Für den Sehenden ähnelt der Elefant teilweise einem Kornfaß und teilweise einer Pflugstange.

Das Beharren auf der eigenen Interpretation des winzigen Fetzens Wahrheit, den man erkannte, findet sich auf unterschiedlichsten Ebenen. Da sind die kleinlichen Rechthabereien des Alltags, wenn man sich in der Auseinandersetzung mit Partnern, Freunden oder Kollegen auf einmal bezogene Standpunkte versteift, weil man fürchtet, etwas zu verlieren, rückte man nur ein Stückchen davon ab. Dann gibt es kluge Dispute über Fragen wie jene, ob ein Gott, den keiner jemals sah, eine oder drei Personen ist. Obwohl sich führende Köpfe ganzer Epochen über derartiges ereifern konnten und viel Blut darum floß, verwechselten sie letztlich immer nur einen Stoßzahn oder das Ohr mit dem ganzen Elefanten.

Das Prinzip, daß Meinungen zur Orientierung *notwendig*, aber letztlich *provisorisch* sind, macht uns dem anderen gegenüber duldsamer. Wozu polemischer Streit, wenn wir wissen, er steht am anderen Ende des Elefanten? Mit dieser Haltung können wir im Augenblick unserer Erfahrung gemäß handeln und wissen doch, daß es über unseren jetzigen Blickwinkel hinaus erheblich mehr gibt. Wir werden offener.

Eine solche offene Haltung erweitert automatisch das Bewußtsein: Immer weitere Aspekte des Ganzen treten in den Bereich der Erfahrung. Unsere Wirklichkeit deckt sich zunehmend mit der Wahrheit. Dazu brauchen wir weder übernatürliche Kräfte noch außersinnliches Wahrnehmen. Angeborene Erkenntnismittel reichen aus, wenn wir von ihnen bestmöglichen Gebrauch machen. Die Blinden im Gleichnis bedurften nicht der Sehkraft, sie hätten lediglich *weiter* tasten müssen.

Glaube allein genügt nicht!

Das Wissen, man glaubt, statt des Glaubens, man wisse, schenkt nur Offenheit, wenn man über die bloße Theorie dieses Prinzips hinausgeht. Immer wieder muß man erforschen, auf welche unverrückbaren Meinungen man sich insgeheim einschwor, welche Selbstverständlichkeiten einen daran hindern, über den vertrauten Standpunkt hinauszublicken.

Stellen Sie sich folgende Situation vor: An einem klaren, milden Tag sitzen Sie mit einem lieben Menschen in einem hellen, gemütlichen Zimmer, erfüllt von Frühlingsluft und Blütenduft. Während der Gesang der Vögel durchs offene Fenster dringt, unterhalten Sie sich über schöne Dinge und fühlen sich erholt und entspannt. Die angenehme Atmosphäre und alles, was geschieht, deutet darauf hin, daß der Tag einen wundervollen Verlauf nimmt.

Plötzlich betritt ein Freund den Raum. Unvermittelt sagt er, im Nebenzimmer sei Entsetzliches geschehen: Ein Leichnam liege am Boden. Bis zum Eintreffen der Polizei dürfe sich niemand von der Stelle rühren. Dann geht er schnell hinaus. Schlagartig verliert der herrliche Tag seinen Zauber. Sie sitzen zwar weiterhin neben dem lieben Menschen, die Vögel zwitschern unvermindert, und nichts von dem, was zuvor schön war, ist durch die schreckliche Nachricht ungeschehen. Doch die Wirklichkeit steht plötzlich unter einem seltsamen Bann: Das im Nebenzimmer Vorgefallene verwandelt Ihr Beisammensein. Obwohl sich nichts Erkennbares verändert hat, macht sich Angst breit. Das Unheimliche auf der anderen Seite der Tür wirkt in Ihre Gegenwart, verbreitet eine bange und trübe Stimmung. Beklommene Verwirrung und tausend Fragen bestimmen das Denken. Sekunden scheinen wie Ewigkeiten.

Nach kurzer Zeit tritt der Freund wieder ein, um zu sagen, er hätte sich aufgrund einer albernen Wette einen makabren Scherz erlaubt.

Was geschah? Kurze Zeit veränderte sich Ihre Wirklichkeit,

obwohl die Wahrheit gleichblieb. Im Nebenzimmer lag und liegt kein Leichnam. Doch der Glaube daran wirkte in Ihrem Dasein.

Es gibt in jedem Leben Ungezähltes, das unwahr ist wie jene Leiche und doch als trübe Wirklichkeit zeitweilig oder dauernd Ihr Fühlen und Denken beeinflußt. Viele Sorgen des Alltags, die das Leben traurig scheinen lassen, sind solche Leichen im Nebenzimmer. Man muß die Tür öffnen, um zu erkennen, welche Probleme echt sind und welche eigenes Denken geschaffen hat. Mit tatsächlichen Krankheiten muß ich angemessen umgehen; die Angst vor eingebildeten sollte ein Besuch beim Arzt sofort ins Reich der Phantasie verweisen. Echten Schwierigkeiten mit meinem Partner muß ich mich stellen. Doch die nicht begründete Angst, er könnte mich verlassen, gestaltet eine Wirklichkeit, in der ich ihn aus Mißtrauen und Eifersucht ungerecht behandle.

Manchmal folgt sogar aus dem Glauben an Positives, das nicht der Wahrheit entspricht, Unangenehmes und Unerwünschtes. Ein Mensch glaubt nach einem besonders lebhaften Traum oder dem Besuch bei einem redegewandten Wahrsager fest daran, er werde Millionen in der Lotterie gewinnen. Er gibt seine Arbeit auf, tut nichts mehr, sondern kauft nur noch Lose und wartet, bis eine seiner Nummern den Hauptpreis bringt. Doch die ersehnten Millionen kommen nie, und er schlittert statt dessen in den materiellen Ruin. Ein sehr krasses Beispiel. Doch wer fände bei sich nach ehrlicher Prüfung kein ähnliches Verhalten? Viele glauben aus Bequemlichkeit auf das Eintreffen einer positiven Zukunft. Aber die vage Hoffnung auf künftiges Glück hält *jetzt* davon ab, für die Gestaltung der Zukunft Erforderliches zu tun.

Es gibt keine äußere Sicherheit. Ich kann nicht wissen, ob ich morgen noch gesund sein werde. Statt der Beförderung, von der ich überzeugt bin, kann der Arbeitsplatz durch den überraschenden Konkurs der Firma verlorengehen. Menschen, deren Gegenwart mir selbstverständlich ist, können morgen schon nicht mehr sein. Nichts versichert mir, daß es mich am kommenden Tag noch gibt. All das heißt nicht, man sollte immer mit dem Schlimmsten rechnen. Wie der Wunschtraum vom Lotteriegewinn selten eintrifft, verhält es sich mit den meisten Horrorvisionen. Ich muß klar unterscheiden, was tatsächlich ist und was ich mit mehr oder weniger großer Wahrscheinlichkeit nur erhoffe und befürchte. Lerne ich in dieser Hinsicht, Glauben von Wissen zu unterscheiden, wirken Hoffnungen nicht länger als Betäubung, sondern als anspornendes Ziel. Was mir Grund zu Befürchtungen gab, legt mich nicht mehr lahm, sondern mahnt mich im jeweiligen Moment zur angebrachten Vorsicht.

Die letzten Dinge

Je tiefer mit sicherem Wissen verwechselter Glaube die Persönlichkeit ergriffen hat, um so stärker hemmt er notwendiges Handeln. Dies steigert sich bei den Überzeugungen, die man über sogenannte letzte Dinge hegt, den Sinn des Daseins, Tod, Jenseits und Erlösung.

Jeder hat hierüber Meinungen. Wird die Tatsache der Sterblichkeit verdrängt, um einfach in den Tag hineinzuleben, ohne je über das Dasein nachzudenken, drückt auch dies eine Anschauung aus. Man schiebt tiefere Probleme aus Angst oder Bequemlichkeit beiseite. Wer seine Ansichten zu den letzten Fragen in klaren Begriffen ausdrückt, braucht deswegen der Wahrheit nicht näher zu sein. Oft werden religiöse Erklärungen blind akzeptiert, weil sie angenehm scheinen. Daß am Ende die Guten belohnt und die Bösen bestraft werden, mag tröstlich sein. Doch wer weiß sicher, ob dieses Ende jemals kommt? Diese Hoffnung läßt leicht über Ungerechtigkeiten hinwegsehen, gegen die man sich jetzt empören müßte. Der Glaube an das künftige Dasein in einem Himmel macht die Flüchtigkeit irdischer Existenz erträglicher, doch lenkt den Blick davon ab, daß sie das einzige ist, was wir sicher haben.

Das Übernehmen solcher Anschauungen dient oft als Alibi, nicht weiterzudenken und zu fragen. Man fühlt sich geborgen, doch man bleibt in einem Netz von Meinungen verfangen. Fern der Wahrheit ist man nur scheinbar beruhigt. An bloßen Meinungen über letzte Dinge zu hängen, galt Gautama als *die* Gefahr für das Streben nach Freiheit. Unmißverständlich sagte er seinen Schülern: «Nichts kenne ich, was so viel Unheilsames entstehen läßt und schon bestehendes Unheilsames zum Wachen und Entfalten bringt, wie die falsche Ansicht. In jemandem, der falsche Ansichten hegt, entsteht noch nicht entstandenes Unheilsames, bereits entstandenes wächst und entfaltet sich.» [9]

Gautama entlarvte in seinen Gesprächen manche gefährliche Anschauung. Er begegnete der Idee, Welt und Leben seien völlig sinnlos. Was immer man tue, ob gut oder schlecht, führe darum letztlich zu nichts. Pūrana Kāśyapa, ein Zeitgenosse Gautamas, lehrte: «Wer zerstört, quält, Sorge und Not verursacht, schlägt und Lebendes tötet, Nichtgegebenes nimmt, in Häuser einbricht, fremdes Gut raubt, stiehlt, betrügt, Frauen verführt, lügt, der lädt damit keine Schuld auf sich. Wer spendend und schenkend am Nordufer des Ganges entlanggeht, Gaben verteilt, hat dafür kein Verdienst, begeht nichts Gutes.» [10] Wer so denkt, gewinnt vielleicht Befriedigung aus momentanem Genuß. Er will auf möglichst angenehme Weise durchs Leben kommen, setzt er diesem sinnlosen Dasein nicht selbst ein Ende.

Wenn er an einen freien Willen glaubt, welchen vernünftigen Gebrauch könnte er davon machen, sieht er nicht Richtung oder Ziel? Diese Ansicht läßt seine Taten zutiefst sinnlos werden.

Eine andere Meinung betrachtet Welt und Leben als vollends sinnerfüllt: «Ein Gott, der das Universum schuf, verfolgt damit einen Plan, der auch mein Leben regelt.» Wer so alles für den Ausdruck göttlichen Willens hält, kann seinem eigenen keine Freiheit zuschreiben. Gautama entgegnete Anhängern der Lehre, die alles auf den Gott Iśvara zurückführt: «Also wären Menschen aufgrund der Schöpfung Iśvaras Mörder, Diebe, Schamlose, Lügner, Zwischenträger, Schimpfbolde, Schwätzer, Habgierige, Gehässige und Irrende.» [11] Sagt ein derart Glaubender, die Gottheit statte ihn mit freiem Willen aus, wird dieser doch relativiert, indem für ein Abweichen von göttlicher Planung und Vorschrift schwere Strafen drohen. Andere sehen ihre eigenen Taten als das Vollstrecken des Willens der Gottheit: Auch wer anderen Schmerzen zufügt oder sie tötet, handelt als Teil der Vorsehung. Eigene Absicht wird gleichgültig. Wie sollte er sich bewähren, echte Entscheidungen zwischen heilsamen und unheilsamen Taten treffen, wenn sein Tun vorbestimmt wäre? Schon der Versuch ist vor dem Hintergrund solcher Anschauung unsinnig!

Zwei Menschen, die sich zu gegensätzlichen Anschauungen bekennen, ernten so gleiche Resultate. Wer alles als sinnlos ansieht, beschneidet die Freiheit seines Willens wie jener, der ausnahmslos alles für sinnvoll hält.

Gautama mahnte seine Schüler, ihre begrenzte Lebenszeit nicht mit Spekulationen zu verschwenden, ob die Welt sinnvoll oder sinnlos, anfangslos oder geschaffen, endlich oder ewig sei. Auch im Grübeln über den erlösten Zustand oder ein Dasein vor der Geburt und nach dem Tod wird dabei leicht wertvolle Energie und Zeit vertan. Ein Mensch kann nicht wahrnehmen, was seine Wahrnehmungsfähigkeit übersteigt, nichts erkennen, was jenseits seines Erkenntnisvermögens liegt. Er kann keines Dings außerhalb der Möglichkeiten seines Bewußtseins gewahr werden. Schult er seine Wahrnehmungen und weitet er sein Bewußtsein, dann vermag er heute Verborgenes vielleicht morgen zu schauen. Es geht darum, den Spielraum des Erkennens und Tuns auszudehnen statt durchs Dickicht der Meinungen zu irren, in dem einander widersprechende Inhalte zu gleichen unerwünschten Ergebnissen führen.

Sogar eine Lehre, die mit der Wahrheit übereinstimmt, wird gefährlich, betet man sie als toten Glaubensinhalt nach. Ein indischer Text läßt Gautama sagen, obwohl er als Buddha unermeßlich lange Leben könnte, stirbt er um der Menschen willen doch. Bliebe er dauernd unter ihnen, würden sie träge und kämen vom Streben ab.[12] Mit anderen Worten: Die unmittelbare Anwesenheit der Wahrheit oder Weisheit kann auch lähmen, sonnt man sich nur darin, ohne sie zur eigenen Erfahrung zu machen.

Gesetze des Daseins

Weil Gautama nicht wünschte, daß seine Schüler lediglich eine Meinung durch eine neue austauschten, vermittelte er weder blind zu glaubende Inhalte noch vorgefertigte Patentlösungen. Er wollte die Fähigkeit zu selbständigem Erkennen und Bewältigen von Problemen fördern.

Was er dazu lehrte, bezeichnet die altindische Sanskrit-Sprache als *Dharma*. Das Wort hängt mit dem Adjektiv *dhara* = ‹tragend› zusammen. Dharma kann darum als das *Tragende* übersetzt werden. In Indien bezeichnete man damit jene Gesetze, die ordnen, was wir als Welt und Leben erfahren, Naturgesetze im weitesten Sinn als letzte tragende Prinzipien des Daseins. Dieselbe Bezeichnung für die universellen Gesetze wie für Buddhas Lehre deutet auf die Essenz: Es geht um die Harmonie menschlichen Daseins mit der umfassenden Ganzheit, in der es steht, um den Einklang von Wahrheit und Wirklichkeit.

Daß Suche nach Freiheit mit der Frage nach Gesetzen zusammenhängt, mag verwundern. Bedeutet Freiheit denn nicht, an kein Gesetz gebunden zu sein? Das Gegenteil ist der Fall! Alles Dasein und Werden ist nur durch Gesetze möglich. Hier sind nicht jederzeit änderbare, vom Menschen erlassene Gesetze gemeint, die nur den Erkenntnisstand derer spiegeln, die sie formulieren. Vielmehr geht es um das, was kein Mensch und keine Gruppe, besäßen sie auch alle politische Gewalt der Erde, ändern könnte, zum Beispiel den Wandel der Dinge im Fließen der Zeit oder die Schwerkraft. Die Welt ist nur durch solche Gesetze möglich; ohne sie herrschte Chaos. Freiheit von ihnen wäre keine Freiheit des Menschen, sondern dessen Nichtsein. Schließlich existiert der Mensch nur in ihrem Walten. Seine Freiheit folgt aus der Erkenntnis der Gesetze und der Spielräume der Entfaltung, die sie bieten.

Wo mußte Gautama mit seiner Darlegung der Gesetze beginnen, mit denen der freie Mensch in Harmonie lebt? Mit dem Entstehen der Welt oder dem Lauf der Planeten? Mit der Betrachtung eines oder mehrerer höherer Wesen? Nein. Solche Fragen wollte er nicht ins Zentrum stellen. Nichts, was als bloße Spekulation betrachtet werden kann, taugte als Ausgangspunkt. Da es um universelle Gesetze in ihrer Beziehung zum Menschen geht, ist das Gautamas Hauptthema.

Er vergleicht die menschliche Situation der eines Verletzten: «Einst traf ein mit Gift bestrichener Pfeil einen Mann. Seine Angehörigen riefen den Arzt, damit er den Pfeil herauszieht. Doch der Getroffene wehrte sich und sprach: ‹Ich lasse den Pfeil nicht herausnehmen, bevor ich nicht weiß, wer auf mich schoß, aus welcher Familie er stammt, wie groß er ist und wo er wohnt. Auch will ich wissen, von welchem Holz der Pfeil ist, welche Art Bogen benutzt wurde, von welchem Vogel die Federn am Pfeil stammen und aus welchem Material die Spitze besteht.› Bevor jener Mann all das erfahren hätte, wäre er gestorben.»[13]

Fast jeder teilt freiwillig das Schicksal dieses Verwundeten. Wir sind von Pfeilen getroffen, deren Gift unser Denken und Körper verseucht. Hilfe ist nahe, doch wir sträuben uns gegen den Schmerz des Herausziehens und nehmen weitaus größere Gefahren in Kauf. Oft wissen wir genau, wo unsere Pfeile stecken, doch wir fürchten uns, das Naheliegende zu tun. Wir schaffen ungezählte Ablenkungen und konstruieren Probleme, die im entscheidenden Moment vom Wichtigen abhalten. So verschieben wir Dringliches auf unbestimmte Zukunft und drängen aus dem Bewußtsein, wie entscheidend jeder Augenblick ist, in dem wir die Richtung unseres Lebens ändern könnten. Gautama ermuntert zum Entfernen der giftigen Pfeile. Wie ein Arzt geht er im Erklären seiner Lehre vor. Als er sie zum ersten Mal in einem Park in der Nähe von Benares darlegte, soll er sie die *Vier Edlen Wahrheiten* genannt haben. Zwei der Wahrheiten dienen der Diagnose, zwei der Therapie.

Die ‹Erste Edle Wahrheit›: Unser Leid

Wie sieht Gautamas Diagnose aus? Woran krankt der Mensch? Auf seinem Lebensweg wurden Konfrontationen mit Alter, Krankheit und Tod zu Grenzsituationen, die ihn tiefe Unbefriedigung erfahren und daran leiden ließen. Diese Grundbefindlichkeit stellt er bei allen Menschen fest: «Geburt, Alter, Krankheit und Tod, mit Unlieben vereint sein, von Lieben getrennt sein, nicht zu erhalten, was man wünscht, oder zu erhalten, was man nicht wünscht, darin zeigt sich Leiden.» Diese Feststellung klingt so selbstverständlich, daß man als «erste edle Wahrheit» aus dem Mund eines weltberühmten Weisen vielleicht Erstaunlicheres erwartet. Niemand bezweifelt, daß wir Kummer und Sorgen erfahren. Wir brauchen nicht mit Krankheit oder Sterben konfrontiert zu werden, um Leid zu empfinden. Da sind zermürbende Kleinigkeiten des Alltags: Ärger am Arbeitsplatz, Krach in der Familie, Reibereien mit Nachbarn, sexuelles Unbefriedigtsein, Langeweile oder Streß. Jeder erlebt Unzulänglichkeiten seiner Situation gemäß anders, doch er erlebt sie! Brauchen wir einen Weisen, der uns das sagt?

Offenbar müssen wir gerade auf das Simpelste gestoßen werden, übersehen wir doch leicht das Gewohnte. Denken wir als Beispiel an die Situation unseres Planeten. Jeder weiß durch die Berichterstattung der Medien: Wir leben mit einem selbstgeschaffenen nuklearen Vernichtungspotential unbeschreiblichen Ausmaßes; die Rohstoffe der Erde gehen zur Neige; eine Minderheit schwelgt im Luxus, während vielen das Notwendigste fehlt. Die Informiertheit über die Weltlage erreichte in den Industrienationen einen nie dagewesenen Grad. Fernsehmagazine berichten und internationale Organisationen führen Buch darüber: Waldsterben, Hunger, Kriege, Seuchen und Unrecht. Mutige Journalisten und Kameramänner bringen den ganzen Jammer in die Wohnstube. Untergang und Elend sind bestens dokumentiert und bekannt. Neben dem Unterhaltungscharakter, den all das so annimmt, wird es sehr selbstverständlich. Es scheint ganz natürlich, daß die Pflanzen, Tiere und Menschen unserer Erde leiden. Man nimmt es hin, und etwas Widersinniges geschieht: Die Informiertesten tun am wenigsten, den Fluß des Unheils aufzuhalten, zeigen am wenigsten Zivilcourage zur Korrektur des negativen Kurses. Im Gegenteil, nichts bringt einen aus der Ruhe: Irgend jemand ist zuständig, nur ich nicht. Mancher flieht in seinem Unbehagen in weltabgewandte Kulte oder tritt den Rückzug in die Privatsphäre an. Wen kümmert das Zerbrechen eines großen Konzerns wirklich, solange es den eigenen Arbeitsplatz nicht trifft. Doch man gehört untrennbar zum Ganzen, und es gibt nichts, was einen nicht beträfe.

Was für die Probleme der Welt gilt, entspricht unserer Beziehung zu denen unseres eigenen Lebens. Naheliegendes wird leicht verdrängt oder durch Selbstverständlichkeit betäubt. Gautamas erste Wahrheit weist wieder darauf hin: Man weiß, wie der Tod mit Sicherheit bevorsteht, doch man verhält sich, als hätte die Endlichkeit des Lebens nichts mit der eigenen Person zu tun.

Auch mit «Unlieben vereint, von Lieben getrennt sein» und «nicht zu erhalten, was man wünscht, oder zu erhalten, was man nicht wünscht», sind tägliche Erfahrungen. Meist werden sie nicht genauer betrachtet, weil man froh ist, Unangenehmes schnellstmöglich zu vergessen. Vielleicht klagt man über Negatives: «Womit habe ich das verdient?» Oder man schmollt in dem vagen Gefühl, alles könnte doch viel besser sein. In jedem Fall ist man froh, wenn das Leid schnell aus dem Bewußtsein tritt. Doch keine Tatsache verschwindet durch Nichtbeachten. Unbefangenes Beobachten würde zeigen, daß sicherlich *nicht* der «glücklich ist, wer vergißt …» Im Gegenteil: Weder der Tod noch die Frustrationen des Alltags können aus dem Leben geschoben werden. Auch verdrängt wirken sie weiter und drücken unser Leben.

Gautama rät, den Tatsachen ins Auge zu sehen: Woran leide ich? Ehrliche Konfrontation mit Ungewolltem bedeutet keinesfalls, in Jammern und Wehklagen über unser trauriges Schicksal auszubrechen. Es geht um die nüchterne Feststellung, was uns fehlt. Klar sehen, was Schwierigkeiten bereitet, ist der erste Schritt zu deren Überwindung. Dabei sollte man nicht die Probleme ausklammern, die wie das Sterben nicht änderbar sind. Es ist richtig, daß Sie den Tod nicht abschaffen und einen Menschen, der Sie verließ, nicht herbeizwingen können. Doch es gibt für alles auch andere Lösungen als die Abschaffung dessen, woran man leidet.

In der Analyse seines Leidens fand Gautama Gegebenheiten, die er *drei Merkmale* allen Daseins nannte. Ihre Kenntnis galt ihm als Voraussetzung der Harmonie mit den universellen Gesetzen.

Das *erste Merkmal* ist die *Nichtdauer*: «Alles Gewordene ist nicht dauerhaft. Wer dies weise und klar durchschaut, wird von allen Leiden frei.» [14] Daß alles vergänglich ist, gestehen viele wiederum theoretisch zu. Doch in der Praxis handelt man meist so, als wäre da Bleibendes. Dies kommt daher, daß wir Dinge wie unsere Erde, die Sonne oder den Weltraum wahrnehmen, die ewig scheinen. Doch die Erde und die Sonne entstanden in langen Prozessen, wandeln sich und werden einmal nicht mehr sein, wenn anderes aus ihren Stoffen wurde. Die Sonne, ein großes Feuer, erlischt im Verzehren des Brennstoffs. Weil wir schneller altern, als die Sonne erlischt, nehmen wir sie als dauernd. Ob offensichtlich oder nicht, die Wandlung alles Existierenden ist ein Grundgesetz: Nichts steht außerhalb der Zeit. Erreichte der Mensch durch Manipulieren seiner Gene ein unermeßliches Alter, wanderte er in andere Sonnensysteme aus oder erfände Mittel, der Sonne neuen Brennstoff zuzufügen, letztlich verlöre er den Wettlauf gegen die Zeit. Sogar wenn es ihm gelänge, der Vergänglichkeit ein Schnippchen zu schlagen, würde er sich dabei gewaltig verändern, ganz abgesehen von der Frage, ob er so glücklich werden könnte.

In unserer Wirklichkeit gibt es Anfang und Ende, als ob wahrgenommene Dinge oder wir selbst irgendwann anfingen und aufhörten. Doch das ist nicht die Wahrheit, nicht das, was Gautama unter Nichtdauer verstand. In Wahrheit beginnt und vergeht nichts so, als wäre es zuvor und danach nicht. Momentane Gestalten sind augenblickliche Zustände einer endlosen Wandlung, in der sich alles umsetzt und nichts verlorengeht.

Ist diese universelle Veränderung wieder eine Binsenweisheit, der jeder zustimmt? Tatsache ist, daß wenige sie auf *sich selbst* beziehen! Ein Mensch beobachtet, wie sich um ihn alles wandelt, und unterliegt leicht dem Fehlschluß, er als Beobachter sei eine unveränderliche Insel inmitten der Änderung. Sieht man den eigenen Körper vergehen, kann die Idee aufkommen, ein dauernder Geist oder eine ewige Seele registriere dies. Aber wie der Körper nie derselbe bleibt, wandeln sich unausgesetzt Denken und Empfinden. Jede Wahrnehmung, jeder Gedanke, jeder Ablauf im Bewußtsein macht uns zu anderen als unmittelbar zuvor.

Gautama schildert das Dasein als Ausschnitt eines unermeßlichen Prozesses, in dem Welten entstehen und gehen: «Gäbe es einen massiven Felsblock, jeweils eine Meile lang, breit und hoch, ungebrochen, ohne Spalten und Klüfte, und alle hundert Jahre käme ein Mann, der einmal mit einem Seidentüchlein darüber riebe, wäre dieser Fels eher verschwunden als eine Welt vergangen. So ist die Dauer einer Welt. Solche Welten gab es viele, Hunderte, Tausende, Hunderttausende. Wie aber ist das möglich? Unfaßbar ist dieser Prozeß der Welten, unerkennbar der Beginn der Lebewesen, die in Nichtwissen gefangen und von Gier gefesselt durch die Welt eilen.» [15]

Viele fürchten Veränderungen, da man oft nicht weiß, wohin sie führen. Der Gedanke, ein flüchtiger Moment in einem anfanglosen Prozeß zu sein, flößte Menschen mancher Kulturkreise zusätzlich Angst ein. Im Wunsch nach Sicherheit entwickelten sie Ideen eines absoluten Beginns, ersannen einen Gott, der außerhalb der Zeit steht und diese durch seine Schöpfung anstieß. Indem sie sich als seine besonderen Geschöpfe fühlten, glaubten sie eine ewige Seele in sich. Doch welche Theorien der Wunsch nach Dauer immer ersinnt, alles, was wir wahrhaft erfahren, lehrt uns die Nichtdauer.

Wir verändern uns, ungeachtet ob wir dies wollen. – Es wäre klug, ein unumgängliches Gesetz zu bejahen und die Richtung unseres Fortgehens zu beeinflussen. Die Tatsache der Nichtdauer läßt drei Möglichkeiten: Wir können sie nicht zur Kenntnis nehmen, also die Augen vor der Wahrheit verschließen. Wir können sie als Vergänglichkeit beweinen und jammern, daß morgen vorbei sein wird, was heute noch ist. Wir können sie als Herausforderung und Chance zu positiver Wandlung annehmen. Leben ist Bewegung; Stillstand wäre Tod. Wir sind nicht zu ewigem So-Sein verdammt! Ob wir uns durch ein universelles Gesetz als Sklaven empfinden oder es zum Instrument der Befreiung machen, entscheiden wir.

Das *zweite Merkmal* ist das Leiden, die Überschrift der ersten Wahrheit, das man in diesem Zusammenhang besser als *Unzulänglichkeit* alles Gewordenen bezeichnet. Es geht darum, wie der Mensch sich zur Nichtdauer stellt. Weil alles in Bewegung und niemals abgeschlossen ist, hat man das tiefe Empfinden, alles könnte immer noch besser sein: das Leben länger, der Besitz größer, der Partner liebevoller, die Stunden ausgefüllter. Daraus entspringt das Gefühl des Ungenügens. Was immer wir erlangen, es bleibt Besseres denkbar. Wir beklagen, daß alles vorübergeht und wir nicht *mehr* von dem haben, was uns gefällt; daß unsere Erwartungen von der Wirklichkeit oft nicht erfüllt werden. Sogar wenn dies geschieht, bleibt vieles, was uns nicht genügt. Wie bei der Nichtdauer können wir über sie jammern oder unsere Augen davor verschließen. Doch läßt sich die Unzulänglichkeit auch positiv deuten, sehen wir uns als Teil einer nie abgeschlossenen Entwicklung. Was noch nicht ist, erscheint dann als Herausforderung zur Tat. Die Kluft zwischen Erwartungen oder Hoffnungen und der Tatsächlichkeit wird so zum Motor heilsamer Anstrengung. Dazu ist notwendig, die Unzulänglichkeit als Merkmal aller Dinge anzunehmen.

Das *dritte Merkmal* heißt in Sanskrit *Anātman*. Ein unmißverständliches Übersetzen des Worts wäre schwer. Es bezeichnet eine tiefe Erkenntnis, die erstmals Gautama und seine Anhänger klar formulierten. Philosophisch läßt sie sich als ‹Nicht-Substantialität› wiedergeben. Dies besagt, daß nichts als isolierte Substanz aus sich besteht. *Alles, was ist, entstand abhängig von anderem, Früherem oder Gleichzeitigem.* Darum ist nichts unteilbar. Alles besteht immer aus anderem, das wiederum jeweils aus anderem besteht … Nichts wäre für sich allein denkbar. In der Natur und bei vom Menschen gemachten Dingen ist dies offensichtlich. Doch wieder überträgt man die Wahrheit nicht auf das eigene Dasein, sondern empfindet sich als von allem anderen verschieden. Man sondert sein Ich streng von der restlichen Welt. Doch entspricht dies nicht der Wahrheit. Jeder wurde von seinen Eltern gezeugt und erhält sich durch Aufnahme von Nahrung. All das gehört zu dem, was man körperlich ist.

Empfinden und Denken werden durch die Wahrnehmungen geprägt, die Gautama als feinere Nahrung bezeichnet. Das als mein Ich Erlebte läßt sich nicht vom Aufgefaßten trennen. Anderes besteht auch ohne mich. Doch ich kann nur durch das, was ich sehe, höre, denke oder empfinde, sein. Während man ein Buch liest, gründet das Gewahrsein, als Lesender und Denkender zu existieren, nicht zuletzt auf dem Buch. Beobachtet man ein Fußballspiel, hat man ein anderes Bewußtsein als bei Gedanken über Geschäfte. Jeder Mensch, dem ich zuhöre und auf den ich mich einstelle, läßt mich ein anderer werden.

Weil ich für mich allein nichts bin, sondern jeweils im Zusammenhang früherer und gegenwärtiger Bedingungen werde, sind die Grenzen dessen, was als eigenes Wesen gilt, fließend. Letztlich gehört zu ihm alles, was ist und jemals war. Die Erzählung vom Erwachen Gautamas beschreibt die universelle Verknüpftheit, die den Erlebenden über die Trennungen zur Welt oder zu dem hinaushebt, was ihm von sich selbst getrennt scheint.

Das Erfahren universeller Bedingtheit bedeutet für Gautama das Erlangen des Todlosen, Befreiung oder Erlösung vom Leid. Der Mensch kann Todlosigkeit erleben, weil er in einem endlosen Bedingungszusammenhang existiert, der den Prozeß seines Werdens endlos macht. Wäre er für sich allein, was er gerade ist, bliebe er begrenzt und endlich. Durch seine universelle Verknüpftheit ist er Teil eines endlosen und ewigen Werdens. Nicht bloßes Wissen, nur Erleben zeigt, worum es geht.

Die ‹Zweite Edle Wahrheit›:
Wie Leiden entsteht

Die zweite Wahrheit zeigt, wie es zum Leiden kommt. Nicht Alter, Krankheit und Tod oder das Eintreffen von Unerwünschtem sind an sich Ursachen unseres Kummers. In alldem drücken sich Gesetze des Daseins aus, die ein Mensch nur innerhalb eines gegebenen Spielraums ändern kann. Der tiefere Grund des Leids liegt in der Haltung, in der man diesen Gesetzen begegnet. Beim unwachen Menschen erkannte Gautama diesbezüglich drei Eigenschaften als Wurzeln aller Übel: Verblendung, Gier und Haß. Sie sind die vergifteten Pfeile, die es herauszuziehen gilt.

Verblendung heißt, nicht um die Gesetze zu wissen, die Gautama als die drei Merkmale formulierte: Wir verschließen vor der dynamischen Natur der Welt und unseres Lebens die Augen, schieben unsere Leiden beiseite, weil sie unbequem sind, und ziehen einen mehr oder weniger radikalen Trennungsstrich zwischen uns und anderen. Gefällt uns nicht, was ist, wollen wir es nicht wahrhaben. Gefällt es uns, wollen wir es für immer festhalten. So existieren wir im Wahn einer Wirklichkeit, die mit der Wahrheit wenig zu tun hat.

Aus Verblendung entstehen Gier und Haß. Was Gautama mit diesen Worten bezeichnet, geht über deren alltägliche Bedeutung hinaus. *Gier* steht für die grundsätzliche Haltung gegenüber anderen Menschen, der Erde und dem ganzen Universum: Man will alles haben, was einem gefällt, und betrachtet es so, als könnte man es eigenen Wunschbildern gemäß gestalten. Doch wird man unfähig, Menschen, die Natur und Dinge zu sehen, wie sie sind, wenn sie einen nur unter dem Blickwinkel des Eigennutzes interessieren. Was ich in diesem Sinne begehre, schätze ich nicht. Alles, was man nur unter dem Gesichtspunkt der Nützlichkeit und Aneignung betrachtet, verliert sein Wunder. Die anmutigste Landschaft ist in Gefahr, sieht sie der Immobilienhändler mit der geplanten Wohnanlage im Kopf, die ihn vor dem Konkurs retten soll.

Sehr deutlich wird dieses Prinzip, wenn es um Menschen geht. Kann ich sie nur akzeptieren, wie ich sie will, bringe ich ihnen keine Achtung entgegen. Interessiert mich als Verkäufer ein Mensch einzig als Käufer, dann nehme ich ihn kaum wahr, wenn er nicht als Kunde in Frage kommt. Versuche ich aber herauszufinden, was er wirklich braucht, kann meine Anteilnahme, auch wenn ich ihm nicht sofort etwas verkaufe, viel später zu Ergebnissen führen. Fühle ich mich einsam, sehe andere jedoch nur unter dem Gesichtspunkt, was sie zu meiner Unterhaltung oder zum Abbau meiner sexuellen Defizite beitragen könnten, dann lasse ich die links liegen, die mir am meisten zu sagen hätten. Diese Form der Gier wird kaum hinterfragt. Es ist zu selbstverständlich, daß ich alles möchte, wie es mir paßt. Viele hören nur, was sie hören wollen. Genau diese Haltung liegt der Raffsucht oder gröberen Formen der Gier zugrunde, an die wir normalerweise beim Verwenden des Wortes denken.

Haß ist die andere Seite der gleichen Münze. Wenn ich die Wirklichkeit nach dem Maßstab meines Habenwollens gestalte, lehne ich ab, was sich diesem entgegenstellt. Dem Ungewünschten bringe ich Haß entgegen. In diesem Sinn hasse ich nicht nur Menschen, die ich gewaltsam wegstoße, sondern alles, was ich aus meiner Wirklichkeit dränge, obwohl es zu meiner Wahrheit gehört. Die meisten hassen ihre Sterblichkeit und verbannen den Gedanken an sie völlig aus ihrem Bewußtsein.

Trotzdem hängen wir an dem, was wir hassen, mindestens ebenso wie an Begehrtem. Alles, für dessen Bekämpfung ich bewußt oder unbewußt Energien aufwende, besitzt Macht über mich. Mancher ist darum von Feinden abhängiger als von Freunden. Der Krieg gegen die ‹böse› Schwiegermutter, den ‹mißgünstigen› Kollegen oder ‹unverschämten› Nachbarn wird beherrschendes Thema. In dieser Kreuzzugsmentalität hat man Probleme, über etwas nachzudenken oder zu sprechen, was zum positiven Inhalt des Lebens gehört. Möglicherweise gibt es gar nichts. Viele Politiker wären ohne ihre Gegner verloren. Könnten sie nicht mit vielen eleganten Worten «So nicht» sagen, fiele auf, daß sie selbst über keine originellen Beiträge zum Abbau der Arbeitslosigkeit oder Lösen gesellschaftlicher Spannungen verfügen. Weil es sich scheinbar gut leben läßt, indem man hauptsächlich gegen etwas ist, sind einzelne wie Gruppen auf der Suche nach Feinden. Als die sogenannten kommunistischen System Osteuropas zerbrachen, machte dies manchen orientierungslos, und er wurde in der Suche nach dem neuen Feindbild im Nahen Osten fündig. Es ist bequem, andere für die eigene Misere verantwortlich zu machen oder durch Fingerzeig auf sie von seinen Schwierigkeiten abzulenken. Es läßt sich leichter über ‹die Juden›, ‹die gelbe Gefahr› oder den ‹islamischen Fundamentalismus› schimpfen, als mit Einsatz und Beharrlichkeit Konstruktives aufzubauen.

Damit soll nicht gesagt sein, daß es für einzelne oder Gesellschaften keine ernstzunehmenden Bedrohungen oder Gegner gibt. Doch darf die Auseinandersetzung mit ihnen nicht von Haß geprägt sein, will man sie realistisch einschätzen. Sehr häufig sind Feinde fiktiv und dienen als Ausflucht, sich und die Welt nicht wahrheitsgemäß zu sehen. Vor dem Hintergrund der Anātman-Lehre Gautamas gilt es zu verstehen: Spielt in meinem Leben Ablehnung eine große Rolle, gehört der Feind, allerdings weniger er selbst in seiner Wahrheit als mein Zerrbild von ihm, untrennbar zu dem, was ich bin. Ohne meine Beschäftigung mit ihm, wäre ich nicht so. Das heißt in letzter Konsequenz: Ich bin der Feind, mein egoistischer Standort ist der schlimmste Gegner. In diesem Sinne sagte Gautama: «Nicht wer eine Million Männer auf dem Schlachtfeld überwand, nur wer sich selbst besiegt, ist ein echter Held.»[16]

Alles, was wir nicht sehen und schätzen, wie es ist, erhält durch Gier und Haß große Macht über uns, läßt uns unfrei werden. Harmonie mit den universellen Gesetzen wird nicht möglich, solange wir die Wahrheit nicht sehen, sondern uns zustimmend oder ablehnend auf deren Teilaspekte versteifen.

Gier, Haß und Verblendung halten einander gegenseitig aufrecht. Es ist der zweifache Prozeß des Aneignens (Gier) und des Abstoßens (Haß), durch den ich meinen Standort bestimme und mich zum verblendeten Wesen mache. Die Verblendung wiederum läßt mich weiter aus verzerrter Sicht manches begehren und anderes ablehnen. Es ist ein unausgesetzter Kreislauf. Dabei sind Gier und Haß, obwohl unterschiedlich auf mich zu und von mir weg gerichtet, nicht voneinander zu trennen. Wen ich jetzt begehre, hasse ich morgen, verhält er sich nicht meinem Bild gemäß. Die Liebe des Verblendeten ist in diesem Sinn allenfalls Haßliebe.

Die ‹Dritte Edle Wahrheit›: Leid ist vermeidbar

Die dritte Wahrheit ist dem möglichen Aufheben von Leid gewidmet. Gautama bezeugte die Erreichbarkeit eines Lebens jenseits von Gier, Haß und Verblendung. Er erreichte es im Erwachen, und ungezählte andere in seiner Nachfolge verwirklichten es auch.

Freiheit von Gier, Haß und Verblendung läßt uns den Menschen, die Natur und alle Dinge so sehen, wie sie sind. Mit anderen Worten: Unsere Wirklichkeit und die Wahrheit werden zunehmend deckungsgleich. Wer dies erreicht, lebt in Harmonie mit den universellen Gesetzen, sieht sich nicht getrennt von allem, was ist, sondern handelt aus dem Gewahrsein seines Verwobenseins in das Ganze. Er unterscheidet nicht künstlich zwischen dem, was «Ich» oder «Nicht-Ich» ist. Sein weites Bewußtsein ist sich der Beziehung zu allem Existierenden bewußt, wodurch er zu einem wahrhaft Liebenden wird.

Gautama nennt diese Freiheit *Nirvāna*. Mit diesem Begriff bezeichneten indische Philosophen das letzte Ziel, das menschliches Streben erreichen kann. Gautama ließ keinen Zweifel daran, daß dieses zugleich die Todlosigkeit bedeutet. Obgleich der Körper weiterhin altert, erkrankt und stirbt, überschritt ein Bewußtsein im Gewahrwerden seiner universellen Wurzeln jedes menschliche Maß, das in den Begriffen ‹Anfang› und ‹Ende› liegt.

Obwohl Gautama versicherte, dieses Gewahrsein sei erreichbar, beschrieb er es nicht erschöpfend mit Worten. Der von Gier, Haß und Verblendung regierte Verstand könnte die Weite einer solchen Dimension nicht fassen. Solange er nicht zu ihr vorstieß, führten Erklärungen nur auf neue Irrwege. Der Zustand wahrer Freiheit muß anders sein als alles, was wir kennen. Darum ist er mit Sprache sogar durch Gleichnisse nicht vollkommen faßbar. Man begreift die Todlosigkeit und universelle Harmonie nicht, solange man sie nicht verwirklicht. Jeder Versuch, Unmeßbares zu messen oder Unsagbares in Worte zu kleiden, scheitert zwangsläufig. So konzentrierte Gautama sich darauf, seinen Schülern den Weg zum Erfahren zu weisen. Dieser Weg hat zwar eine Richtung, doch sein Ziel ist offen. Es geht nicht darum, fixe Vorstellung unserer selbst zu verwirklichen, sondern echte Offenheit zu erreichen.

Die ‹Vierte Edle Wahrheit›: Der Weg

Der Weg, der zur Harmonisierung persönlichen Daseins mit den universellen Gesetzen führt, die vierte Wahrheit der Lehre Gautamas, ist sein *Edler Achtfacher Pfad*. Dieser umfaßt als praktische Anregung zur Selbsthilfe alle Bereiche des Menschseins:

Vollkommene Einsicht

Vollkommene Gesinnung

Vollkommene Rede

Vollkommenes Tun

Vollkommener Lebensunterhalt

Vollkommenes Anstrengen

Vollkommenes Vergegenwärtigen

Vollkommene Sammlung

Die *Vollkommene Einsicht* vollzieht die vier Edlen Wahrheiten nach. Wer sich nicht dem Leiden stellt, eigenem oder als Mitleid, vollzieht Gautamas Schlüsse nicht nach. Nur mit echter Überzeugung, daß sich ein Weg zur Besserung des jetzigen Zustandes lohnt, macht man sich mit nötigem Einsatz auf. Darum nennt Gautama die Einsicht am Beginn *vollkommen*. Auch wer halbherzig losgeht, mag vorankommen. Doch je klarer die Einsicht in die Notwendigkeit, um so überzeugter und wirkungsvoller jeder Schritt. Vollkommene Einsicht erfordert ernsthafte Beschäftigung, bis Lehren aufhören, Theorien zu sein, sondern als richtungweisende Elemente unseres Daseins wirken. Wurde Anātman mit dem Kopf begriffen, ist es lange nicht verwirklicht.

Solche Einsicht führt zur *vollkommenen Gesinnung*. Wer sich entschlossen hat, den Weg heilsamer Wandlung einzuschlagen, muß alles darauf ausrichten. Zuvor von Gier, Haß und Verblendung bestimmtes Denken wird in vorurteilslose Gesinnung verwandelt, wenn man dem Leid beherzt ins Auge sieht, um zu erkennen, wie die Ursachen in einem selbst liegen. Die Schulung des Denkens lehrt, Dinge zu sehen, wie sie sind. Man betrachtet sie nicht nur vom eigenen, sondern auch aus abweichenden Blickwinkeln.

Das Denken ist ein wichtiges Element unserer Selbstgestaltung. Es geht, wie Gautama sagt, dem Reden und Handeln voran.[17] Sobald uns gelingt, eingefahrene Denkbahnen aufzubrechen, Regungen des Hasses und der Gier durch positive Impulse zu ersetzen, sind wir auf dem Weg, wache und bewußtere Menschen zu werden.

Geben wir unserem Denken eine positive Richtung, geht es darum, unsere Beziehung zu anderen entsprechend zu gestalten. Diesen Aspekt seines Wegs nannte Gautama *vollkommene Rede*. Durch unser Reden teilen wir uns anderen mit. Rede ist dabei mehr als Informationsaustausch. Wir erschaffen einen ganzen Teil unserer selbst durch das, *was* wir sagen und *wie* wir es sagen.

Der Mensch neigt dazu, eigenen Worten zu glauben, auch wenn er sich zuvor bewußt war, nicht die Wahrheit zu sagen. Dieses Identifizieren mit der Rede ist gefährlich dicht an der Lüge, oft schlimmer als die Konsequenzen möglicher Aufdeckung. Das eigene Wesen wird unwahr. Wer durch Grobheit und Falschheit im

Sprechen nicht in Einklang mit der unmittelbaren Umgebung lebt, gerät mit den universellen Gesetzen in Konflikt. Diese sind nichts Abstraktes, sondern treten uns in konkreten Menschen entgegen. Die Kluft, die wir durch Unwahrheit zwischen ihnen und uns schaffen, trennt uns zunehmend von der umfassenden Ganzheit. Gautama riet seinen Schülern deshalb zu kritischem Beobachten ihrer Sprechgewohnheiten.

Auch unsere Handlungen sind mit der Einsicht abzustimmen. Beschränken wir uns auf das Nachdenken über Positives und beglücken unsere Mitmenschen mit edlem Gerede, spielen wir ihnen und uns etwas vor. Die Kluft zwischen der Wahrheit und unserer Wirklichkeit vertieft sich. Was als Mittel zur Befreiung dienen könnte, wird zum Instrument der Selbsttäuschung. Gedanken, Worte und Taten müssen harmonieren, weshalb Gautama *vollkommenes Tun* als unerläßlich bezeichnet.

Obwohl der fünfte Punkt, *vollkommener Lebenserwerb*, zum Tun gehört, führte ihn Gautama aus gutem Grund gesondert auf. Oft klammert man berufliches Handeln aus Überlegungen zur bewußten Gestaltung des Daseins aus. Aber die Arbeit ist kein bloßes Mittel zum Zweck des Lebens. Oft entheiligt, was man als Mittel betrachtet, den Zweck. Kein Mensch kann sich halbieren. Das, wodurch wir unseren Unterhalt bestreiten, beansprucht einen Großteil unserer Zeit und prägt uns entscheidend. Gehen wir viele Stunden des Tages Beschäftigungen nach, die im Gegensatz zur Harmonie stehen, weil sie andere schädigen, wirkt das außerhalb der Arbeitszeit, wenn es auch aus dem Bewußtsein verdrängt wird. Gautama, der Schüler aus allen Ständen und Berufen akzeptierte, bezweifelte deshalb, daß zum Beispiel Waffen- oder Gifthändler auf dem Weg vorankommen.[18] Wie sollte man sich wahrhaft als Teil der größeren Welt erfahren, lebt man vom Wirken gegen ihr Wohl? Ich kann natürlich über unheilsame Tätigkeiten sagen: «Wäre ich es nicht, wäre es eben ein anderer.» Das kann stimmen, aber die Entschuldigung nützt mir nichts! Schädige ich andere, stört dies meine Harmonie, weil es auf mein Leben wirkt.

Das sechste Glied des Pfades bezeichnet Gautama als *vollkom-*

menes Anstrengen: Je vollständiger der Einsatz, um so größer die Wirkung. Wir müssen lernen, von den Möglichkeiten des Wollens und der Absicht im positiven Sinn Gebrauch zu machen. Gautama sagte: «Vierfach ist vollkommene Anstrengung: Anstrengung zur Vermeidung, Anstrengung zur Überwindung, Anstrengung zur Erweckung und Anstrengung zur Erhaltung.» [19] Wir sind auf dem Weg gefordert, unseren Willen heilsam einzusetzen: Was Unheilsames kann ich aufgeben? Wogegen gilt es zu kämpfen? Was fehlt mir noch? Woran muß ich arbeiten, um es weiterhin wirksam zu halten? Vollkommene Anstrengung ist die gegenteilige Haltung des passiven Treibenlassens. Es gilt, sein Leben selbst in die Hand zu nehmen. Der Weg des Buddha kann nur *aktiv* beschritten werden.

Die letzten Glieder, *vollkommenes Vergegenwärtigen* und *vollkommene Sammlung*, bezeichnen Methoden der Meditation. Vergegenwärtigen bedeutet Trainieren der Fähigkeit zum wachen, achtsamen Erfahren der Gegenwart, also zu möglichst umfassender Bewußtwerdung aller Vorgänge unserer Persönlichkeit. Wir sind meist zerstreut! Vieles tun wir mechanisch, ohne bei der Sache zu sein. Gautama sagte, es gelte, jeden Moment des Lebens bewußt zu gestalten, indem wir wahrhaft und ganz dabei sind. Mit halbem Einsatz treibt man als hilfloser Sklave der Umstände umher. Das im 1. Kapitel beschriebene gesammelte morgendliche Aufstehen ist eine wesentliche Vorübung vollkommenen Vergegenwärtigens. Vollkommene Sammlung heißt, in der Meditation die Harmonie der universellen Gesetze unmittelbar zu erfahren.

Die acht Glieder dieses Pfades bauen einerseits, wie hier skizziert wurde, aufeinander auf. Andererseits sind auf jeder Stufe alle Glieder wirksam. So bedarf vollkommenes Reden oder Denken der Anstrengung. Den nächsten Schritten auf dem Weg dienen drei weitere praktische Anregungen.

Wer im Sumpf steckt, kann sich nicht an den eigenen Haaren
herausziehen. Nur wer außerhalb steht, könnte ihn retten.
Wer tief in einer Sache steckt, überblickt sie meist nicht, da
ihm der Abstand fehlt. Ein Lehrer, Freund oder Partner, der
einem von anderer Warte bei der Klärung des eigenen Stand-
ortes hilft, ist von unschätzbarem Wert. Doch wir dürfen, um
den gewohnten Fluß des Alltags heilsam zu korrigieren, nicht
auf andere warten, die uns herausziehen. Wir müssen selbst
aus dem Üblichen treten, um es aus einigem Abstand zu betrachten.

Dazu dienen Zeiten der Meditation. Versuche, aus dem
Gewohnten durch Zerstreuung, Betäubung oder Rausch aus-
zusteigen, trüben nur das Gewahrsein, während man in der
Meditation klare Einsicht gewinnt.

Von Gautama gelehrte Meditationsübungen werden im
6. Kapitel vorgestellt. Eine Voraussetzung ihrer Praxis ist, aus
dem täglichen Dämmerzustand des Selbstverständlichen auszubrechen. Mit dem gesammelten morgendlichen Aufstehen
und dem Tagesrückblick schenkten Sie sich zwei Inseln des
Bewußtwerdens im Tageslauf. Nun sollen Sie eine weitere
Zeit finden, die Sie Ihrem Streben nach Freiheit widmen. Es
muß keine lange Spanne sein, fünfzehn Minuten, die man
dieser Arbeit an sich reserviert, mögen ausreichen. Wichtiger
als die Länge ist die Regelmäßigkeit. Sie können sich die Zeit
am Tag so reservieren, wie es Ihren Erfordernissen entspricht.
Entscheidend ist nur, daß Sie sie sich tatsächlich nehmen.
Behalten Sie möglichst täglich die gleiche Stunde bei, denn
Beständigkeit macht wahrscheinlicher, nicht nach einigen
Tagen aufzugeben. Lassen Sie die Ausflucht nicht gelten, Sie
hätten dafür keine Zeit. Wie jedem Menschen stehen Ihnen
24 Stunden am Tag zur Verfügung. Die Frage ist, wofür Sie
jene benutzen, über die sie verfügen können. Worin könnten
einige Minuten sinnvoller investiert werden als in ein Nach-

denken über den eigenen Kurs. Wenn Sie erst einmal die vielen positiven Wirkungen der Meditation erfahren haben, wird sich Ihr Wunsch danach steigern.

Ziehen Sie sich in dieser Zeit bewußt von allem zurück. Sagen Sie sich, daß folgende Zeit dem Betrachten und positiven Verändern Ihres Lebens gewidmet ist. Schon dies schafft Abstand vom Fluß des Gewohnten. Sorgen Sie dafür, daß Sie allein sind und niemand Sie stört.

Erforschen Sie in den ersten Tagen, was in diesem Kapitel dargelegte Gesetze für Ihr Leben bedeuten. Beherzigen Sie Gautamas Warnung: «Manche Unverständige lernen Lehrsätze auswendig, erforschen aber nicht weise den Sinn. Ihnen gewähren die Lehrsätze keine Einsicht. Sie lernen sie nur, um reden und Meinungen äußern zu können, aber den Zweck, zu dem man Lehren lernt, begreifen sie nicht.»[20] Erwägen Sie die vier Edlen Wahrheiten und die drei Merkmale. Fragen Sie nach konkreten Beispielen aus Ihrem Leben. Ziehen Sie keine voreiligen Konsequenzen, fragen Sie einfach, was Nichtdauer, Leid und Anātman mit Ihnen zu tun haben. Dann gehen Sie zur Übung 5 über.

Eine regelmäßige Zeit zu finden kann schwierig sein. Der weinende Säugling, ein erwarteter wichtiger Anruf und hunderttausend Pflichten mögen sich dem entgegenstellen. Vielleicht bedarf es all Ihrer Phantasie und Anstrengung. Doch wenn ich Zeit finde, auf die Toilette zu gehen oder in diesem Buch bis zum Ende des 2. Kapitels vorzustoßen, muß es mir gelingen, einige Minuten für mein bewußteres Leben zu erübrigen. Es kommt nicht auf Äußerlichkeiten an, obwohl diese hilfreich sein können. Mancher richtet sich einen eigenen Meditationsraum ein, in dem eine goldene Buddhastatue und kostbare japanische Bilder auf Seide an Gautama und seine Lehre erinnern. Doch wem nutzt es außer dem Antiquitätenhandel, wenn er nicht Augenblicke der Ruhe und des ehrlichen Nachdenkens über sich selbst findet? Wer eine regelmäßige Heimfahrt in der Straßenbahn oder das Warten in der

Schlange vor der Kasse des Supermarkts zu echten Minuten der Besinnung macht, kommt weiter. ∾

∾ ÜBUNG 5 : *Glauben und Wissen*

Bei allem, was Sie nicht selbst erfahren haben, sollten Sie wissen, daß Sie glauben, und nicht glauben, daß Sie wissen! Diese Herausforderung zur Selbsterforschung führt zu erstaunlichen Ergebnissen. Fragen Sie sich in verschiedenen Lebensbereichen, wovon Sie als *selbstverständlich* ausgehen.

Dies bedeutet nicht, jede Überzeugung aufzugeben und alle Meinungen zu ändern, nur um vor sich oder anderen beweglich zu wirken. Doch wer annimmt, er hätte schon den Gipfel der Erkenntnis erreicht, hat keine Chance zur Wandlung. Die beste Möglichkeit, offen und beweglich zu bleiben, ist die Konfrontation mit herausfordernden Gedanken. Können Sie sich ohne Vorurteil, Ablehnung oder Zorn öffnen, um sich bei entsprechender Einsicht gegen frühere Überzeugungen zu entscheiden, dann erobern Sie sich ein Stück Freiheit. Im hartnäckigen Beharren und Durchsetzen eigener Standpunkte zeigt sich nur die eigene Beschränkung. Freiheit ist die Fähigkeit, das anzunehmen, was einem richtig erscheint. Dadurch verliert man nichts, sondern gewinnt nur, wenn man alles auf eine neue Weise betrachtet.

Gibt es Menschen in meiner Nähe, bei denen ich davon ausgehe, daß sie für mich in bestimmter, erwarteter Weise ‹funktionieren›? Glaube ich, mein Partner müßte sich mir gegenüber immer in gewohnter Art verhalten? Was gibt mir diese Sicherheit?

Vertrete ich politische Anschauungen, von deren Gültigkeit ich fraglos ausgehe? Haben alle mit gegenteiliger Überzeugung unrecht? Denke ich an das Gleichnis von den Blindgeborenen und dem Elefanten?

Besitze ich religiöse Überzeugungen? Warum glaube ich

daran? Aus eigener Auseinandersetzung, durch die Erziehung? Kenne ich wahrhaft andere Glaubensvorstellungen?

Es ist richtig und gut, wenn Sie durch die Übung verunsichert werden! Letztlich kann ich mir bei keinem Menschen und keiner Idee sicher sein, daß von mir Geglaubtes zutrifft. Den eigenen Standort zu hinterfragen, sich Neuem, Ungewohntem und zuvor Abgelehntem zu öffnen, ist auf dem Weg zu weiterem Bewußtsein unabdingbar.

Welche Überzeugungen ich auf meinem Weg annehme, muß und kann nur ich entscheiden. Auch die Kriterien der Entscheidung wähle ich. Ich kann eine religiöse oder politische Linie verfolgen, weil sie mir aus vernünftigen Erwägungen geboten scheint oder weil ich damit der Tradition meiner Familie oder Region folge. Gautama würde nicht eines höher als das andere werten, sondern fragen, ob die Wahl *bewußt* war. Richte ich mich nach eigener Einsicht oder folge ich dem Brauch, aus beiden kann Gutes wie Schlechtes entstehen. Tue ich, was immer ich tue, wach und in Gautamas Sinn bewußt, schließt dies ein Gewahrsein eigener Relativität ein. Ich weiß, daß andere aus ihren guten und von meinen abweichenden Gründen gleiches oder anderes als ich glauben. So kann ich mich bewußt für eine Linie entscheiden, akzeptiere zugleich jene anderer und bleibe offen, mich notfalls zu korrigieren. ∾

∾ ÜBUNG 6: *Was macht mich zu dem, was ich bin?*

Alles ist bedingt, existiert also durch vergangene und gleichzeitige Ursachen. Wenden Sie diese Erkenntnis auf sich an. Nach Ausführen der Übung 3 wissen Sie, wie und womit Sie Ihre Zeit zubringen. Fragen Sie sich jetzt, welchen Einfluß Handlungen in Beruf und Freizeit auf das haben, was Sie hier und heute sind. Es geht um ein Analysieren von Ursache und

Wirkung. Die Fragen, die zu stellen sind, ergeben sich aus Ihren Aufzeichnungen über den eigenen Zeitaufwand, sind also sehr persönlich.

Was ich häufig und immer wieder tue, wirkt sich zwangsläufig in meinem Leben aus, prägt meine körperliche Verfassung, mein Fühlen und Denken. Spiele ich überall den Lehrer, weil mir dieser Beruf zum bestimmenden Einfluß wurde? Schreie ich meist beim Reden, weil ich einen lauten Arbeitsplatz habe? Auch kurze und seltene Tätigkeiten können von starker Wirkung sein. Beachten Sie also nicht nur, wofür Sie die meiste Zeit aufwenden, sondern das, was tiefen Einfluß auf Ihr Handeln ausübt.

Hilfreich ist, wenn Sie andere, mit denen Sie häufig umgehen, in ihre Analyse einbeziehen können. Vielleicht gibt es einen oder mehrere nahe Menschen, Freunde, Verwandte, Partner oder gute Arbeitskollegen, die Sie fragen können, was man über Sie denkt. Nicht jeder wird bereit sein, Ihnen dies aufrichtig zu beantworten. Doch müssen Sie nicht pauschal fragen: «Was denkst du über mich?» Auch eine Einschränkung auf Teilbereiche kann zu interessanten Eröffnungen führen: «Stört dich etwas an meinem Arbeitsstil?» oder «Ist dir in letzter Zeit etwas an mir aufgefallen?» Wichtig ist, ob Sie überhaupt bereit sind zu hören, daß andere Sie ganz anders einschätzen als Sie sich selbst und dies verstehen wollen.

Was immer Ihnen durch eigene Analyse oder Gespräche bewußt wird, bewerten oder verurteilen Sie sich nicht vorschnell. Sehen Sie einfach, was ist. Welche Konsequenzen Sie nach wiederholtem Erwägen aus Ihrem Wissen ziehen, kann Ihnen niemand sagen außer Sie selbst. Doch wird allein schon die Beschäftigung mit diesen Fragen Auswirkungen auf Ihr Leben haben, auch wenn es noch nicht zu bewußten Kursänderungen kommt. ∾

3. KAPITEL

Karma

Weil nichts in der Welt für sich alleine besteht, sondern immer als Wirkung von Ursachen, ist jede Persönlichkeit ein Geflecht von Auswirkungen vergangener oder gegenwärtiger Bedingungen. Unterschiedliche Aspekte machen einen Menschen zu dem, was er ist. Manches wirkt ganz unabhängig von eigenem Zutun, anderes wird von Menschen geschaffen oder gewählt. Wie der Körper grundsätzlich aussieht und funktioniert, ist Produkt einer Jahrmillionen dauernden Entwicklung des Lebens auf der Erde, zu welcher der einzelne willentlich nichts hinzufügen kann. Was er aus seinem Körper macht, liegt hingegen weitgehend im eigenen Vermögen. Man kann im Rahmen vorgegebener Bedingungen Ursachen schaffen, die sich auswirken. Bewegt man den Körper wenig und ernährt ihn ungesund, wird er schlaff und träge. Führt man ihm dauernd Gifte zu, ist er rasch verbraucht und stirbt. Trainiere ich den Körper, wird er kräftiger und leistungsfähiger.

In jedem Bereich gibt es unabänderbare Bedingungen und Gesetze, an denen der einzelne nicht rütteln, und andere, die er in Selbstbestimmung nutzen kann. Er kann sich nicht aussuchen, ob er die Welt durch Augen und Ohren oder andere Organe wahrnimmt. Sehen und Hören sind Grundlagen menschlichen Welterfassens. Doch er vermag weitgehend zu wählen, *was* er sieht oder hört. Seine Auswahl trägt erheblich dazu bei, ihn zu dem zu machen, was er ist. Verbringt er seine freie Zeit mit gewaltverherrlichender Lektüre und pornographischen Filmen, prägt ihn, was er aufnimmt. Wer sich von Gewalt und Brutalität ‹ernährt›, setzt sich den Wirkungen seiner Wahrnehmungen aus; die Persönlichkeit verroht. Was man häufig sieht und denkt, liegt einem näher als anderes.

Im Wissen, daß der Mensch sich durch das, was er tut und wahrnimmt, zu großem Teil selbst gestaltet, liegt seine Chance. Wer mit seiner Situation unzufrieden ist, kann sich positiv verändern.

Meist bleibt dieses Wissen theoretisch. Aus Furcht vor Veränderungen oder träger Bequemlichkeit redet man sich ein, man sei unveränderbar und fertig: «Ich bin nun einmal so. Es zieht mich zu solchen Filmen und Bildern.» Doch niemand kam als brutaler Mensch zur Welt. Er ist so *geworden* und kann anders *werden*.

Niemals ist der Weg eines Menschen abgeschlossen. Unsere Entwicklung kennt keinen Endzustand. Solange man lebt, ist man in Bewegung, äußerlich wie innerlich. Darum ist es falsch zu sagen: «Ich tue nichts, weil ich faul bin.» Ich bin nicht grundsätzlich faul. Das Gegenteil trifft zu: Ich bin faul *geworden*, weil ich nichts tue. Erst wenn sich ein Mensch so, wie er jetzt ist, für unveränderlich hält, tritt er auf der Stelle, sieht er nicht, wie er anders werden könnte und blockiert seine Wandlung.

Deshalb betonte Gautama die Nichtdauer als erstes Merkmal allen Daseins. Wir sollen das, was wir sind, als dynamisch erkennen und annehmen, damit wir werden können, was wir möchten, und nicht bleiben müssen, was wir nicht sein wollen.

Um von der Freiheit zur Verwandlung umfassend Gebrauch zu machen, ist notwendig, die Gesetze zu kennen, nach denen Ursachen auf uns wirken. Der Grad unserer Freiheit hängt davon ab, ob wir uns gesetzmäßigen Abläufen blind unterwerfen oder den Spielraum nutzen, den sie gewähren. In diesem Zusammenhang steht die Übung 6: Welche Abläufe von Ursachen und Wirkungen machen mich zu dem, was ich bin? Welchen Spielraum der Freiheit habe ich innerhalb dieser Abläufe?

Fünf Aspekte des Werdens

Gautamas Schüler sahen, wie alles Werden ist: Wirkungen gehen aus Ursachen hervor, um selbst als Ursachen weiterzuwirken. In der Folge lernten sie, das Gesetz von Ursache und Wirkung unter fünf Aspekten zu betrachten:

1. der unbelebten Materie
2. der belebten Materie
3. des menschlichen Unbewußten
4. des Wirkens (Karma)
5. des Dharma

1. Ständig vollziehen sich in der *unbelebten Materie* Prozesse als chemische und physikalische Reaktionen. Verbrennungsvorgänge der Sonne strahlen Licht und Wärme auf die Erde, lassen das Wasser der Meere verdunsten, das sich als Regen niederschlägt. So kommt das Klima zustande. Die Rotation der Erde bewirkt Tag und Nacht. Vorgänge im Inneren unseres Planeten bedingen Erdbeben und Vulkanausbrüche. Alle diese Prozesse sind vom einzelnen nicht beeinflußbar. Er wirkt zwar durch Umweltzerstörung auf das Klima oder kann von Erdbeben gefährdete Gebiete meiden. Aber er vermag nicht, prinzipiell an gesetzmäßigen Vorgängen zu rütteln. Weder kann er die Drehung der Erde anhalten noch die Temperatur der Sonne ändern oder Vulkanausbrüche verhindern. Die Abläufe unbelebter Materie bedingen das Leben des Menschen und können es im Fall einer Naturkatastrophe auslöschen, doch er hat kaum Möglichkeiten, in diese Ursachen und Wirkungen einzugreifen.

2. Innerhalb der *belebten Materie*, der Pflanzen- und Tierwelt, zu der auch unser Körper gehört, wirken bestimmte Gesetze, die das Dasein des Menschen bestimmen, die er jedoch nicht oder kaum beeinflußt. Man gehört einem Geschlecht an, muß verdauen und ausscheiden. Der Mensch greift heute mehr denn je in die Natur ein, und sein Forschen erlaubt ihm, sie sich nutzbar zu machen und ihre Entwicklung teilweise zu steuern. Doch an

grundlegende Gesetze und Abläufe dessen, was Leben ist, bleibt er gebunden. Ihre Überwindung wäre auch die Abschaffung des Menschen.

3. Viele Ursachen aus dem Unbewußten tragen zur Gestaltung des Lebens bei. Plötzlich macht sich ein Erlebnis der Kindheit im Traum bemerkbar und läßt unvermittelt Angst aufsteigen. Durch die Erziehung nahmen wir viele Verhaltensformen an, die uns prägten. Selbstverständlich tun wir darum Dinge, die als richtig gelten, und lassen andere, weil man uns beibrachte, sie seien falsch. Seit frühester Kindheit nahmen wir Sitten an, die jetzt zu unserer Persönlichkeit gehören, wuchsen mit einer Sprache auf, deren Gesetze unserem Denken und Reden zugrunde liegen. Wir können zwar auf unser Unbewußtes verändernd einwirken, steigen jedoch aus ihm spontan Dinge auf und beeinflussen uns, geschieht es außerhalb unserer Absicht und Verantwortung.

4. Das *Wirken* umfaßt die Gedanken, Worte und Handlungen eines Menschen. Im Unterschied zur belebten und unbelebten Materie sowie zum Unbewußten besitzt er hier weitgehende Freiheit. Ich kann nicht ändern, in einer stofflichen Welt zu leben, deren Gesetzen ich unterworfen bin. Ich kann nicht verhindern, daß allgemeine Abläufe des Lebens wie die Zellteilung auf mich einwirken. Ich bin auch einigermaßen machtlos gegen Träume und spontane Impulse, die als Ergebnis früheren Wahrnehmens aus dem Unbewußten aufsteigen. Doch was mir als Resultat eigener Taten entgegentritt, bestimmte ich im Augenblick des Tuns selbst. Habe ich gelernt, kann ich die Prüfung bestehen. Habe ich gearbeitet, darf ich Lohn erwarten. Lag ich statt dessen in der Sonne, steht der Erfolg in den Sternen.

5. Ursachen des *Dharma* kommen aus dem Bereich jenseits gemeinhin erfahrbarer Welt. Es geht um Einflüsse tragender Gesetze auf das Dasein. Damit sind Erfahrungen wie Gautamas Erwachen angesprochen. Durch dieses wuchs er über die Realität dessen hinaus, was uns als normal gilt. Das unbeschreibliche Nirvāna wirkte durch ihn auf die Welt. Es geht um den Prozeß, der einen verblendeten Menschen zum Buddha erwachen läßt. Eigene Taten kom-

men dabei zunehmend in Einklang mit den universellen Gesetzen, wenn die Absicht von egoistischem Berechnen frei wird.

Betrachtet man diese fünf Aspekte unter dem Gesichtspunkt bewußter Lebensgestaltung, verdient der vierte besondere Beachtung. Was kann ich tun, um mich heilsam zu wandeln und meine Wirklichkeit in Einklang mit der Wahrheit zu bringen?

Das Gesetz des Karma

Das Sanskrit-Wort *Karma* bedeutet ‹Wirken›. Aus diesem Grund wird Gautamas Lehre über menschliches Tun als jene vom Karma bezeichnet. Auf eine einfache Formel gebracht lautet ihr Grundsatz: *Heilsames oder unheilsames Wirken zieht jeweils heilsame oder unheilsame Folgen für den Wirkenden nach sich.* Ich kann nichts Positives oder Negatives tun, aus dem keine entsprechenden Konsequenzen erwachsen. Was Gautama ‹Wirken› nennt, geht weit über äußeres Handeln hinaus. Auch Denken und Reden, also das gesamte Verhalten, schließt er in das ein, was zu Ursachen uns treffender Wirkungen wird.

Das Gesetz des Karma läuft nicht wie ein Uhrwerk ab, indem mechanisch bestimmten Worten, Gedanken und Handlungen genau festlegende Wirkungen folgen. Die Zusammenhänge sind äußerst subtil. Zwar läßt Gautama keine Zweifel an der kausalen Wirkung[21], doch betont er, wie schwierig diese zu durchschauen sind: Gedanken, Worte und Taten müssen nicht unmittelbar zu Wirkungen führen. Meist geschieht dies über den Weg prägender Einflüsse auf unseren Charakter.

Der Mensch ist kein abgeschlossenes Wesen, sondern immer ein Werdender, der die Richtung seiner Entwicklung durch Gedanken, Worte und Taten bestimmt. Denke ich bewußt gute und positive Gedanken, gestalte ich meine Rede entsprechend und richte mein Handeln danach ein, veredelt sich mein Charakter. Lasse ich fortwährend Gedanken des Neides zu, spreche ich negativ über Beneidete und versuche vielleicht mit unlauteren Mitteln, das an mich zu bringen, wonach ich giere, prägt mich dies entsprechend.

Ein neidischer Impuls, den ein meist edel gesinnter Mensch in einem schwachen Moment zuläßt, wird weniger Auswirkungen haben als der stete Neid eines mißgünstigen Charakters. Derselbe Gedanke, den beim anderen ein starkes Übergewicht positiver Tendenzen neutralisiert, wird vielleicht beim chronischen Neider der Anstoß, die Schwelle zum Eigentumsdelikt zu überschreiten. Es läßt sich nie sicher sagen, wie sich konkrete Gedanken, Worte oder Taten auswirken. Der Charakter als Ganzheit entscheidet. Eines gilt jedoch grundsätzlich: Negatives Denken, Reden und Tun wendet zum Negativen; aus positivem Denken, Reden und Tun folgt Positives. Wann, läßt sich ebensowenig vorhersagen wie die genaue Weise, in der dies geschieht. Wie Gautama darlegt, gibt es Wirken, das sofort Folgen zeigt, und solches, das erst nach kürzerer oder längerer Zeit Konsequenzen hat. Es kommt auf den Betroffenen und seine Rahmenbedingungen an.

Dieses Wissen ist wichtig, wenn man grundsätzlich eingesehen hat, wie Gedanken, Worte und Taten die eigene Situation gestalten, und wenn man sich durch positives Wirken verändern möchte. Pflegen Sie genau die gleichen positiven Gedanken, Worte und Taten wie ein anderer, können Sie doch in schnellerer oder langsamerer Zeit mehr oder weniger positive Ergebnisse ernten als er. Der Ausgangspunkt eines jeden ist verschieden. Wer früher viel Heilsames dachte, hat es leichter, Worte und Taten danach auszurichten, als jemand, der zunächst negatives Denken überwinden muß. Es ist sinnlos, den Erfolg eigenen Strebens an anderen zu messen. Das heißt nicht, keine Vorbilder oder abschreckenden Beispiele zu kennen. Doch einzig *Ihr* Ausgangspunkt zählt – und das praktizierte Wissen, daß Ihr Denken, Reden und Handeln sich früher oder später der gewählten Richtung entsprechend auswirken.

Nicht alles ist Karmawirkung!

Obwohl wir sicher sein dürfen, daß positive oder negative Handlung entsprechend auf unser künftiges Dasein wirken, ist *nicht alles*, was wir erfahren und was uns zustößt, Ergebnis eigener Gedanken, Worte und Taten.

Die fünf Aspekte des Werdens verdeutlichen, wie keineswegs jede Ursache, die sich in meinem Leben auswirkt, vom Menschen ausgeht. Was ich bewußt denke, spreche und unternehme, macht mich weitgehend für die Formung meines Charakters verantwortlich und zum Schmied meines Glücks. Doch besitze ich keinen Einfluß auf gesetzmäßige Abläufe belebter und unbelebter Natur. Es ist wenig sinnvoll zu spekulieren, wenn ich als Opfer eines Erdbebens die Ursache dafür in vorhergehenden Gedanken oder Taten suchen würde. Die unbelebte Materie hat ihre Gesetze, die für den Menschen grausam sein können, ohne Schuld oder Verursachen seinerseits. Auch die belebte Natur kann dem Menschen schwer schaden. Sticht mich ein Insekt, das mir eine Viruskrankheit überträgt, wäre jede Rückführung auf frühere Gedanken und Handlungen meinerseits eine reine Konstruktion, die nichts erklärt. Was uns oder anderen zustößt, kann, doch muß nicht Wirkung eigener Tat sein. Ich nutze meine Zeit und die Karma-Lehre schlecht, ergebe ich mich fruchtlosem Grübeln, welche Gründe in der Vergangenheit einen Schicksalsschlag verursacht haben.

Was wir tun, wirkt. Aber nicht jede Wirkung, die wir erfahren, gründet in unserem Tun! Gautama wies auf dieses Mißverständnis hin: Glaubte ich, alles mich Treffende wäre Auswirkung früheren Handelns, müßten auch jetzt vorgenommene Handlungen Konsequenzen vormaligen Wirkens sein. Auch dieses wäre die Folge eines noch früheren Wirkens und so weiter. Stimmte dies, wären alle Taten, Gedanken und Worte vorherbestimmt. In diesem Fall könnte es keine Freiheit des Entscheidens geben, und alles Streben bliebe unsinnig. Da wir uns aber – unser Erleben erweist es – zu Dingen entscheiden, muß es Freiräume zu Handlungen geben, die nicht durch Ursachen unverrückbar feststehen. Sie haben jetzt, in diesem Augenblick, die Freiheit der Wahl, ob Sie einige Zeilen weiterlesen oder das Buch zuklappen. Wer die Lehre vom Karma als totale Vorbestimmung deutet, verzichtet auf seinen freien Willen.[22]

Eine damit verbundene Gefahr, vor der Gautama gleichfalls warnte, ist das Verurteilen anderer unter Berufung auf das Karma. Geht man davon aus, alles sei Wirkung eigenen Tuns, kann man konsequent denken, wer weniger privilegiert ist als man selbst, habe sich dies durch sein Tun selbst zuzuschreiben. Tatsächlich gab es zu allen Zeiten entsprechende Theorien. Verteidiger des von Gautama scharf kritisierten indischen Kastensystems argumentierten, man würde aufgrund seiner Werke in früheren Leben in einer höheren oder niederen Schicht der Gesellschaft geboren. So ist jede soziale Ungerechtigkeit zu rechtfertigen. Heute gibt es im Zusammenhang mit dem Karma Spekulationen, Menschen oder ganze Völker, die im Elend leben, hätten dies selber verursacht.

Man leugnet damit, daß einzelne oder Gruppen unschuldige Opfer der belebten oder unbelebten Natur, vor allem aber der Gier und des Hasses anderer Menschen werden können. Leidenden die Schuld zuzuschieben ist eine verbreitete Tendenz. Man gibt Verbrechensopfer, etwa vergewaltigten Frauen, die (Mit-)Verantwortung für das, was ihnen widerfuhr. Es werden Theorien aufgestellt, weshalb Juden, Sinti und Roma sich ihre Verfolgungen selbst zuzuschreiben hätten oder kolonisierte Völker weniger entwickelt und nicht reif waren, über sich selbst zu bestimmen. Doch in der Wahrheit der Welt siegen zu oft Brutalität und rohe Gewalt über Genügsame und Schwache. Mache ich letztere für ihr Schicksal verantwortlich, stehle ich mich aus meiner Verantwortung, zu helfen und mich dem Unrecht entgegenzustellen.

Gautama warnte diesbezüglich: «Urteilt nicht Menschen ab! Legt an sie keinen Maßstab an! Wer Menschen verurteilt, schadet sich.»[23] Scheut man ehrliche Selbstkritik nicht, wird man leicht bei sich zumindest Spuren dieses überheblichen «selber schuld» bemerken, mit der man der Tragik anderer begegnet.

Die Karma-Lehre, wie Gautama sie verstand, soll ich nicht auf andere, sondern auf mich anwenden. Sie weist mich auf die Chance hin, mein Denken, Reden und Tun heilsam zu verwenden, um dem Leben einen besseren Kurs zu geben. Dazu ist es nie zu spät.

Der Fall Aṅ gulimāliya

Zur Zeit Gautamas versteckte sich in einem unwirtlichen Wald ein gefürchteter Räuber und Gewalttäter, den die Leute Aṅ gulimāliya nannten. Das Wort ‹Fingerkranz›, wählte man als Namen des Unholds wegen seiner abscheulichen Gewohnheit, um den Hals eine Kette aus Fingern zu tragen, die er seinen Opfern abschnitt.

Als Gautama in die Gegend kam, in der Aṅ gulimāliya sein Unwesen trieb, versuchte man, ihn vom Besuch des Waldes abzuhalten. Doch Gautama kannte keine Angst. Die Texte berichten von der Begegnung des Verbrechers mit dem Erwachten wie von einem Wunder: Der Räuber wollte Gautama verfolgen, um ihn zu überfallen. Doch der Erwachte verstand es, die Jagd so einzurichten, daß der verzweifelte Räuber stets hinter ihm blieb. Während Gautama ruhig den Weg bestimmte, hetzte Aṅ gulimāliya hinter ihm her. Wütend und erschöpft brüllte der Verbrecher schließlich, Gautama solle stehenbleiben. Dieser antwortete: «Ich stehe ohnehin ruhig, weil ich keinem ein Leid zufüge. Du aber kommst nicht zur Ruhe, weil du andere schädigst.»

Aṅ gulimāliya war tief erschüttert. Da hatte seit langem ein Mensch keine Angst vor ihm, und dessen Rede traf ihn mitten ins Herz! Der Teufelskreis der Gewalt, in den er geraten war, ließ ihn bislang keinen Frieden finden. Aus der Fassung gebracht, entschloß er sich, diesen Augenblick zum Wendepunkt seines Lebens zu machen. Er wurde Gautamas Schüler und lernte, negative Gedanken, Worte und Handlungen durch heilsame zu ersetzen. Weil der positive Impuls zur Umkehr stark war und der neue Schüler mit Hingabe Gautamas Anregungen ausführte, wandelten sich nach kurzer Zeit sogar die Gesichtszüge des gefürchteten Räubers.

Darauf begab sich folgendes: Der König zog mit Soldaten aus, um den Verbrecher zu fangen. Dabei traf er im Wald Gautama und seinen neuen Schüler. Gautama fragte den König, was er täte, wenn der Mann, nach dem er suchte, inzwischen ein Weiser geworden wäre. Vielleicht um dem berühmten Gautama zu gefallen, antwortete der König: «Ich würde ihn ehrfurchtsvoll grüßen und ihm alles, was er braucht, Kleidung und Nahrung, schenken. Doch wie könnte ein so schlechter Mensch sich derart ändern?»

Da deutete Gautama auf seinen Begleiter: «Hier ist Aṅ gulimāliya!» Entsetzt wich der König zurück und griff, um sich zu verteidigen, nach seinem Schwert. Doch Gautama überzeugte ihn von der Wandlung des Gefürchteten. Nun mußte der König sein Versprechen halten. Er bot Aṅ gulimāliya an, für dessen Lebensunterhalt zu sorgen. Doch Aṅ gulimāliya wünschte nichts mehr für sich. Zu tief hatte ihn die Gier ins Unheil gestürzt. Er wollte sich von jetzt ab der Aufgabe widmen, anderen zu helfen. Der vormalige Räuber verwirklichte die Harmonie der universellen Gesetze. So stark war die Kraft der Wahrheit in ihm, daß er plötzlich Heilkräfte besessen haben soll, die er in Dienst Leidender stellte. Auch wurde der frühere Grobian zum feinsinnigen Dichter, von dem unter anderem ein Vers überliefert wird, der seine eigene Wandlung schildert:

«Bei wem übles Tun
von gutem überwuchert wird,
in der Welt strahlt er
wie der wolkenfreie Mond».[24]

Als er bei seinen Wanderungen durch ein Dorf kam, wurde er als der Räuber Aṅ gulimāliya erkannt. Aufgebrachte Menschen, die nichts von seiner Wandlung ahnten, schlugen mit Prügeln auf ihn ein und warfen mit Steinen nach ihm. Aṅ gulimāliya hielt sich von Gewalt zurück. Im tiefsten Herzen war er bemüht, keinen Groll gegen die zu empfinden, die ihn quälten. Während er sich schwer verwundet und blutüberströmt weiterschleppte, akzeptierte er diese Reaktion als Frucht, Karma-Wirkung, seiner früheren Untaten.

Obwohl diese Begebenheit mehr als 2500 Jahre zurückliegt, überlieferte man sie bis heute, weil sie ein wichtiges Prinzip lehrt: Auch wenn wir über Jahre, vielleicht unser ganzes bisheriges Leben lang, auf einem Abweg waren, eine Umkehr, ein Neubeginn ist immer möglich. Man muß nur die positiven Impulse, die von außen an uns herantreten, aufnehmen und mit den heilsamen Regungen in uns verbinden. Ist die heilsame Tendenz so stark, daß sie das ganze Wesen ergreift, verwandelt sich dieses, ungeachtet der Zahl vorangegangener Übeltaten. Das von Gautama gelehrte Karma-Gesetz hat nichts mit dem Aufrechnen einer konkreten Tat gegen eine andere zu tun. Auf die Stärke unserer Absicht zum Guten oder Bösen kommt es an! *Ein* Moment kann so zum Wendepunkt des Lebens werden.

Manchem, der sich in seiner Wohlanständigkeit sonnt, scheint die Möglichkeit plötzlicher Umkehr und Wandlung ungerecht. Er will, daß Gute wie er belohnt und Böse bestraft werden. Doch wie selbstgefällig ist der, der sich über Einsichtige und Umkehrende nicht freut. Meine Güte nimmt nicht ab, werden auch andere gut. Solange wir glauben, uns stünde wegen größerer Gerechtigkeit mehr als anderen zu, und wir neidisch auf deren in unserer Sicht unverdientes Glück schielen, sind wir nicht so gerecht, wie wir uns einbilden. Noch haben nötig, uns zu messen. Haben wir wahrhaft auf dem Weg etwas erreicht, schwindet jedes Bedürfnis, uns im Vergleich mit anderen zu beweisen. Wir können sein, wie wir sind, und uns echt mit anderen freuen.

Die Absicht entscheidet

Der Vergleich äußerer Taten besagt wenig. Vielleicht bin ich nur zu feige, so böse wie ein anderer zu sein. In Gedanken breche ich viele Gesetze und Regeln des Anstands. So gründet meine äußere Rechtschaffenheit allein im Mangel an Mut. Gautama wies den Gedanken zurück, es käme nur auf konkretes Handeln an: «Die Absicht bezeichne ich als Karma in Taten, Worten und Gedanken.» [25]

Dem was wir sprechen oder tun, geht ein Impuls der Absicht voraus. Handelt man aus Routine oder mechanisch, wird man sich dessen selten gewahr sein. Doch auch dann verfolgen wir ein Interesse, zumindest dieses zu sein und jenes zu haben. Sind unsere Absichten nur vage, plätschert unser Leben ohne größere Änderungen der Richtung dahin. Wir denken, sprechen und tun dann das, was uns den gegenwärtigen Zustand erhalten läßt. Auch all das wirkt im Sinn des Karma-Gesetzes. Sind wir mit dem Bestehenden zufrieden, werden wir halbwegs glücklich sein. Doch vielleicht haben wir auch das Empfinden, auf der Stelle zu treten.

Je bewußter uns Absichten sind, um so größer ist ihre prägende Wirkung im Sinn des Karma-Gesetzes. Sehe ich wahrhaft klar, was ich bezwecke und warum, lenke ich mein Leben in eine entsprechende Richtung. Fasse ich bewußt eine Absicht und erwäge sie in meinem Denken, ist ihre Karma-Wirkung am stärksten.

Zwischen meiner Absicht und dem, was daraus wird, kann es Unterschiede geben. Will ich in bester Absicht helfen, doch meine Hilfe verbessert die Situation nicht, prägt mich im Sinn des Karma die positive Ausrichtung stärker als das unbeabsichtigte Ergebnis. (Doch wann will ich schon in bester Absicht helfen und nicht aus Geltungsdrang oder Berechnung?) Das gleiche trifft im umgekehrten Fall zu: Gute Worte und Taten, hinter denen sich in Wahrheit egoistische Motive verbergen, machen mich nicht besser. Damit verbundene Absichten wiegen für meine Selbstgestaltung mehr. Hätten nur Worte und Taten unabhängig von ihrer Absicht Bedeutung, wären Heuchler die größten Heiligen.

Auf dem Weg zur heilsamen Wandlung meiner selbst muß ich meine Motive erforschen. Helfe ich, damit es anderen besser geht, oder um bewundert zu werden? Tue oder lasse ich bestimmte

Dinge nur aus Angst vor Bestrafung, obwohl ich ganz andere Wünsche hege?

Ich brauche nicht zu Tode betrübt zu sein, wenn ich feststelle, daß ich oft falsch, feige und voller Gier und Haß bin. Der Mensch ist voller egoistischer Wünsche. Es gäbe allen Anlaß, mißtrauisch zu werden, entdeckte ich sie bei mir nicht. Ich sollte meine Motive nicht vor mir selbst verschleiern. Sie zeigen mir die Richtung, in die ich gehe, und wo ich mit erstrebten Veränderungen ansetzen muß.

Das Denken geht voran

Haben wir der Harmonie mit dem Ganzen abträgliche Tendenzen entlarvt, kommt es darauf an, diese gegen positive Absichten auszutauschen. Dies läßt sich nicht zwingen oder durch einen bloßen Befehl bewerkstelligen. Die bloße Erklärung «Ab morgen bin ich fleißig» oder «Ich möchte weniger lügen» genügt nicht.

Wie die Absichten unseren Charakter prägen, sind diese umgekehrt dessen Ausdruck. Das scheint ein Teufelskreis zu sein: In Denken, Reden und Tun manifestierte Absichten schaffen den Charakter, der wiederum ihn stabilisierende Absichten hervorbringt. Man tritt auf der Stelle.

Wie kann man sich grundlegend ändern? Gautamas Antwort: Durch Schulung des Denkens. Durch bewußten Einsatz unseres Denkens lassen sich Absichten und damit schließlich das ganze Wesen verwandeln.

Gautama erzählte, wie er dieses Prinzip entdeckte: «Vor meinem Erwachen überlegte ich, ob ich nicht meine Gedanken analysieren sollte. Ich teilte sie in Gedanken der Gier, des Hasses und der Gewalt und solche der Befreiung, der Liebe und des Friedens ein. Unermüdlich, mit Eifer und vollem Einsatz übte ich. Gewahrte ich einen Gedanken der Gier, des Hasses oder der Gewalt und erkannte ich, wie dieser mir, einem anderen oder uns beiden schadet, wie er das Bewußtsein trübt, zum Leid führt und den Weg zum Nirvāṇa hindert. Indem ich mir das aber klarmachte, verschwand dieser Gedanke. Jeden gierhaften Gedanken überwand ich so, trieb ihn davon und ließ ihn schwinden.

Woran man viel denkt, dorthin neigt sich das Bewußtsein. Häufige Gedanken von Gier, Haß und Gewalt schieben Befreiung, Liebe und Frieden beiseite und machen zu Gier, Haß und Gewalttat geneigt.» [26]

Hier liegt die Chance, Absichten zu ändern. Der Schlüsselsatz, mit dem Gautama seine Erfahrung umschreibt lautet: «Woran man viel denkt, dorthin neigt sich das Bewußtsein.» Mit anderen Worten: Wir können die Richtung, in die unser Wesen tendiert, uns bestimmende Absichten, selbst erwählen, indem wir häufig an das denken, was wir sein und erreichen wollen.

Ein bewußt gewählter Gedanke, den wir immer wieder in uns bewegen, nimmt schließlich derart Besitz von uns, daß er unseren Interessen und Neigungen seine Farbe verleiht. Vor erfolgreicher Anwendung dieses Gesetzes muß man dem eigenen Denken neue Aufmerksamkeit schenken.

Beobachten Sie Ihre Denkgewohnheiten! Man schält Kartoffeln, ißt, fährt oder wäscht das Auto, sitzt im Bus, hört Musik ... gleichzeitig ziehen kaum bewußt ungezählte Gedanken durch den Kopf. Das Wort Gedanken wollen wir hier im weitesten Sinn verstehen: Überlegungen, Tagträume, Erinnerungen an Vergangenes, Wunschvorstellungen.

Wie viele Gedanken der Gier und des Hasses befinden sich darunter! Wie viele ablenkende Bilder, die auf unsere Situation bezogen sinnlos sind! Wie viele Gedanken der Angst und der Sorge! All das, was da fast unbemerkt und doch häufig in uns bewegt wird, stabilisiert die Richtung unseres Lebens. Um den üblichen Fluß zu durchbrechen, sollte man im Lauf eines Tages ab und zu fragen: «Woran denke ich gerade?»

Dabei kann man Überraschungen erleben, denn man versteht es prächtig, sich vor sich selbst zu verstecken. Dinge, die uns zutiefst beschäftigen, werden in dämmrige Tagträume verbannt.

Wie Gautama vor seinem Erwachen müssen wir eine kritische Sichtung unserer Gedanken vornehmen, um erwünschte von unerwünschten zu unterscheiden.

Jeder sich negativ auswirkende Gedanke, der mein Bild von der Wahrheit verzerrt, wurzelt in Gier und Haß. Gier zeigt sich im Verlangen, alles so zu wollen, wie es mir richtig und wichtig scheint; Haß läßt mich alles ablehnen, was ich nicht will. Gier und Haß machen mich damit zum eingebildeten Nabel der Welt, nach dem sich alles zu richten hat. Ich merke nicht, wie ich in meinem Wollen und Ablehnen immer einsamer werde und mich selbst in die Enge treibe. Ich fühle mich plötzlich gejagt und verfolgt, hege vielleicht schon Gedanken der Gewalt. Wollen und Ablehnung werden dann ganz konkret: Ich wünsche anderen Schlechtes, freue mich über ihre Verluste. Ich merke nicht mehr, wie die Ursachen meines negativen Denkens allein in mir liegen und es vor allem mir schadet. Sogar wenn mich andere beschimpfen und beleidigen, schaden mir eigene Gedanken und Worte der Wut darüber mehr als Schmähungen von außen.

Werden die Gedanken der Gewalt erst zu Worten oder Taten, geraten wir in einen Kreislauf, den wir nur im Denken unterbrechen können. Sind in uns starke Impulse, und wir unterdrücken nur Worte und Taten, zu denen sie uns drängen, staut sich die Wut und kommt vielleicht noch schlimmer zum Ausbruch. Wir müssen dort einsetzen, wo wir unsere Absichten unmittelbar beeinflussen können: beim Denken.

Das über gewalttätige Impulse Gesagte gilt für jede andere negative Regung: Sorge, Unlust, Trägheit oder unrealistische Vorstellungen, die uns immer wieder über die Wahrheit stolpern lassen, sind nur durch Umstellung des Denkens zu überwinden.

Woran man viel denkt, dorthin neigt sich das Bewußtsein. Das Denken bestimmt unsere Neigungen: Die Neigungen lassen uns Absichten verfolgen: Die Absichten wirken sich in unseren Worten und Taten aus: Durch Denken, Reden und Tun gestalten wir uns selbst zu dem Charakter, der wir sind: So, wie wir sind, erleben wir die Welt und unser Schicksal, denn jedes Wesen wählt die

Dinge, Gegebenheiten und Menschen aus, die ihm entsprechen, und zieht sie an. So wirkt das Karma-Gesetz.

Was ich erfahre, ist daher keine mechanische Wirkung meiner einzelnen Taten, die gesetzmäßig berechenbar auf mich zurückprallen. Gedanken, Worte und Taten wirkten indirekt. Sie machten mich zu dem Menschen, der ich bin. Und das, was wir sind, ziehen wir an.

Auch die Umstände, in denen ein Mensch lebt, sind an der Prägung des konkreten Lebens beteiligt. Wie wir sahen, ist Karma nur einer von fünf Aspekten des Werdens. Es gibt Menschen in verelendeten Bedingungen, die ein Buch wie dieses nie lesen könnten. Auf der Suche nach einem Schluck Wasser oder einem Bissen Nahrung ringen sie mit all ihrer Kraft ums nackte Überleben, nur weil in ihrem Land zuwenig Regen fällt oder sie den über sie Herrschenden und dem Rest der Menschheit gleichgültig sind. Obwohl sie sich bis zur Erschöpfung bemühen, sehen sie ihre Kinder verhungern und an Seuchen sterben. Sogar den Arbeitslosen einer reichen Region, für dessen materielles Auskommen die Gesellschaft sorgt, müßten sie beneiden. Wer so bevorzugt ist, nicht um physische Freiheit und ein würdiges Dasein kämpfen zu müssen, und sich mit der Schulung seines Denkens beschäftigen kann, sollte die Herausforderung zur heilsamen Verwandlung seiner selbst dankbar aufnehmen und nicht vergessen, daß diese Möglichkeit in unserer Welt nicht selbstverständlich ist.

Erlebe ich meine Lebensbedingungen als unwürdig und lerne ich die Methoden der Schulung des Denkens kennen, kann ich eine Richtung einschlagen, die den herrschenden Umständen zuwiderläuft. Hierin besteht meine große Freiheit! Wer um sich nur Versagen und Elend sieht, wer empfindet, bislang selbst versagt zu haben, kann doch in sich Gedanken erzeugen, die über den Zustand seiner Umgebung und bisherigen Erfahrungen hinauszielen. Wer in sich die wunderbare Freiheit des Entscheidens erfährt, kann seinem Dasein eine neue Orientierung geben.

Schulung des Denkens

Wer die inneren Prozesse des Denkens, Vorstellens, Tagträumens und Grübelns anders ausrichten will, muß sie zuerst beherrschen. Gautama lehrte fünf Methoden, wie er das erreicht:

«Je nach den Umständen soll er seine Vorstellungen auf fünffache Weise überwachen:

1. Steigen ihm bei einer Vorstellung unheilsame mit Gier, Haß und Verblendung verbundene Gedanken auf, soll er, von dieser Vorstellung ausgehend, eine heilsame wachrufen, damit die schlechten Gedanken schwinden. So festigt sich sein Denken, beruhigt und sammelt sich um ein Objekt. Wie ein geschickter Maurer mit feinem Bolzen den groben Bolzen heraustreibt, vertreibt er mit der heilsamen Vorstellung die unheilsame.

2. Rief er die heilsame Vorstellung wach, doch steigen wieder schlechte Gedanken auf, soll er seine Aufmerksamkeit auf deren Verderblichkeit richten. Er erwägt, daß sie unheilsam sind, beschämend und in Leid münden. Dadurch schwinden schlechte Gedanken. So festigt sich sein Denken, beruhigt und sammelt sich um ein Objekt. Wie hübsche, gut gekleidete Jugendliche, legte man ihnen einen Schlangen- oder Hundekadaver um den Hals, sich schämten und ekelten, soll er sich vor schlechten Gedanken schämen und ekeln.

3. Steigen trotzdem wieder schlechte Gedanken auf, soll er sie nicht beachten, als wären sie nicht da. Durch Nichtbeachtung schwinden sie. So festigt sich sein Denken, beruhigt und sammelt sich um einen Gegenstand. Wie ein Schauender, der eine in seinen Gesichtskreis tretende Gestalt nicht sehen will, die Augen schließt oder wegblickt, soll er unheilsame Gedanken nicht beachten, als wären sie nicht da.

4. Steigen trotzdem wieder schlechte Gedanken auf, soll er sie allmählich abschwächen und schließlich einstellen. So schwinden sie. Wie jemand, der schnell läuft, denkt: «Warum schnell? Ich sollte langsam gehen.» Dann langsam geht und denkt: «Warum langsam? Ich sollte stehenbleiben.» Dann steht er still

und denkt: «Warum stehen? Ich sollte sitzen.» Dann sitzt er und denkt: «Warum sitzen? Ich sollte liegen.» Dann legt er sich. So wie man allmählich von aktiver Körperhaltung zu passiverer übergeht, soll er unheilsame Gedanken abschwächen und schließlich einstellen.

5. Steigen trotzdem wieder schlechte Gedanken auf, soll er die Zähne zusammenbeißen, die Zunge an den Gaumen legen und sein Denken bewußt bekämpfen und niederwerfen, damit die unheilsamen Gedanken schwinden. Wie ein starker Mann einen schwächeren an Kopf oder Schultern greift und niederringt, soll er unheilsame Gedanken bekämpfen und niederwerfen.

Wer sein Denken so beherrscht, wird Meister des Gedankenüberwachens genannt. Er denkt nur, was er möchte.[27]

Um tatsächlich bloß das zu denken, was wir wollen, müssen wir einige Vorbedingungen erfüllen: Wir müssen lernen, das Denken zu beobachten, um zu erkennen, was im Augenblick in uns vorgeht. Auch sollten wir wissen, worauf wir hinausmöchten, also was wir denken wollen. Schließlich ist notwendig, die fünf von Gautama genannten Methoden einzuüben.

Durch das Experimentieren mit diesen Methoden lernen wir unsere Denkgewohnheiten, Wünsche und Vorstellungen besser kennen. Wir erleben bislang unbekannte Dimensionen des Wählens zwischen dem, was wir wahrhaft wollen, und dem, was wir uns vormachen. Das Meistern des Denkens führt weiter zum Beherrschen von Rede und Handeln. So können wir uns durch konsequentes Anwenden der fünf Methoden in einem Ausmaß wandeln, wie es die Erzählung von Aṅgulimāliya berichtet. Doch ist wichtig, bescheiden zu beginnen und nicht am Anfang zu hoch hinauszuwollen. Alles muß geübt werden, und was im Kleinen nicht gelingt, schaffen wir im Großen sicher nicht.

Zur Anwendung der fünf Methoden

Gier, Haß und Verblendung sind abstrakte Worte für Grundhaltungen, die wir einnehmen. Kein Mensch denkt «Gier» oder «Haß». Vielmehr zeigen diese sich in hunderttausend kleinen, aber sehr konkreten Gedanken. Auch Liebe, Friede, Fleiß oder Beharrlichkeit sind nur Begriffe. Es wäre sinnlos, fortwährend diese Worte zu denken, um damit «Gier» und «Haß» zu vertreiben. Wir müssen feststellen, welche ganz konkreten Alltagsgedanken sich für uns unheilsam auswirken. Genau dort soll mit dem Üben begonnen werden! Oft sind es gerade Gedanken, die uns unerheblich scheinen, die uns in dieser Hinsicht am meisten lehren.

Nehmen wir an, jemand ist eßsüchtig. Was immer er bei der Arbeit oder in der Freizeit tut, stets tauchen Gedanken ans Essen auf. Er kann auch nicht widerstehen: Ist die Idee einmal da, greift er rasch nach Eßbarem. Sein Problem ist, daß er durch jahrelange Gewohnheit zur mehr als zwei Zentner schweren Persönlichkeit wurde. Die Gesundheit leidet, und die Lebensfreude nimmt immer weiter ab, denn Gewichtigkeit macht schwerfällig. An vieles, was andere mit Leichtigkeit schaffen, darf er nicht einmal denken.

Er erkannte, wie unheilsam seine Eßlust ist, nicht nur für ihn, auch für ihm Nahestehende, die er zu vielerlei Rücksichtnahmen zwingt. Doch die Erkenntnis nützte wenig: Obwohl er weiß, wie schlimm es ist, kommt er an keiner Konditorei vorbei, ohne etwas mitzunehmen. Sobald der Gedanke an Essen auftaucht, konkretisiert er sich im Gang zum Kühlschrank. Vielleicht sagt er sich immer: «Dieses eine Mal noch.» Und so ist es nie das letzte Mal. Es gäbe verschiedenste Möglichkeiten, sich durch Einfluß von außen dieses unheilsamen Lasters zu entledigen: Der Betroffene könnte versuchen, der Sucht durch Medikamente ein Ende zu machen oder sich einer Hypnosebehandlung zu unterziehen, bei der ihm befohlen wird, nicht mehr zur Unzeit zu essen.

Auf dem Weg Gautamas strebt man an, sein Leben selbst in

die Hand zu nehmen und zum Besseren zu wenden. Schafft man dies bei kleinen Dingen, kann man die Methoden bald auf alles anwenden und zum wahren Meister des Gedankenüberwachens werden. Betrachten wir die fünf Methoden auf das konkrete Beispiel bezogen:

1. *Das Ersetzen der schlechten Vorstellung durch eine bessere*: Unser Eßsüchtiger kommt an einer Konditorei vorbei, sein Blick streift das Schaufenster, und sofort ist der Gedanke da: «Ein gutes Stück Kuchen könnte ich jetzt schon vertragen.» Die erste Methode empfiehlt, diese negative Regung bewußt durch eine positive zu ersetzen: *«Wie ein geschickter Maurer mit feinem Bolzen den groben Bolzen heraustreibt, vertreibt er mit der heilsamen Vorstellung die unheilsame.»* Es geht darum, an etwas Schönes zu denken, das Sie so erfüllt, daß alles andere seine Kraft verliert. Dazu müßte es Sie *ganz* erfüllen. Denkt ein wahrhaft liebender Mensch an den Geliebten, wird ihn dieser Gedanke so begeistern, daß keine andere Regung die Oberhand gewinnt. Oder ein Mensch, der für ein Ideal lebt, dem er alles widmet, braucht sich nur das in Erinnerung zu rufen, schon verblaßt alles andere davor. Es käme also darauf an, sich eine Sache zu vergegenwärtigen, die in ihrer Bedeutung den gierhaften Gedanken derart überragt, daß er seine Bedeutung verliert.

Vielleicht müssen Sie beim Versuch, den negativen Gedanken durch einen positiven zu ersetzen, erfahren, wie nichts, wonach Sie in Ihrem Inneren rufen, so mächtig ist, den scheinbar kleinen Gedanken der Gier zu vertreiben. Der Gedanke an den Kuchen oder was immer es in Ihrem Leben ist, erweist sich tatsächlich mächtiger als jener an Ihren liebsten Menschen, Ihr höchstes Ideal oder das, was Ihnen im Leben am wichtigsten ist. Schieben Sie diese Tatsache nicht beiseite! Sie lernen viel über sich und durchschauen manches, was Sie sich vorspielen. Es besteht kein Grund zur Verzweiflung: Der Mensch ist immer ein Werdender, und alles kann geändert werden. Hilft das Ersetzen eines Gedankens nichts, muß ein stärkeres Geschütz aufgefahren werden.

2. *Das Erwägen der Konsequenzen*: «Rief er die heilsame Vor-

stellung wach, doch steigen wieder schlechte Gedanken auf, *soll er seine Aufmerksamkeit auf deren Verderblichkeit richten. Er erwägt, daß sie unheilsam sind, beschämend und in Leid münden.*» Es geht darum, sich im Detail auszumalen, wohin als unheilsam erkannte Vorstellungen führen. Die Genauigkeit ist der springende Punkt. Es nützt wenig, sich zu sagen, all das würde negative und schlimme Konsequenzen haben. Man muß sich diese ohne Zimperlichkeit und Umschweife vor Augen halten: «Mache ich so weiter, werde ich immer dicker. Obwohl ich noch viele schöne Jahre auf der Erde haben könnte, werde ich durch Verfettung meiner Organe qualvoll zugrunde gehen. Auf was muß ich alles verzichten, weil ich so schwer bin! Und schließlich: Was denken andere über mich, der durch seine Völlerei häßlich aussieht und seine Pfunde zur Schau trägt, während einige hundert Kilometer südlich von hier Kinder verhungern?» Man darf es sich beim Bedenken negativer Konsequenzen nicht leichtmachen! Das ganze Ausmaß dessen, wozu unsere negative Regung führt und schon geführt hat, sollte erwogen werden. Gautama sagte, man muß sich dieser Regungen schämen und sich vor ihnen ekeln, wie ein eleganter Mensch vor einer Tierleiche am Leib. Dieser Vergleich mag befremden. Doch wir können ihn nicht ernst genug nehmen; gleichgültig, ob wir meinen, mit dem Tod habe alles ein Ende, oder an eine Zukunft danach glauben, wir sollten die Chance ergreifen, unser Leben bewußt zu gestalten und nicht Sklaven von Impulsen bleiben, die uns im Kreis treiben. Wir sollten uns um derer willen bewähren, die keine Chancen zur Entfaltung haben. Wer die Dinge so sieht, kann sich gar nicht genug vor dem ekeln, was ihn ein unwürdiges Dasein fristen läßt.

3. Das *Weg-Denken*: Nach Gautamas Lehre ist Denken eine Art der Sinneswahrnehmung wie Hören, Sehen, Riechen, Schmecken und Tasten. Wie es mit den äußeren Sinnen immer Töne, Formen oder Gerüche wahrzunehmen gibt, können wir mit dem nach innen gewandten Sinn des Denkens durch den Kopf ziehende Gedanken wahrnehmen. Doch wie keine sichtbare Form uns zwingt, sie ausgiebig zu betrachten, nötigt uns kein auf-

steigender Gedanke, ihn weiterzuverfolgen. *«Wie ein Schauender, der eine in seinen Gesichtskreis tretende Gestalt nicht sehen will, die Augen schließt oder wegblickt, soll er unheilsame Gedanken nicht beachten, als wären sie nicht da.»*

Während Sie lesend mit den Augen über diese Zeilen wanderten, ist zugleich anderes im Raum. Es gibt Möbel, Bilder, Türen, Fenster. Sie wissen, daß all dies da ist, doch entschlossen Sie sich, in das Buch zu schauen. Vielleicht nehmen Sie während des Lesens wahr, was sich im Blickfeld um das Buch befindet. Sie sehen diese am Rand und könnten aufschauen, um statt dieser Zeilen die Maserung der Tür zu betrachten. Auch gibt es von nah oder fern Geräusche. Sie registrieren das zwar, doch gehen dem nicht weiter nach, weil Sie lesen wollen.

Augen und Ohren sind nicht Sklaven uns umgebender Formen und Töne. Wir können bewußt auswählen, womit wir uns beschäftigen. Ebenso muß das Denken kein Knecht aufsteigender Vorstellungen sein. Es ist möglich wegzudenken, wie man weghören kann. Leider ist diese Fähigkeit vielen nicht bekannt und daher wenig entwickelt.

Doch ist ein wichtiger Schritt in der Schulung des Denkens vollzogen, wenn wir wissen, daß Vorstellungen wie sichtbare Dinge Angebote sind, die wir nicht annehmen müssen. Begegnet uns ein Mensch, kann er uns mehr oder weniger interessieren. Oft nehmen wir nur wahr, daß da jemand ist. Mitunter aber sehen wir ihn genau an: Gesichtszüge, Augen, Haarfarbe und Frisur, Kleidung und Schuhe. Wir entscheiden von Mal zu Mal, wie intensiv wir hinsehen. Die gleiche Möglichkeit steht uns bei jedem Gedanken offen: Wir können ihn weiterspinnen, oder wir können einfach zur Kenntnis nehmen, daß da ein Gedanke ist, mit dem wir uns aber nicht näher befassen möchten. Er ist zwar da, interessiert uns aber nicht, wie verschiedenste Angebote um Sie herum sind, während Sie sich für das Lesen entschieden haben.

Unbewußt praktiziert jeder dieses Weg-Denken, doch zu oft in der Form, daß man sich aus Bequemlichkeit oder Feigheit wichtigen und notwendigen Gedanken nicht stellt. Es kommt darauf an, den gewünschten Gebrauch davon zu machen, um jene Vorstellungen loszulassen, die uns hemmen und beschränken. Im konkreten Fall würden Sie den auftauchenden Wunsch nach einem Stück Kuchen zwar sehen, doch nicht weiter beachten.

4. *Den Gedanken schwächer werden lassen:* Im Unterschied zu den drei ersten Methoden wird bei dieser Anregung Gautamas der unheilsame Gedanke bewußt aufgenommen. Man ersetzt ihn nicht durch einen besseren oder malt sich nicht negative Folgen aus. Er wird zunächst akzeptiert, wie er ist, und einfach betrachtet. Dann fragt man sich: «Warum sollte ich das, was ich denke, fortspinnen oder gar tun?»

Geht es im aktuellen Fall um keinen starken Impuls, schwächt er sich und verschwindet durch weiteres Hinterfragen. Sind wir ehrlich zu uns, wirkt die Frage «Warum?» oft Wunder. Vielleicht müssen wir gar nichts Besseres finden oder Konsequenzen bedenken, fragen wir uns einfach, was eigentlich für die Sache spricht.

Ist der Impuls wie im Beispiel des Eßsüchtigen relativ mächtig, läßt er sich beim Ungeschulten wahrscheinlich nicht in einer kurzen Spanne ganz zur Ruhe bringen. Wir müssen dem Prozeß, vollkommen davon frei zu werden, eine längere Zeitspanne geben und uns im akuten Moment mit einer Schwächung begnügen: «Ich will ein Stück Sahnekuchen. Warum begnüge ich mich nicht mit einem kleinen Gebäck?» Und nach einiger Zeit: «Warum esse ich keinen Apfel?» Schritt um Schritt entzieht man sich so seinen negativen Vorstellungen.

5. *Auf die Zähne beißen:* Hilft keine der vier zuerst genannten Methoden, und wirklich nur dann, müssen wir es zwingen, damit aus dem unheilsamen Gedanken keine negative Tat wird. *«Wie ein starker Mann einen schwächeren an Kopf oder Schultern greift und niederringt»*, müssen wir dann den Gedanken unterdrücken.

Wohlgemerkt soll dies nur zur Anwendung kommen, hilft nichts anderes und gilt es, rasch Schlimmstes zu verhindern. Spüre ich den starken Impuls, bei einer Diskussion handgreiflich gegen meinen Kontrahenten vorzugehen, oder den übermächtigen Reiz, mich in einem Einkaufszentrum ohne den Umweg zur Kasse zu bedienen, sind innerer Kampf gegen die Regung und rascher äußerer Rückzug vom potentiellen Tatort geboten.

Unterdrückt man jeden kleinen negativen Impuls, besteht die Gefahr, daß sich Fortgeschobenes aufstaut. Irgendwann explodierte man dann, und die Folgen sind vielleicht schlimmer als durch Unterdrückung Vermiedenes. Geht es nicht um einen Reiz, der mich in Gefahr bringt, läßt sich in jedem Fall die bewußte Auseinandersetzung mit dem Impuls durch eine der vier ersten Methoden erfolgreich anwenden. Vorausgesetzt ist freilich, daß Sie sich wahrhaft darauf einlassen wollen.

∾ ÜBUNG 7: *Das Denken schulen*

Echter Fortschritt bedarf des tiefen Wunsches nach Veränderung. Stellt Sie Ihre augenblickliche Verfassung gänzlich zufrieden, finden Sie nicht den Anstoß, durch Gautamas Methoden etwas zu ändern. Der Motor unserer Wandlung ist das Gewahrsein des Ungenügens. Wie Gautama lehrte, kann es sich als Leiden an unvermeidlichen Situationen wie Alter und Krankheit zeigen. Man mag auch verärgert sein, nicht zu bekommen, was man sich wünscht. Immer wieder sollte man sich fragen: Woran empfinde ich Ungenügen? Was paßt mir nicht in meinem Dasein? Gibt es manches, einiges, vieles? Was ist es konkret?

Fragen Sie sich wirklich! Was immer es ist, das Sie stört, wird zur Grundlage, daß Sie Ihr Leben in die Hand nehmen und verwandeln. Weil ihnen der Wunsch nach Veränderung entspringt, besitzen Leid und Ungenügen eine positive Seite. Sie machen uns unsere Situation bewußt und treiben uns voran!

Suchen Sie Ihre Probleme und die damit verbundenen negativen Regungen. Ob es Eßsucht, Neid, Trägheit, schlechte Gewohnheiten oder andere Dinge sind, die Schulung des

Denkens bekämpft und überwindet sie. Bewußt erschaffen Sie sich nach dem Karma-Gesetz als neuer und besserer Charakter. Wer beginnt, an seinem Denken zu arbeiten, lernt so eine Dimension der Freiheit kennen, die vielen verborgen bleibt.

Beginnen Sie damit, Ihr Denken zu beobachten. Haben Sie erkannt, was Sie daran ändern wollen, ergreifen Sie Maßnahmen nach Gautamas Vorschlägen. Verzetteln Sie sich am Anfang nicht. Es genügt zum Beispiel, gegen die Neigung vorzugehen, sich durch unrealistische Tagträume vom effektiven Arbeiten abzuhalten. Die Kauflust, die es auch zu überwinden gilt, läuft Ihnen währenddessen nicht weg. Wer zu viele Fronten eröffnet, verliert leicht den Überblick. Auch ist gut, Energien zu konzentrieren, was den Einsatz wirkungsvoller macht. Wählen Sie darum *ein* Problem, an dessen Bewältigung sie arbeiten wollen. Experimentieren Sie dann mit allen fünf Methoden, um herauszufinden, welche sich für Sie in bestimmten Situationen am besten eignet.

Allein das Hinwenden der Aufmerksamkeit zu den eigenen Gedanken öffnet das Tor zu neuer Bewußtheit. Sie lernen sich intensiver kennen und stellen Herausforderungen an sich, um deren Bewältigung Sie kämpfen. Führte Sie die Schulung des Denkens zu einem Erfolg, können Sie Ihre Erfahrung leichter auf weitere Probleme anwenden.

Diese Arbeit an sich selbst wird zum spannenden Abenteuer! Sie merken, daß Sie gar nicht so langweilig sind, wie Sie vielleicht dachten. Viele Gedanken, Impulse und Regungen, die Ihnen selbstverständlich waren, erhalten neue Bedeutung als Instrumente Ihrer Wandlung. Vieles Erschreckende, das Sie in sich entdecken mögen, sollte kein Grund zur Klage werden, sondern eine Herausforderung, vom Denken ausgehend daran zu arbeiten und zu wachsen. ~

∼ ÜBUNG 8: *Beobachtung der Rede*

Was wir sagen, ist Ausdruck des Denkens. Wir können darum aus unserem Reden Aufschlüsse über unser Denken gewinnen. Es ist ein interessantes Experiment zu beobachten, was und wie man spricht.

Glaubt man auch, dies genau zu wissen, wird man vielleicht wie beim Feststellen des Zeitaufwandes (Übung 3) erstaunt sein, wie die Wahrheit aussieht.

Versuchen Sie es: Nehmen Sie sich morgen nach dem Aufstehen vor, an diesem Tag auf Ihre Rede zu achten:
– Beobachten Sie, wie Sie andere grüßen,
– wie Sie auf Fragen antworten,
– was Sie zu bestimmten Menschen sagen (oder nicht sagen).
– Gibt es Situationen, in denen Sie immer dieselben Worte gebrauchen?
– Wann und zu wem sprechen Sie Unwahrheiten?
– Ist Ihre Rede stets oder zu bestimmten Menschen grob?
– Trauen Sie sich oft oder manchmal nicht zu reden?
– Wann unterdrücken Sie den Impuls zu sprechen? Wie fühlen Sie sich dabei?

Beobachten Sie, was Ihnen bei Ihrer Art zu reden auffällt. Achten Sie darauf, wie andere auf Ihre Worte reagieren.

Nehmen Sie all dies ohne schnelles Werten wahr. Während Ihrer Zeit der Meditation überlegen Sie, welche Absichten, Interessen, Neigungen und Motive Sie reden lassen! ∼

∼ ÜBUNG 9: *Selbstehrlichkeit im Wirken*

Entwickeln Sie Ihren Motiven gegenüber ein gesundes Mißtrauen! Auch wenn wir anderen etwas vorspielen, vor uns sollten wir ehrlich sein und keinen guten Ruf nötig haben.

Beobachten Sie Fälle wie diesen:

Man bittet Sie um eine Gefälligkeit. Selbstverständlich

helfen Sie. *Wahrhaft selbstverständlich?* Fragen Sie sich, warum Sie es tun: Wäre es peinlich, als unfreundlich zu gelten? Folge ich einem Pflichtgefühl und würde lieber nichts unternehmen? Oder bin ich nur zu feige abzulehnen, obwohl ich insgeheim vor Wut schnaube?

Gestehen Sie sich die wahren Motive Ihres Handelns ein! Es gibt keinen Grund, Hilfeleistungen nicht zu gewähren, nur weil Sie merken, daß Ihre Absicht egoistisch ist. Nahezu alles, was wir tun, ist von Gier und Haß, also selbstischen Interessen geprägt.

Es gibt viele Gelegenheiten, zu denen man anders handelt, als man gerne würde. Finden Sie Beispiele aus Ihrer Vergangenheit und Gegenwart für solche Konflikte zwischen Pflicht und Neigung, Verhalten und Einstellung. Die Arbeit bietet ein reiches Feld der Selbstbeobachtung, gleichgültig ob man in einem Büro, auf einer Baustelle, im Haushalt oder am Fließband tätig ist. Es geht hier noch nicht darum, sich moralisch zu bewerten und nach raschen Lösungen zu suchen, sondern um ein Erkennen innerer Spannungen und Motive. Unsere Absichten gestalten uns durch Karma zu dem, was wir sind. Darum sollte, wer ernsthaft an sich arbeiten möchte, vor sich offenlegen, was er beabsichtigt. ～

4. KAPITEL

Tod und ‹Wiedergeburt›

Einst trat eine verzweifelte Frau vor Gautama, die ein totes Kind in Armen hielt. Das Sterben des Kindes traf sie so tief, daß sie sich in die Wahnidee steigerte, es sei nur krank. Verzweifelt irrte sie auf der Suche nach Heilung umher. Dabei hielt sie den Leichnam fest umklammert. «Dein Kind lebt nicht mehr», sagten ihr die Menschen, aber sie wollte es nicht hören.

Auch vor über 2500 Jahren galt, «daß nicht sein kann, was nicht sein darf», wie es Christian Morgenstern ausdrückte. Die Frau mochte nicht wahrhaben, was unbestreitbar wahr war. Endlich schickte jemand sie zu Gautama. Sie hielt ihm den kleinen leblosen Körper hin und flehte um Hilfe.

Was tat der große Weise, den man als unvergleichlichen «Lehrer der Götter und Menschen» rühmte? Wirkte er ein Wunder? Ja und nein. Es geschah kein spektakulärer Eingriff in die Natur. Die Überlieferung schildert Gautama nicht als Herrn über Leben und Tod, der das Kind erweckte. Ein ungleich tieferes und endgültigeres Wunder geschah: Er vermittelte dieser Frau Einsicht in die Wahrheit.

«Ich kann dir helfen», sprach er. «Bringe mir bloß ein paar Körner Getreide aus einem der Häuser dort. Es muß aber ein Haus sein, in dem noch keiner gestorben ist.» Hoffnung flammte in der Frau auf. Vielleicht dachte sie, Gautama wollte mit den Körnern eine Arznei oder ein Zaubermittel bereiten. Den umwickelten Leichnam nicht aus der Hand lassend, lief sie von Tür zu Tür, um ihren Wunsch vorzutragen.

Selbstverständlich hatte jeder einige Körner für die arme Person übrig. Als sie aber nach Gautamas Bedingung fragte, erfuhr sie allerorts, daß das Haus mehr Tote gesehen hatte, als Lebende in ihm wohnten. Man kann sich vorstellen, welche Erinnerungen die Frage der Frau in jenen Menschen wachrief und welche Geschichten von Schmerz, Kummer und Verzweiflung sie auf ihrem Weg hörte.

Was vernünftiges Zureden nicht schaffte, vermochte die Begegnung mit dem Leid anderer. Deren Verluste stellte den eigenen in den rechten Rahmen, nämlich den eines unumgehbaren Naturgesetzes. Alles was geboren wurde und lebt, muß sterben, so tragisch dies im Fall eines frühen Todes sein mag.

Ohne Leichnam trat die Frau vor Gautama. Sie hing nicht mehr am Dahingegangenen und war offen für das, was sie hier und heute tun konnte. Gautama machte sie mit seiner Lehre vertraut, und sie verwirklichte ein Leben in echter Freiheit.

Man überlieferte diese Begebenheit, weil sie jeden betrifft. Jeder schleppt seine Leichen mit sich, totes Gepäck, an das wir uns aus Angst, Unsicherheit oder Verwirrung klammern. Was es im Einzelfall ist, weiß man im Grunde sehr gut. Vielleicht wie bei jener Frau ein Verlust, über dem man alles vergaß. Vielleicht Schuldgefühle über nicht mehr Änderbares, die man voller Selbstmitleid pflegt, so daß sie alles positive Tun verhindern. Vielleicht ein sinnloser Streit, den wir weiterführen, um das Gesicht nicht zu verlieren. Vielleicht ist es ein Besitz oder eine Funktion, um die man uns gar beneidet, und niemand glaubt, daß wir darunter leiden. So halten wir daran fest, um den Schein zu wahren.

Ganz gleich, was es ist, in das wir uns verrannten, sei es Stolz, Trauer, die Abhängigkeit von Glaubenssätzen, Programmen oder Statuten, wir befreien uns von der Last meist nicht durch Grübeln oder vernünftige Fragestellungen. Auch der Frau hatte man gesagt: «Dein Kind lebt nicht mehr.» Es hilft schon gar kein sentimentaler Trost. Die Freiheit kommt durch die Änderung der Blickrichtung, die Gautama anregte: aus der Nabelschau eigenen Leids aufzusehen, hinein in die Welt und zu all den Menschen zu gehen, durch die und mit denen wir leben. Damit stellen wir unser Dasein in den Rahmen der Wahrheit, die umfassender ist als die kümmerliche Wirklichkeit, in die wir uns versponnen haben.

Jene Frau, die Gautama nach den Körnern schickte, sah sich mit Trauerfällen eines Dorfes konfrontiert. Heute blicken wir leicht über unsere unmittelbare Umgebung hinaus. Wir wissen viel über Katastrophen und Kriege, über das Sterben der Natur, den Hunger und die Ungerechtigkeiten in der Welt. Lassen wir uns durch diese Botschaften nicht betäuben oder gar unterhalten, leicht müßten wir dem Wink Gautamas folgen können: sich selbst und seine Verluste nicht zu wichtig nehmen und angesichts der Lage endlich zu handeln. Gautama schrieb dem einzelnen nicht vor, was er konkret zu tun hätte. Er wollte seinen Schülern keine neuen Lasten aufbürden, sondern sie von enger Ich-Verhaftung wegführen und für das Größere öffnen, das sie umgibt.

Dabei geht es nicht um die Gefühlsduselei selbstgefälliger Nächstenliebe. Echte Offenheit ist frei davon. Wer sich der Wahrheit öffnet, handelt im Rahmen seiner Fähigkeiten den erkannten Notwendigkeiten entsprechend, und dies ganz selbstverantwortlich.

Würden viele einzelne diese Umkehr der Blickrichtung vollziehen, dürften wir vielleicht das Wunder der Verwandlung unserer Welt erleben. Der Mensch hat Angst, sich weniger wichtig zu nehmen und über seinen vertrauten Horizont zu blicken. Er fürchtet, dabei zu verlieren. Also versteift er sich auf das, was er gerade ist und hat, und macht sich selbst vor, daß er es immer bleiben und behalten darf oder muß. Aber das unumgängliche Gesetz der Nichtdauer macht vor dem Menschen nicht halt.

Die unbequeme Wahrheit

Buddhaghoṣa, ein Interpret Gautamas, der etwa tausend Jahre später in Indien lebte, schrieb: «Genau so, als stünde ein Mörder mit gezogenem Schwert vor uns, um uns den Kopf abzuschlagen, wartet der Tod auf uns. Warum? Weil der Tod schon mit der Geburt kam, uns das Leben zu nehmen. Wie der Keim des Schlangenhutpilzes beim Wachsen Erde auf der Haube trägt, sind schon bei der Geburt der Lebewesen Alter und Tod bei ihm. Wie die aufgegangene Sonne ohne Rast dem Untergang entgegenzieht, eilt dieses Wesen nach der Geburt rasch dahin, ohne jemals zum gewesenen Moment zurückzukehren. Wie der reißende Gebirgsfluß schnell flutet, eilt das Wesen dem Tod zu, ohne zum Gewesenen zurückzukehren. So sagt man: ‹Seit der ersten Nacht im Mutterschoß zieht der Mensch wie eine Wolke hin, eilt fort und kehrt nie zurück.›

Wie die Sommerhitze die Bäche austrocknet, wie das Obst vom Baume abfällt, wie Keramik unterm Hammerschlag zerbricht und Tautropfen im Sonnenstrahl verschwinden, ist dem eilenden Wesen der Tod stets nahe. So sagt man:

‹Tage und Nächte fliehen,
und das Dasein nimmt ab.
Das Leben Todgeweihter verdunstet
wie das Wasser des Rinnsals.
Wie man am Morgen ahnt
den Fall der reifen Frucht,
begleitet immer Todesfurcht
all die Sterblichen.
Jedes Gefäß von Töpferhand,
groß, klein, gebrannt oder noch feucht
muß irgendwann zerbrechen.
So ist es mit der Menschen Dasein.›

Derart kam der Tod mit der Geburt wie ein Mörder mit gezogenem Schwert. Wie dieser uns die Klinge an den Hals legt, um uns das Leben zu nehmen, nimmt uns der Tod das Dasein, und es gibt keine Wiederkehr.»[28]

Was hier in poetischen Bildern und zugleich bedrohlich beschrieben wird, ist die unbequemste Tatsache: Jeder muß sterben! Theoretisch weiß man das. Doch man versteht es, den Tod totzuschweigen, und verdrängt den Gedanken, daß dieses Leben einmal zu Ende sein wird.

Gautama mahnte seine Schüler, die Wahrheit ihrer Sterblichkeit nicht wegzuschieben. Immer wieder konfrontierte er sie mit Aussagen wie der gerade angeführten. Alles wandelt sich. Nichts bleibt, was es war. Begrenzt ist unser Menschsein. Unermüdlich wiederholte Gautama es. Doch dieser ständige Hinweis auf die Endlichkeit sagt nicht, man sollte das Leben und seine Möglichkeiten nicht schätzen. Im Gegenteil: Wir können unser Leben gar nicht in rechter Weise schätzen, tun wir so, als existierten wir ewig.

Macht man sich vor, man habe unbegrenzte Zeit, um zu tun, was zu tun ist, läßt man sich leicht auch unbegrenzte Zeit damit und fängt niemals an. Nur wer jeden Augenblick seines Lebens als einmalige Chance würdigt, wird verstehen, besten Gebrauch davon zu machen. Jeder Augenblick ist eine einmalige Chance, die nie wiederkehrt. Deshalb erinnerte Gautama seine Schüler immer wieder an ihre Sterblichkeit.

Sie sollten begreifen, daß sie nur diesen Moment wahrhaft haben. Kein sehnsüchtiges Zurückschauen, kein Schielen nach einer Zukunft, die nur erträumt werden kann! Die einzige Sicherheit des Menschen ist die Gegenwart, sein Jetzt. Nichts ist ihm wirklich gegeben außer diesem: «Laufe nicht Verflossenem voller Wünsche nach. Erträume nicht, was noch nicht eintraf. Vergangenes ist vorüber, Künftiges noch nicht erreicht. Durchschaue klar alles Gegenwärtige, wie es jetzt vor Augen steht. Diesen Blick bewahre fest und ohne Schwanken. Genau jetzt muß man sich anstrengen. Wer weiß, vielleicht kommt morgen der Tod. Wer Tag und Nacht unermüdlich und mit Eifer nützt, den nennt ein Weiser verehrungswürdig, wäre ihm auch nur noch eine Nacht vergönnt.» [29]

Mit der Todesgewißheit zu leben heißt nicht, in dauerndem Wehklagen über die eigene Vergänglichkeit zu jammern, sondern jeden Augenblick in seiner Einmaligkeit wahrzunehmen und zu nutzen. Wer dies verstanden hat, schlägt nie mehr seine Zeit tot. Er weiß um die große Verantwortung aus der Unwiederbringlichkeit jedes Moments. Ist mir klar, daß keine Sekunde wiederkommt, werde ich aus jeder das Beste machen: Selbst die geringste Tätigkeit erhält dann etwas Einmaliges. Wäre mir auch der unliebste Mensch gegenüber, ich würde nicht abschalten, sondern erführe sogar diese Begegnung als den einmaligen Teil meines Lebens, die sie tatsächlich ist.

In jedem Augenblick macht unser absichtsvolles Wirken, das Karma, uns zu dem, was wir sind. Ständig schaffen wir unsere Gegenwart und Zukunft. Es gibt nichts, auf das wir warten müßten. Der Anfang liegt nicht weit zurück oder findet nicht irgendwann später statt: Immer ist Anfang, zu jeder Sekunde beginne ich neu.

Und nach dem Tod?

Der Mensch sehnt sich nach Unsterblichkeit. In der Regel will er nicht sterben. Muß er es schon, will er danach einen Zustand ewigen Lebens erreichen. Unsicher, ob die Aussagen der Religionen stimmen, daß etwas weitergeht, drängt er das Problem weg und denkt lieber nicht ans Sterben. Zwar sieht er, wie es die anderen nach und nach trifft. Doch er selbst tut, als stünde er außerhalb dieser Notwendigkeit. Mancher will sich in der Welt verewigen, in seinen Kindern, Leistungen oder Gebäuden.

Andere, die einer Religion folgen, richten sich darauf ein, dieses Leben sei eine Bewährungsprobe für die Zeit danach. Was sie jetzt tun, erhält damit den Charakter einer Vorbereitung. Vielleicht meinen sie, es lohne gar nicht, ohne Aussicht auf ein Leben nach dem Tod Positives zu leisten.

Gautama nahm zur Frage Stellung, ob wir die Aussicht auf ein Dasein nach dem Tod brauchen, um uns dem Streben nach Wandlung zu widmen: «Gibt es eine andere Welt und eine Frucht, eine Konsequenz guten und schlechten Wirkens, ist es möglich, daß ich beim Zerfall des Körpers, nach dem Tod, den glücklichen Weg in eine Himmelswelt nehme. Gibt es aber keine andere Welt und keine Frucht, keine Konsequenz guten und schlechten Wirkens, lebe ich hier in dieser Welt ein glückliches Leben, frei von Haß und Übelwollen.»[30]

Die Arbeit an sich selbst, das Streben nach Veredelung, Harmonie und Liebe besitzen nach Gautama ihren Wert in sich. Deswegen braucht man nicht nach künftiger Belohnung zu schielen. Solange wir mit positivem oder heilsamem Tun die Absicht verbinden, dafür etwas zu erhalten, überwiegt die Nabelschau. Natürlich ist es besser, anderen aus egoistischen Motiven zu helfen als gar nicht. Aber wir machen erst dann das Beste aus unserem Leben, wenn wir Positives um seinerselbst willen schaffen.

Gautama lehrte, mit dem Tod sei nicht alles zu Ende. Doch mit seinem Hinweis, leidloses und glückliches Dasein in diesem Leben gebe dem Streben schon Sinn, warnt er davor, sich mit der Zeit nach dem Tod zu trösten. Haben wir keine übernatürlichen Erfahrungen gemacht, was wohl nur wenige für sich in Anspruch nehmen, gehen Informationen über nachtodliches Dasein auf Aussagen von Weisen und Mystikern zurück. Ihren Offenbarungen können wir glauben oder nicht. Wertvoller für uns ist das eigene Erfahren, das wir in diesem Leben sicher haben. Auf dieses können wir bauen, ohne zu zweifeln. Deshalb ist es wichtig, daß unser Streben sich als Selbstzweck im Rahmen des uns erfahrbaren Lebens als positiv erweist. Der Einsatz braucht nicht davon abzuhängen, ob und wie stark wir an späteren Lohn glauben, sondern ist in sich befriedigend: Wir helfen und sind glücklich über die Freude, die das auslöst. Nicht mehr zu verlangen bedeutet nicht, auf Glauben und Hoffnung zu verzichten. Je intensiver wir unser Leben in größere Zusammenhänge eingebettet erleben, um so mehr schätzen wir es. Doch umgekehrt gilt: Je mehr wir das überschaubare Leben auch ohne weitere Aussicht mit Sinn erfüllen, um so reifer werden wir für das, was darüber hinausgeht.

Gautamas Aussagen über ein Dasein nach dem Tod kann ich glauben oder nicht. Doch es ist nicht zentral, ob diese Offenbarungen plausibel erscheinen. Solange unser Bewußtsein sich nicht so erweitert hat, daß wir Derartiges bestätigen, korrigieren oder als falsch erkennen, also eigene Erfahrungen besitzen, befinden wir uns auf der Ebene des Fürwahrhaltens. Auch hier gilt: Wissen, daß man glaubt, nicht glauben, daß man weiß.

Vielleicht führt uns der Weg eines Tages dahin, daß heute gläubig Erhofftes oder Geahntes sichere Erfahrung und Gewißheit wird. Doch indem wir auf dem Boden des Überschaubaren stehen, bleiben wir offen, Wahrheiten auch dann zu akzeptieren, wenn sie von vorgefaßten Bildern abweichen.

‹Wiedergeburt›

Gautama betrachtet den Menschen unter den fünf Aspekten

1. des Körpers,
2. des Gefühls,
3. des Wahrnehmens,
4. der Strebungen (Wille, Trieb, Neigung, Interesse),
5. des Bewußtseins.

Stirbt der Körper, erlischt das an ihn gebundene Gefühl. Auch das Wahrnehmen, das von Sinnesorganen abhängt, muß damit aufhören. Doch wie steht es mit unseren Strebungen, den Neigungen und Absichten, all dem, was uns aktiv werden läßt? Sind diese vom Körper abhängig? Man könnte fast umgekehrt sagen, der Körper sei an sie gebunden.

Arbeiten wir nach Gautamas Methoden an unseren Absichten, stellen wir fest, welch starke Energie sie sind. Es ist eine große Kraft, die uns denken, reden und handeln lassen *will*, die uns Absichten haben lassen *will*. Gäbe es diese Kraft, diesen inneren Antrieb nicht, wir würden aufhören zu sein.

Diese Energie, unsere Werde-Kraft, ist neutral, also auf nichts Bestimmtes gerichtet. Eines strebt sie aber immer an: Wir wollen haben, wir wollen sein. *Was* wir haben wollen und *wie* wir sein wollen, entscheidet sich nach dem Gesetz des Karma. Diese neutrale Werde-Kraft fächert sich in all das auf, was uns aktiv sein läßt und vorantreibt: Absichten, Wünsche, Triebe, Wollen, Neigungen und Interessen.

Nicht der Körper bringt diese Kraft hervor. Es gäbe gar keinen

Körper ohne ihr Wirken. Der Körper wurde aus toter Materie aufgebaut und besteht nach dem Sterben noch einige Zeit als solche. Vom Augenblick seiner Zeugung wurde das leibliche Werden von dieser Energie bedingt. Man muß ein Kind nicht dazu bringen, Bedürfnisse wie jenes nach Nahrung zu haben. Es trägt sie von Anfang an in sich und bringt sie laut zum Ausdruck. Ohne diese grundsätzliche Werde-Kraft des Sein- und Haben-Wollens, die sich stark in der Sexualität zeigt, entstünde kein Mensch.

Die Kraft, die unseren Körper aufbaut und bewegt, Triebe und Interessen verfolgen läßt, formt im Wirken unseren Charakter. Welche Richtung der Gestaltungsprozeß nimmt, hängt vom Denken, Reden und Tun ab: Wir können an Einsicht und Fähigkeiten wachsen oder auf Abwege geraten und uns im Kreis drehen. Es kommt darauf an, wie unsere Absichten diese Kraft lenken.

Was geschieht mit dieser Energie, wenn der Leib unbrauchbar oder zerstört wurde? Wie wir sahen, gibt es sie schon vor Beginn körperlichen Daseins, dessen Voraussetzung sie ist. Sie verbraucht sich nicht bis zum Zeitpunkt des Todes. Wie viele Interessen, Neigungen, Triebe und Wünsche hat ein Mensch noch in unmittelbarer Todesnähe, vom grundsätzlichen Willen zum Leben ganz abgesehen!

Gautama lehrte, daß nichts verlorengeht. Wie der Körper nicht verschwindet, sondern die Stoffe, die ihn bildeten, sich den Gesetzen der Natur entsprechend verwandeln, verpufft auch die Energie nicht, die den Körper aufbauen und bewegen ließ. Sie wandelt sich nach ihren eigenen Gesetzen. Für den verbrauchten Körper, durch den sie sich zum Ausdruck brachte, schafft sie einen Ersatz. Ihre Natur ist, sein und haben zu wollen. So drängt sie einem neuen ihrer Orientierung entsprechenden Dasein entgegen.

War der Verstorbene ein roher Mensch mit grobem Wesen, dessen absichtliches Wirken Neid und Habsucht bestimmten, sucht sich die Energie eine Möglichkeit, weiter in dieser Richtung zu wirken. Arbeitet er engagiert heilsam, ist die Kraft positiv gerichtet und so das Werden nach dem Tod. Mit anderen Worten: Worauf wir unsere Neigungen gelenkt haben, bestimmt nach dem

Ende leiblichen Daseins die Richtung weiterer Entwicklung. Karma wirkt in diesem Sinn über dieses Leben hinaus.

Wichtig im Zusammenhang mit Gautamas Lehre der «Wiedergeburt» sind die Worte *Kraft* und *Energie*. Die Natur des Menschen ist dynamisch, immer in Bewegung, steht nie still. Nichts bleibt eine Sekunde lang ganz dasselbe, weder körperlich noch mental. Nehmen wir unsere leibliche Änderung auch nicht von Tag zu Tag wahr, nach einigen Jahren wird deutlich, wie wir alterten. Das Denken und Gefühlsleben unterscheidet sich heute in Ansichten, Erfahrungen, Vermögen und Ausrichtung von dem unserer Kindheit. Zwar wurden wir seither keine ganz anderen, denn wir erinnern uns einer ganz bestimmten Kinderzeit als der unseren, doch ließ uns ein nie abreißender Strom der Entwicklung anders und neu werden. Das Werden kommt mit dem Tod nicht zur Ruhe. Bei der «Wiedergeburt» tritt kein unveränderliches Wesen erneut ins Dasein. Ein dynamischer Prozeß setzt sich fort.

Jeder ist Teil solch unermeßlichen Werdens, das weit über unser überschaubares Leben hinausgeht. Was wir im Augenblick sind, ist der momentane Punkt eines Prozesses, der schon vor unserem Dasein in Bewegung war. Womit wir in diesem Leben begannen, hat seinen Ursprung in früherem Karma.

Die Überlegung, ob dieser große Prozeß des Werdens jemals begann, hielt Gautama für zwecklos. Eine befriedigende Antwort auf die Frage nach dem ersten Anfang läßt sich nicht geben. Spreche ich von einer höheren Macht als Urheberin allen Seins, gebe ich der unbegreiflichen Anfangslosigkeit einen Namen, der sie nicht begreiflicher macht. Von praktischem Wert für mein Leben ist nicht der Glaube an einen Beginn oder ein Ende, sondern die Erfahrung, in einem großen Werden zu stehen, dessen Fortgang ich durch Arbeit am eigenen Denken, Reden und Tun mitbestimme.

Frühere Leben?

Beginnt die Geschichte dessen, was ein Mensch ist, nicht mit seiner Geburt in diesem Leben, warum erinnert er sich dann nicht an frühere Existenzen? In der Regel kann er sich schon nicht der ersten Jahre der Kindheit oder seiner Geburt entsinnen. Sogar bei näheren Abschnitten dieses Lebens weist das Gedächtnis oft große Lücken auf. Tod und ‹Wiedergeburt›, also das Aufgeben einer Form des Daseins, um eine neue aufzubauen, sind zu große Umgestaltungen, um nahtloses Erinnern zuzulassen. Gautama zeigte uns, daß wir schon diesen Moment nicht vollkommen erfahren. Wir erfassen in aufmerksamsten Zeiten nur Teile unseres gegenwärtigen Daseins. Wie sollten wir zu ferneren und fernsten Zeiten Zugang haben?

Gautama sagte nicht, das Vergegenwärtigen des Früheren sei unmöglich. Sein Erwachen wird als Erinnerung geschildert, bei dem frühere Leben in sein Bewußtsein traten, bis er den umfassenden Prozeß des Werdens im Entstehen und Vergehen von Welten erfuhr. Es heißt von hohen Würdenträgern Tibets, deren bekanntester der Dalai Lama ist, sie könnten im Augenblick des Todes absichtsvoll und klar bewußt ein Dasein verlassen, um ein nächstes zu beginnen. All dies kann man, ist man selbst ohne derartiges Erleben, glauben oder nicht. Sollte man solche Erfahrungen anstreben?

Wenn man statt verflossener Jahrzehnte plötzlich Jahrhunderte oder Jahrtausende überblicken könnte, dann würde dies wohl tragisch enden. Wer, der noch von Gier und Haß verblendet ist, wäre dieser Weitung seines Horizonts gewachsen? In unserer Beschränktheit ziehen wir nicht einmal alle Konsequenzen aus dem Wissen und den Erfahrungen von uns überschaubaren Jahren. Jahrhunderte würden uns zur erdrückenden Last. Es ginge uns wie einem Spielsüchtigen, der unerwartet viele Millionen erbt. Da er nicht gelernt hat, das wenige Geld, das er zuvor verdiente, achtsam zu verwenden, wird er auch die Erbschaft zum Glücksspiel tragen. Im Glauben, jetzt mehr zu haben, gibt er vielleicht seine Arbeit und damit letzte soziale Kontakte außerhalb der Spielhöllen auf. Der Geldsegen wirkte dann verheerend. Was sollte mir die Erinnerung an Jahrtausende nutzen, wenn ich noch nicht verstehe, meine gestrigen Fehler zu korrigieren?

Es ist gut, mit keinem Epochen umfassenden Gedächtnis belastet zu sein, sondern nur mit dem, was man tragen kann. Menschen, die sich in Europa und Nordamerika mit früheren Leben beschäftigen, sind zu ihrem Glück oft stark von Wunschträumen geleitet. Darum herrscht unter ihnen kein Mangel an solchen, die sich als Wiederkehr respektabler Persönlichkeiten wähnen. Doch was wäre, wenn es jemandem bei seinen Experimenten dämmerte, er sei Adolf Hitler gewesen und er sich manchen Befehls entsinnt, der Millionen Menschen qualvoll ums Leben brachte? Was sollte er in seiner Beschränktheit mit der Schuld tun, die im Erinnern zu seiner würde?

Um zu verstehen, was für Gautama «Wiedergeburt» im letzten Sinn bedeutet, muß man seine Anātman-Lehre berücksichtigen. Es gibt keine Persönlichkeit, die für sich allein besteht. Prozesse der unbelebten und belebten Natur, alles Wahrgenommene und jeder, der mir begegnet, trägt zu meinem Bewußtsein bei. Die Grenzen dessen, was zu meinem Leben gehört, sind fließend. Weil mein Ich so relativ ist, kann es nie absolut sagen: «Dies war *mein* früheres Leben.» Mit Gautamas Worten: «In der Vergangenheit war ich, und ich war nicht. In der Zukunft werde ich sein, und ich werde nicht sein. Ich bin jetzt, und ich bin nicht. In der Vergangenheit war vergangenes Dasein wirklich, unwirklich zukünftiges und gegenwärtiges. In Zukunft wird künftiges Dasein wirklich sein, unwirklich vergangenes und gegenwärtiges. Jetzt ist mein gegenwärtiges Dasein wirklich, unwirklich vergangenes und künftiges.»[31]

Gautama erfuhr erst mit dem Erwachen frühere Dasein, die aber in einer Schau, die das Werden der Welt einschloß, schon aufhörten, «seine» zu sein. Das Dasein als Gautama, ein begrenzter Ausschnitt des umfassenden Werdens, wurde offen für diesen großen Prozeß und erlebte, wie es sich nie wahrhaft vom Ganzen, aus dem es existiert, abtrennen kann. Schon in einem äußeren Sinn kann ich nie vor der Gesamtheit des Gewesenen fliehen. Je weiter ich in der Vergangenheit meines Landes, Kontinents, der ganzen Erde oder des Planetensystems zurückgehe, um so klarer wird, daß dies meine Vergangenheit ist. Dinge, an die ich niemals denke, trugen zu meinem Werden bei.

Bin ich in England geboren, nachdem Indien keine britische Kolonie mehr war, arbeitete doch mein Großvater für eine Firma, die davon profitierte, daß Indern die Salzproduktion verboten war. So konnte er meinem Vater die Ausbildung finanzieren, auf die sich der Wohlstand meiner Familie gründete. Bin ich in Spanien Jahrhunderte nach der Vertreibung und dem Massenmord an Muslims und Juden geboren, wohne ich vielleicht doch auf einem Grundstück, auf dem jetzt eine ihrer Familien leben würde, hätte man sie nicht erschlagen. Bin ich in Deutschland auch Jahre nach den Greueltaten des Nationalsozialismus geboren, trete ich doch ihr Erbe an. In diesem Sinn gehört dann Hitler wahrhaft zu meinem früheren Leben, denn was in seinem Namen geschah, prägte die Kultur und Gesellschaft, die mich hervorbrachte.

Es geht nicht um das Zuweisen von Schuld an Dingen, die geschahen, als es mich bewußt noch gar nicht gab, sondern um die Erkennntis, daß mich ein umfassender Prozeß trägt. Auch er läßt mich sein, was ich bin, und haben, was ich besitze. Neben der Geschichte, die ich bewußt mitgestaltete, wirkt eine weitere, die nicht zuletzt von Blutvergießen, Mord und Brutalität geprägt ist. Die Welt, in der ich lebe, ist auf Trümmern und Leichenbergen errichtet. Schon der Test des Medikaments, das meine Krankheit heilt, ließ manchen Affen qualvoll verenden.

Ich mag vehement zurückweisen, daß Hitler zu meiner Vorgeschichte gehört, schließlich wurde ich pazifistisch erzogen. Aber vielleicht resultierte diese Erziehung aus dem Schock an den Wirkungen Hitlers. Mein Gutsein wäre dann sehr direkt von seinem Schlechtsein abhängig. Oft gründet eigene Freude auf dem Leid anderer, eigener Besitz auf deren Armut oder die eigene Rechtschaffenheit auf den Gräßlichkeiten anderer.

Vieles, wovon ich mich distanziere, gehört zu mir. Es gibt darum genug konkret Vergangenes anzunehmen und aufzuarbeiten, bevor man sich mit früherem Dasein zu beschäftigen braucht. Erst wenn ich mein größeres Erbe annehme, vom eigenen Nabel aufblicke und lerne, andere wahrhaft zu schätzen, besitze ich die Reife, mit einem Gewahrsein umzugehen, das kontinuierlich in ferne Vergangenheiten weist. Deshalb warnte Gautama, sich in Spekulationen über frühere Daseinsformen zu verlieren oder krampfhaft zu versuchen, etwas darüber zu erfahren. Gebrauchen wir uns jetzt Zugängliches angemessen, schätzen den gegebenen Moment und lernen, über eigenes Leid hinaus auf andere zu sehen, weitet sich das Bewußtsein auf einer sicheren ethischen Basis.

Formen der Wandlung

Zahlreich und unterschiedlich sind die Möglichkeiten, dem Karma entsprechend ins Dasein zu treten. Gautama sprach vom Tier- und Menschsein auf der Erde sowie von Bereichen jenseits des uns Erkennbaren. Vielfältige Dimensionen begegnen uns in seinen Darlegungen: Wesen, deren Lebensdauer Millionen Jahre beträgt; himmlische Zustände, in denen jeder alles erhält, was er sich wünscht; Welten, in denen das Dasein voller Wonne ist, daß die Bewohner, ganz im Genießen befangen, den größten Teil ihrer Zeit vergessen, überhaupt zu existieren.

Gautama schildert auch Bereiche, in denen Gewalt und Leid herrschen, deren Gesetz lautet, quälen oder gequält werden, und in denen Kummer und Mühsal kein Ende nehmen. Seit seinem Erwachen, heißt es, konnte er alle Sphären des Daseins mühelos durchschauen. Den indischen Texten zufolge hatte er unter nicht sichtbaren Wesen mehr Schüler als unter Menschen. Aus diesem Grund bezeichnen sie ihn als «Lehrer der Götter und Menschen». Er erklärte, wie die unseren Sinnen zugängliche Welt nicht von anderen Dimensionen getrennt ist:

«Einmal verließ ein Mann die Stadt, um über die Welt nachzudenken. Er saß am Rand eines Teichs und überlegte. Plötzlich sah er, wie ein mächtiges Heer durch den Stengel einer Lotosblume marschierte. Da meinte er, sein Geist sei krank und wirr, weil er sah, was nicht sein kann. Er lief in die Stadt und rief: ‹Mein Geist ist krank und wirr. Ich sah, was es nicht gibt!› Als er den Menschen sagte, was er beobachtete, stimmten sie ihm zu: ‹Dein Geist muß wahrlich krank und wirr sein.› Doch hatte dieser Mann Wahres und nichts Unmögliches gesehen. Damals bekämpften die Armeen der Devas und Asuras einander. Nach dem Sieg der Devas flohen die Asuras durch den Stengel dieser Blume in ihre Stadt.»[32]

Devas und Asuras sind im Glauben der Inder zwei Gruppen von Göttern. Diese Erzählung handelt somit davon, wie neben unserer Dimension andere bestehen, in denen es Leben und Tod, Kampf und Streit, Sieg und Niederlage gibt.

Nach indischem Mythos tobt der Krieg zwischen Devas und Asuras um einen wunderbaren Baum, dessen Früchte jeden Wunsch erfüllen. Die Wurzeln des Baums befinden sich im Reich der Asuras. Doch ragt der hohe Stamm in jenes der Devas, die darum in der Lage sind, die Früchte zu ernten, die ihnen ein wunderbares Leben in Unbeschwertheit und Genuß bescheren. Die Asuras fordern ihr Recht an den Früchten, das sie vom Besitz der Wurzeln ableiten. Doch lehnen die Devas jedes Teilen oder Aufgeben ihrer bevorzugten Position ab. So nimmt der Kampf in der Sphäre der ‹höheren Wesen› kein Ende.

Dieser Mythos spiegelt eine Grunderfahrung der Menschheitsgeschichte, den Dauerkonflikt zwischen jenen ‹dort unten› und denen ‹da oben›. Oft kümmert solche mit dem größten Wohlstand dessen Wurzel nicht. Das galt für viele Systeme der Sklavenhaltung. Im antiken Griechenland übertraf die Zahl der Sklaven jene der freien Bürger um ein Vielfaches. Die frühe Blüte europäischer Kultur, ihre Tempel und Philosophie, wurzelt in der Entbehrung Unfreier, die mehr als Sachen denn als Menschen galten. Die schwarzen Sklaven im Süden der Vereinigten Staaten von Amerika hatten am wenigsten von ihren Mühen auf den Baumwollfeldern. Auch in Regionen, die stolz auf ihr Überwinden grober Formen der Ausbeutung sind, lassen sich Früchte von Bäumen pflücken, deren Wurzeln man nicht kennt. Wer vom Großvater ein Aktienpaket erbte, das ein Dasein ohne Arbeit erlaubt, zehrt von Gewinnen eines Betriebs, den er vielleicht nie betrat. An der Wurzel seines Reichtums sitzen andere an Fließbändern, Schreibtischen und in Gabelstaplern. Um leben zu können, geben sie ihre Zeit, damit der Baum weiter blüht. Von den Früchten kann der Erbe das ganze Jahr tun, was denen an der Wurzel, wenn überhaupt, nur in wenigen Wochen Urlaub möglich ist. Nicht nur in den obersten Etagen der Wohlstandspaläste läßt sich fern der Wurzel ernten. Manches Produkt, dessen günstiger Kauf mich freut, stellten Menschen in Ländern her, wo es sich die wenigsten leisten könnten. Gelingt ein Vorstoß von ‹unten› nach ‹oben›, sichert sich der Sieger oft schnell die Früchte, und mancher, der als Befreier antrat, endet als Unterdrücker.

Verschiedene Daseinsbereiche, von denen Gautama spricht, können uns zum Gleichnis unserer konkreten Welt werden. Was immer jenseits ihrer sein mag, überall auf der Erde schwelt der Konflikt zwischen Devas und Asuras. Es gibt Himmel, in denen Götter Paläste bewohnen und sich alle Wünsche erfüllen, es gibt jene, die um ein besseres Leben kämpfen, und es gibt Höllen, Bereiche unendlicher Qual, in denen man zuwenig zum Leben hat, doch zuviel, um zu sterben.

Wo stehen wir? Wer ein Buch wie dieses lesen kann, muß nicht unmittelbar um sein Existieren kämpfen. Blickt er in den Spiegel des Mythos, steht er den Göttern näher als den Gequälten. Manche Götter, sagte Gautama, vergessen über ihrem Genuß, daß sie überhaupt existieren. Sie machen nichts aus ihrem Dasein. Irgendwann wird der Verdienst aufgezehrt sein, von dem sie es sich gutgehen lassen, oder ihr langer Müßiggang führt zum Überdruß. Die himmlische Existenz findet ein Ende. Wie Gautama lehrte, werden dann nach dem Gesetz des Karma viele Götter als Tiere geboren, denn betäubt vom Genuß fanden sie nicht zu einem Bewußtsein, das sie ihre Absichten heilsam ausrichten ließ.

Darum, so Gautama, ist das Dasein als Mensch dem des Gottes vorzuziehen. Was nutzt ein hunderttausendfach längeres Leben als meines, kommt man nicht zum Gewahrwerden seiner selbst. Echtes Menschsein hält die Mitte zwischen verschiedenen Daseinsformen. Es versinkt weder im Glück noch im Leid, sondern bleibt sich in beidem seiner Endlichkeit und der Chancen des Augenblicks bewußt.

Lebe ich wahrhaft menschlich, indem ich in Glück und Leid wahrnehme, daß ich bin? Oder geht es mir wie den Devas, die in Zerstreuung und Vergnügungen ihr Dasein vergessen? Oder habe ich mich in eine Welt der Qual hineingesteigert, empfinde mich als Opfer und pflege den Kummer über mein Los? Möglicherweise muß ich erst Himmel oder Hölle verlassen, um Mensch zu werden.

Diese Neugeburt im Diesseits ist für meinen Weg bedeutender als die Beschäftigung mit Jenseitswelten, die dem Unwachen verborgen sind. Mag es wie in zitierter Erzählung in Ausnahmezuständen vorkommen, daß normal nicht Gewahrtes erkennbar wird, man müßte wie jener Mann zweifeln, ob man seinen Sinnen glauben darf. Mancher lehnt überhaupt ab, daß es Möglichkeiten des Daseins außer den uns sichtbaren gibt. Anderen wieder bereitet solcher Glaube keine Schwierigkeiten, halten sie sich die Unermeßlichkeit des Weltalls mit der Wahrscheinlichkeit außerirdischen Lebens vor Augen. Doch ob wir an ein Jenseits glauben oder nicht, ist für dessen Existenz oder Nichtexistenz vollkommen unerheblich.

Hier gilt wie bei der Frage nach früheren Leben: Solange wir nicht die Egozentrik überschritten und den größeren Zusammenhang unserer Dasein im derzeit wahrnehmbaren Rahmen akzeptiert haben, ist eine Erkenntnis gut, die sich auf für uns faßbare Aspekte der Wahrheit beschränkt. Sind bestehende Möglichkeiten ausgeschöpft, werden wir vielleicht fähig, Neues zu erobern.

Gautama ging es nicht darum, die Tatsächlichkeit anderer Sphären plausibel zu machen. Er bediente sich der Sprache des Indiens seiner Zeit, in der einem Großteil der Menschen die Wirklichkeit der Devas, Asuras, Gespenster und Dämonen selbstverständlich war. Sprach er vom extremen Glück oder Leid anderer Daseinsformen, hob er damit den Wert und die Chancen ausgewogenen Menschseins hervor, das uns mit voller Absicht wählen läßt.

«Wiedergeburt» in jedem Augenblick

Da der Mensch stets ein Werdender ist, findet «Wiedergeburt» als Tod und Neubeginn in *jedem* Augenblick statt. Buddhaghoṣa schrieb: «Der Wesen Leben dauert bloß einen flüchtigen Augenblick, nur die Zeit eines Bewußtseinsmoments. Wie ein rollendes oder ruhendes Wagenrad immer auf einem winzigen Punkt des Radkreises steht, währt das Leben nur die Dauer eines Bewußtseinsmoments. Erlosch dieser, erlosch auch das Wesen, denn man sagt: ‹Das Wesen des vergangenen Moments war, ist nicht mehr und wird in Zukunft nicht sein. Das Wesen des künftigen Moments war noch nicht, ist jetzt nicht, wird erst später sein. Das Wesen des gegenwärtigen Moments war vormals nicht, ist nur jetzt, wird künftig nicht mehr sein.› »[33]

Tatsächlich sterben wir von Augenblick zu Augenblick einen kleinen Tod und treten in neues Dasein. Jeder Gedanke, jede Wahrnehmung, jeder Bissen, jeder Schritt macht uns zu etwas anderem. Dies wird meist nicht bemerkt, weil wir von den großen Chancen, die das bietet, keinen Gebrauch machen. Wir kopieren uns als das, was wir unmittelbar zuvor waren. Statt Neues zu versuchen, bleiben wir in den Grenzen des Bekannten. Es ist wie bei einem Menschen, der immer dieselben wenigen Gerichte ißt. Sein Geschmacksempfinden bleibt beschränkt. Erst wenn er sich entschließt, ganz Ungewohntes zu probieren und dies auch tut, erweitert es sich.

Jeder Augenblick bietet die Möglichkeit, neu zu beginnen. Wir könnten *jetzt* ein besseres Leben anfangen. Natürlich gibt es die Wirkungen vergangenen Karmas, all das, was wir unterbewußt in uns tragen sowie die Bedingungen der belebten und unbelebten Materie. All dies bestimmt unseren Ausgangspunkt, weshalb unsere Absicht zur Wandlung nur im realistischen Rahmen Erfolg verspricht. Wenn ich niemals Sport getrieben habe und mit sechzig Jahren die Absicht fasse, Olympiasieger im Marathonlauf zu werden, ist dies wenig sinnvoll.

Doch ich kann im Rahmen meiner Bedingungen in vielfältigster Weise neu beginnen, wie beschränkt ich meine Situation auch immer empfinde. Bin ich ans Bett gefesselt oder durch eine Lähmung zu körperlicher Passivität gezwungen, mein Bewußtsein und mein Denken geben mir vielerlei Möglichkeit, anders zu werden. Ich kann der Welt, die ich wahrnehme, neu begegnen, kann besser beobachten, gewärtiger werden, verzeihen und lieben. Und sagt mir der Arzt, ich müsse in wenigen Monaten sterben, könnte ich diese zu den intensivsten meines Lebens machen. Freilich ist das leichter gesagt als getan. Aber ich habe nur dieses Jetzt. Früheres ist vorbei, und sogar für die Zukunft eines Neugeborenen gibt es keine Garantie. Ich habe nur dieses Jetzt, und dieses ist immer zu kurz, um im Klagen über Beschränkungen die Möglichkeiten verstreichen zu lassen.

Beobachten wir uns! Wann machen wir von den Chancen unserer Neugeburt Gebrauch? Wir lassen uns durch verschiedenste Welten treiben, ohne den Körper zu verlassen: Heute himmelhoch jauchzend und morgen zu Tode betrübt, vergessen wir uns an einem Tag in Freude, um am anderen in Mitleid mit uns selbst zu zerfließen. Oder, noch schlimmer, unser Empfinden wurde schon so stumpf, daß wir im gleichmäßigen Trott weder Freude noch Schmerz richtig spüren. Echte Freiheit kann weder darin bestehen, von einem Augenblick zum nächsten kleine und begrenzte Ziele zu verfolgen, noch darin, endlos auf große Zukunftsperspektiven hinzuarbeiten.

Nirvāṇa

Gautama nannte den Zustand echter Freiheit *Nirvāṇa*: Gier, Haß und Verblendung erlöschen im wachen Bewußtsein. Klar durchschaut der Mensch sein Leben, seine Herkunft aus einer endlosen Vergangenheit und erfährt sich in vielgestaltige Daseinsmöglichkeiten eingebettet. Diese Weite bringt egoistische Regungen zur Ruhe und läßt den Menschen, der seine Grenzen überschritt, wahrhaft lieben. Indem er nicht mehr an dem haftet, was er ist und hat, erlebt er die Todlosigkeit.

Diese Erfahrung ist für den, der sie nicht hat, unfaßbar. Sie läßt sich nicht in Erklärungen vermitteln oder durch abstraktes Denken erschließen.

> «Wer ganz die Welt durchschaute,
> so wie sie wahrhaft ist,
> frei von der ganzen Welt ist er,
> mit nichts in ihr vergleichbar.»[34]

Ein Zustand, der mit der Sprache der normalen Wirklichkeit beschreibbar ist, kann keine vollkommene Freiheit sein. Nur das Bekannte läßt sich mit bekannten Worten ausdrücken. Wie sich Gautama und seine Schüler, die Nirvāṇa erlangten, selbst erfuhren und was sie im Sterben bewahrten, können wir nicht erklären. Nur Auswirkungen des Nirvāṇa auf die Umgebung lassen sich beschreiben: Gier, Haß und Verblendung sind abgetan, Liebe verwirklicht, und nichts Negatives oder Unheilsames gibt es mehr. Doch das Bewußtsein, in dem diese wunderbare Haltung gründet, läßt sich nicht vermitteln. Gautama machte darum nicht viele Worte um das Nirvāṇa, sondern konzentrierte sich auf das Beschreiben des Weges und der Methoden, damit jeder selbst erfahren kann.

Stellen Sie sich vor, Sie wollten einem kleinen Kind lange vor der Pubertät erklären, welches Empfinden Sie mit sexuellem Erleben verbinden. Sie können Worte wie «Freude», «Lust» oder «Befriedigung» gebrauchen, doch das sind abstrakte Begriffe, und das Kind verbindet damit völlig andere Gefühle der Freude und Befriedigung. Auch wenn Sie nach Gleichnissen aus dem Spielen des Kindes suchen, wird es trotz aller Mühen nicht verstehen, was Sie sagen (außer daß Sie von etwas reden, worüber Sie positive oder negative Empfindungen haben) – bis sich bei ihm mit körperlicher Reife diese Triebe und Gefühle einstellten.

So ist es mit letzter Freiheit: Gautama spricht von einem Zustand, der großartig und wunderbar sein muß. Doch wir können ihn erst bei entsprechender Reife erleben und erfassen. Jedes Spekulieren wäre sinnlos wie das Grübeln des kleinen Kindes über die Freuden und Leiden der Sexualität, mit dem Unterschied, daß sexuelle Reife des Körpers von selbst eintritt. Zur Reife für die Freiheit des Nirvāṇa bedarf es unserer Absicht und den Konsequenzen daraus.

Keine biologische Entwicklung führt zum Bewußtsein der Freiheit inmitten des Werdens und Vergehens, von Geburt und Tod, Gewinn und Verlust. Ich muß reif dafür werden, indem ich absichtsvoll die neue Richtung einschlage. Zuerst habe ich die Gesetze der Natur und des Geistes anzunehmen und mich als Wandelnden zu akzeptieren. Dann verwirkliche ich in der Praxis die Harmonie meines Lebens mit diesen Gesetzen. Auf dieser Grundlage werde ich wacher, um klarer zu sehen, wer ich bin. Im Vertiefen dieser Schau gelange ich zu jenem wunderbaren anderen Zustand, in dem Nichtdauer und Unzulänglichkeit nicht mehr als leidhaft empfunden werden.

Todesangst?

Wohl erst wenn diese letzte Freiheit erreicht oder man auf dem Weg zu ihr weit fortgeschritten ist, findet Todesangst ein Ende. Vorher zeigt sich die Furcht vor der Endlichkeit auf verschiedene Weise, auch wenn man nie bewußt an die eigene Sterblichkeit denkt. Die Angst nimmt andere Formen an, doch sie ist da.

Das Tier zeigt sich stark von Todesangst bestimmt: Immer besteht die Furcht, das Leben zu verlieren, und Flucht vor der Gefahr liegt ihm am nächsten. Dabei ist es sich seiner Endlichkeit nicht bewußt wie der Mensch. Der Impuls zur Flucht beruht nicht auf Wissen um den Tod. Der Mensch, der um sein sicheres Aufhören weiß, verdrängt es und mit ihm alle Gefahren, durch die sein Dasein ein Ende finden könnte. Dies ist eine andere Art der Flucht. Doch sie nützt wenig, weil der Körper unabwendbar altert und die Urangst sich weiter bemerkbar macht. Ihre Formen sind vielfältig: Da steigt plötzlich ein Grauen auf, obwohl äußerlich kein Grund besteht. Vielleicht fürchtet man sich vor Kleinigkeiten und kann, obgleich man es selbst lächerlich findet, nichts dagegen tun. Oder Gedanken an die Zukunft gehen immer mit Sorgen einher, obwohl nach reiflicher Überlegung nichts dafür spricht, daß immer das Schlimmste eintritt.

In solchen kleinen oder großen Ängsten kann sich die Furcht vor unserer Endlichkeit zeigen. Sie sind Herausforderungen für den nach Wachheit Strebenden. Er umgeht seine Ängste nicht, verdrängt sie nicht und nimmt sie auch nicht als unvermeidbar hin. Gautama empfahl, zur Überwindung ihnen bewußt ins Auge zu sehen. Über sein Leben als Asket im dunklen Urwald mit seiner Dunkelheit, unheimlichen Geräuschen und Gefahren berichtete er:

«Kamen Angst und Grauen, während ich ging, blieb ich nicht stehen, setzte oder legte mich nicht, sondern im Gehen wies ich Angst und Grauen zurück. Kamen Angst und Grauen, während ich stand, saß oder lag, ging ich nicht, sondern jeweils stehend, sitzend oder liegend wies ich Angst und Grauen zurück.»[35]

Wir gewinnen nichts, wenn wir vor unseren Ängsten davonlaufen oder sie verdrängen. Genau dann, wenn sie auftauchen, in dieser Situation können wir ihnen ins Auge sehen und sie mit Erfolg überwinden.

Vielleicht kommt Ihnen dieses Beispiel bekannt vor: Sie wachen in der Nacht auf und haben, wie schon öfter, dieses dumpfe Gefühl, in einer Ecke des Zimmers steht jemand. Sie können wie sonst das Licht einschalten, sich überzeugen, daß da niemand ist, was Sie ohnehin wußten, um dann wieder einzuschlafen. Sie können sich aber auch ohne Flucht nach vorwärts bewußt dieser Angst stellen: Sie bleiben liegen, wie sie liegen, und sagen sich, daß niemand im Raum sein kann und Sie es, wie schon oft erwiesen, mit einer völlig unbegründeten Angst zu tun haben.

Die wache und bewußte Konfrontation mit der Angst und ihren Objekten führt zu wertvollen Einsichten. Es gibt Menschen, die sich vor dem Besuch von Friedhöfen fürchten. Wenn sie Friedhofsbesuche meiden, kommen sie aber keinen Schritt weiter. Gingen sie trotzdem hin, um sich und ihre Angst zu beobachten, förderten sie Aufschlußreiches über deren Ursachen zutage.

Dies heißt nicht, sich um der Selbstbeobachtung willen in lebensbedrohende Situationen zu begeben, um die Furcht zu analysieren. Aber in der dunklen Ecke des Schlafzimmers oder auf dem Friedhof lauert in der Regel keine echte Gefahr. Um solche für uns unbegründete Ängste geht es. Ist es nicht der Friedhof oder die dunkle Ecke, gibt es doch bei jedem solche Ängste und Sorgen, wie gut man sie auch zu verstecken vermag.

Auch die tiefste Angst vor dem Tod besiegen wir, indem wir ihr mutig begegnen. Wir müssen unsere zum Leben gehörende Sterblichkeit akzeptieren. Verdrängen nützt nichts; das Dasein ist endlich. Man kann sich die Tatsache vor Augen halten, daß der Tod nichts Erlebbares sei, weshalb wir ihn nicht fürchten müssen. Doch nützt verstandesmäßiges Erwägen wenig gegen Angst oder Verzweiflung. Darum gab Gautama der Frau mit dem toten Kind keine vernünftigen Argumente zu bedenken. Geschickt richtete er ihren Blick vom eigenen Kummer auf das Leid anderer. Sie erfuhr und akzeptierte die Naturgesetzlichkeit des Todes, der niemand entrinnt. Dadurch wurde sie frei, den Augenblick nach bestem Vermögen zu nützen.

Dies kann auch unser Weg aus Angst, Leid und Kummer sein: Wir akzpetieren die Nichtdauer dieses Körpers als jeden betreffendes Gesetz. So werden wir ruhig und gelassen. Der unwiderbringliche gegenwärtige Moment nimmt einen neuen Zauber an, und jede Sekunde des Lebens gewinnt an Wert. Unsere Gelassenheit ist keine Gleichgültigkeit, sondern eine heitere Ruhe, die uns nicht länger gegen Unumstößliches kämpfen läßt. Wir sind gleichmütig gegenüber dem, was wir sicher nicht ändern können, wodurch wir alle Energie und Aufmerksamkeit dem widmen können, was uns möglich ist.

~ ÜBUNG 10: *Änderung der Blickrichtung*

Wer nur um sich selbst kreist, verliert leicht Übersicht und rechtes Maß. Stehen eigene Leiden und Sorgen im Mittelpunkt des Denkens und Fühlens, sitzt man im Gefängnis der Egozentrik. Jeder neigt dazu, seine Probleme für die wichtigsten der Erde zu halten. Gibt man auch theoretisch zu, daß das jüngste Erdbeben oder der Bürgerkrieg in einem anderen Land schlimmer sind als persönliche Wehwehchen, erregt der Fleck auf dem eigenen neuen Kleid oder die jüngste Unfreundlichkeit eines Kollegen doch mehr als die Brandkatastrophe im fünfzig Kilometer entfernten Ort.

Wenn Selbstmitleid zur regelmäßigen Gewohnheit geworden ist, führt es in einen Teufelskreis negativen Denkens, das immer neue Anlässe zum Jammern findet. Alles, worüber ich klage, kann ich entweder nicht ändern, weil es etwa in einem unveränderbaren Gesetz gründet, oder ich vermag es durch eigenes Denken, Reden und Handeln zu bewegen. Ich muß lernen, beide Fälle zu unterscheiden.

Im ersten Fall ist Jammern nutzlos, denn ich habe zu akzeptieren. Naturgesetze lassen sich nicht ändern. Geliebte Verstorbene erstehen nicht auf; ich kann nicht jünger werden; und wenn ich einen Menschen auch noch so begehre, mag er mich trotz allen Bemühens und Werbens nicht, bin ich völlig machtlos. Kein Gesetz des Daseins tut mir den Gefallen, sich für mich ausnahmsweise außer Kraft zu setzen, und die Gefühle anderer kann ich nicht nach meinen Wünschen bestimmen.

Was ich hingegen durch mein Denken, Reden und Tun korrigieren könnte, erhält durch Jammern den Anschein des Unveränderbaren. Hören wir nicht auf, uns zu bedauern, nehmen wir die Chancen zur Wandlung nicht wahr. Manches von uns Verursachte läßt sich nicht umkehren. Nehmen wir an, mein grober Fehler kostet einen anderen das Leben. Ich selbst kann dagegen nichts mehr tun. Das Geschehene und seine unmittelbaren Folgen lassen sich nicht rückgängig machen. Schuldgefühle, die ich sorgsam pflege, drücken leicht Egoismus aus. Es geht nicht darum, uns für begangenes Unheil nicht mehr verantwortlich zu fühlen. Doch indem wir uns bedauern, ändern wir uns nicht und helfen dem Geschädigten in keiner Weise. Kann ich auch für ihn nichts mehr tun, gibt es viele Möglichkeiten der Wiedergutmachung: Indem ich anderen in ihrem Leid beistehe, kann ich die Schuld, die ich fühle, abtragen.

Nur eines hilft: Die Blickrichtung ändern. Ich muß aufhören, meinen Schmerz zu wichtig zu nehmen, und den Blick zum anderen wenden. Wie ist es mit denen, die gleiches durchmachen? Gibt es Menschen, denen es schlechter geht? Ist da nicht immer einer, der sogar dann, wenn ich mich ganz unten fühle, von mir noch aufgerichtet werden könnte? Sage ich: «Mir geht es so schlecht, was gehen mich da andere an?» – dann habe ich den Grund meines Problems angesprochen: Es geht mir so schlecht, weil mich andere nicht interessieren!

Versuchen Sie es: Ertappen Sie sich das nächste Mal im Beklagen Ihres traurigen Schicksals, geben Sie sich den Ruck, aus diesem selbst gewählten Käfig hinauszuschauen. Wem geht es schlechter? Wo gibt es mehr Leid? Sie müssen in Gedanken wohl nicht weit über die Erde wandern, um die Frage zu beantworten. Dann tun Sie etwas Revolutionäres: Obwohl Sie am liebsten im eigenen Kummer versinken möchten, gehen Sie helfend auf einen anderen zu und bereiten ihm eine kleine Freude.

Es geht nicht nur um große Dinge, wie den Tod eines Geliebten, meine Sterblichkeit oder die Scheidung, über die ich nicht hinwegkomme. Wie immer bei der Arbeit an unserer heilsamen Wandlung gelingt das Bewältigen schwerwiegender Probleme nur, wenn man entsprechende Prozesse im kleinen eingeübt hat.

Jemand in stärkerer Position, vielleicht Ihr Vorgesetzter, hat Sie gekränkt. Nun grollen Sie, und Ihr Denken kreist nur im Negativen. Sie wollen sich schmollend zurückziehen. Möglicherweise drängt es Sie, obwohl sie bewußt niemanden kränken möchten, Ihre Wut irgendwo abzulassen, an einem Kollegen, Ihrem Partner oder Kind. Ändern der Blickrichtung bedeutet, zunächst zu erkennen, wie Sie sich um die eigene Achse drehen: «Ich leide, bin verletzt, wütend, bewege unrealistische Phantasien der Rache: ‹Dem werde ich es zeigen!›» Man ist dieser inneren Abläufe oft nicht gewahr. Hat man aber begonnen, sich durch Beobachten und Schulung des Denkens mit den eigenen Vorstellungen zu beschäftigen, treten sie zunehmend ins Bewußtsein. Sind sie erst erkannt, kann man sich absichtlich von ihnen abwenden, um sich für das Gegenteil dessen zu entscheiden, was normalerweise geschehen wäre. Man wird besonders nett zum Kollegen, dem Partner oder Kind sein und irgendwem einen Gefallen tun. Hat man mir heute keinen Grund zur Freude gegeben, kann ich selbst einen schaffen, indem ich die Freude, die ich einem anderen bereite, zu meiner eigenen mache.

Dieses Ändern der Blickrichtung ist nicht einfach und kostet innere Kämpfe. Doch versucht man es, wird man mit spürbarem Abnehmen von Leid, Kummer und Sorge belohnt. ∽

Gautama wies auf die Bedeutung hin, sich Ängsten dann und dort zu stellen, wann und wo sie konkret auftreten. In unmittelbarer Konfrontation schwäche ich sie nachhaltig. Aus der Ferne wird mancher Riese zum Zwerg und scheint als kleiner Gegner kaum der Auseinandersetzung wert. Das ist das Bequeme an der Flucht. Bin ich erst weggelaufen, ist leicht gesagt, man wäre mit dem, was einen beunruhigt, leicht fertiggeworden.

Hier ist von keiner physischen Flucht die Rede. Wenn mich ein viel Stärkerer verprügeln will, ist Rückzug kaum die schlechteste Wahl. Doch vor Ängsten, die ich in mir trage, ist Flucht nicht geraten. Denn die Angst wirkt im Unterbewußten weiter und bestimmt mein Handeln.

Erster Schritt: *Ängste akzeptieren*. Ich schiebe nichts mehr weg, wechsel nicht die Situation oder das Thema, sondern sehe der Angst ins Auge, *wenn* sie auftaucht und *wo* sie auftaucht. Ich stelle mich den zermürbenden und die Stimmung drückenden Sorgen.

Während meiner Zeit der Meditation versuche ich, mir über meine Ängste klarzuwerden. Es geht nicht darum, aus Mücken Elefanten zu machen. Viele kleine Ängste und Sorgen, ob begründet oder unbegründet, vergehen, sobald man sich mit ihnen beschäftigt. Ständig wiederkehrende Ängste sollte man unter die Lupe nehmen:

Ängstige ich mich davor, daß

– ich meinen Arbeitsplatz verliere?
– mich mein Partner verläßt?
– ein Fehler ans Tageslicht kommt, der meinem Ansehen schadet?
– ich meine Schulden nicht bezahlen kann?
– ich eine Prüfung nicht bestehe?
– ich mit dem Frühjahrsputz nicht fertig werde?
– die erhoffte Beförderung nicht eintrifft?

– ich intellektuell, sportlich, beruflich oder sexuell versage?
– ...?

Bei einigen Ängsten kenne ich den Grund genau. Die Ursachen anderer, die sich vielleicht in gestörtem Schlaf oder undeutlichen Angstträumen zeigen, sind mir verborgen. Ich zwinge mich nicht, Unbekanntes ans Licht zu bringen, denn mir Zugängliches genügt, um die Konfrontation mit den Ängsten zu beginnen.

Vertreter westlicher Psychotherapie diskutieren lange, ob man die Ursachen von Problemen offenlegen oder sich auf das Behandeln konkreter Auswirkungen konzentrieren soll. Beide Ansätze haben viel für sich. Wird in der Psychoanalyse die zuvor verschüttete Ursache bewußt, kann dies die Auswirkung einer Angst, etwa eine Potenzstörung, abstellen. Doch muß dies nicht der Fall sein: Man kennt dann einen Grund, doch die Störung bleibt. Wer sich auf die reine Korrektur des Verhaltens beschränkt, wird oft erfolgreich sein, doch bei mancher Schwierigkeit ohne Kenntnis der Ursachen an Grenzen stoßen. Auf Gautamas Weg sind Bewußtwerden der Bedingungen und aktive Korrektur des Wirkens nicht zu trennen, doch lernt man zuerst laufen, bevor man zum Marathon antritt: Ich beginne mit offenliegenden Gründen meiner Ängste, bevor ich nach tieferen forsche.

Zweiter Schritt: *Einteilen der Ängste*. Ist mir der Grund mancher Angst bewußt, ordne ich sie einer der folgenden Gruppen zu:

1. Gründe, die ich nicht oder kaum beeinflussen kann: Fürchte ich mich davor, ein Meteor geht auf mich nieder, bin ich gegen die inhaltliche Ursache der Angst machtlos. Mit vielen Gefahren, wie wahrscheinlich oder unwahrscheinlich ihr Eintreffen sein mag, muß ich leben. Habe ich Angst, jemand bricht in mein Haus ein, kann ich allerlei Sicherheitsvorkehrungen dagegen treffen. Trotzdem wird dies einen Verbrecher vielleicht nicht davon abhalten, mich auszuplündern. Strenge ich mich an, für einen anderen liebenswert zu

sein, trägt dies sicher zu seinem Bild von mir bei. Daß er mich liebt, garantiert es mir nicht.

2. Gründe, die ich stark beeinflussen kann: Habe ich Prüfungsangst, wird das drohende Nichtbestehen der Prüfung durch intensive Vorbereitung gemindert. Gleiches trifft für viele Dinge zu, bei denen ich ein Mißlingen oder Versagen befürchte und die zur Hauptsache von meinem Einsatz abhängig sind. Trotzdem kann mir auch die beste Vorbereitung nie das Gelingen eines Vorhabens sichern. Zu viele Faktoren tragen zum Prozeß meines Werdens bei, um irgend etwas allein von meinem Einsatz abhängig zu machen. Oft wird darum bei tieferer Überlegung die Zuordnung zu einer der beiden Gruppen nicht eindeutig möglich sein. Zweck der Einteilung ist es, daß ich mir klar darüber werde, wo ich mehr oder weniger durch mein Wirken verändern kann.

Beherrschen mich Angstgefühle, die mein Leben zur Qual machen und mit denen ich nicht fertig werde, sollte ich die Hilfe von Fachleuten suchen. Gautama betonte die Verantwortung des einzelnen für sein Handeln und Denken. Ich muß diese überall tragen, wo ich es kann. Wurde jedoch die Grenze des Erträglichen überschritten, darf ich nicht zu stolz sein, mir helfen zu lassen. Die Egozentrik, die den Grund unserer Leiden bildet, zeigt sich auch in der Verblendung, mit allem selbst fertig werden zu wollen. Bei allem, was mein Leben zur Hölle macht, überstarke Ängste, Zwänge, Süchte und Konflikte, sollte ich mich ein Stück führen lassen, wenn ich selbst den Weg nicht sehe. Es gibt Therapeuten, Vertreter religiöser Traditionen oder Selbsthilfegruppen, die große Erfahrung mit meinen Problemen haben, die niemals so einzigartig sind, wie es mir scheinen mag.

Dritter Schritt: *Gedankenarbeit und Handeln.* Wo ich mich wie im Fall des Kometen in Gegebenheiten fügen muß, ist Arbeit an meinem Denken angesagt. Ich behandle die Ängste und ihre Gründe nach den von Gautama gelehrten Methoder Gedankenschulung. Als wie berechtigt erwiesen sich jemals entsprechende Sorgen? Wo mein Einsatz zählt, muß ich mich darüber hinaus fragen, wie und womit ich diesen verbessern kann. ⌒

⌒ ÜBUNG 12: *Betrachtung über den Tod*

Kenkō Yoshida schrieb: «Warte nicht, bis du alt bist, um dich der Lehre des Buddha zu widmen! Wie viele liegen im Grab, die der Tod aus ihrer Jugendblüte riß! Erst wenn sie unvermutet erkrankten und der Augenblick naht, die Welt zu verlassen, erkennen die meisten, daß sie in der Vergangenheit schwere Fehler begingen. Ein Fehler besteht hauptsächlich darin, nur zögernd zu beginnen, was schnell zu erledigen wäre, und zuerst zu tun, was nicht drängte. Jetzt bedauern sie, doch was nützt die Reue? Ein Mensch sollte immer gewahr sein, wie der Tod drohend vor dem Leben steht. Keinen Augenblick darf man das vergessen. Dann klärt sich alles irdisch Trübe, und das Herz dessen, der sich dem Weg des Buddha widmet, wird friedlich.»[36]

Was täten Sie mit dem Wissen, Ihre Lebenszeit wäre noch auf einen Monat begrenzt? Wie, womit und mit wem würden Sie Ihre letzten dreißig Tage verbringen? Da die Annahme für die meisten Leser nicht realistisch ist, läßt sich die Übung schwer mit dem Bewußtsein und der Betroffenheit dessen ausführen, dem sein Arzt einen entsprechenden medizinischen Befund eröffnet hat. Doch sogar wenn man jung und gesund ist, könnte mit jedem Tag der letzte Lebensmonat anbrechen. Fragen Sie sich:
– Welche rein äußeren Angelegenheiten würde ich ordnen? Würde ich rasch etwas an meinem Nachlaß regeln? Welche Vorsorgen für andere träfe ich noch?
– Was ist mit den menschlichen Beziehungen? Bei wem müßte ich mich entschuldigen oder bedanken? Wem sollte ichsagen, daß ich ihn mag? Welche Kritik oder negative In-

formation, die wichtig für einen anderen wäre, hielt ich
bislang feige zurück?
— Was wollte ich unbedingt einmal tun, doch schob es immer
auf die lange Bank?

Beantworten Sie sich diese Fragen ausführlich.

Dann überlegen Sie weiter, ob alles das nicht wahrhaft
angegangen werden sollte. Wenn Sie die Dinge, deren Abschluß Ihnen in diesem Dasein nötig scheint, erledigen, werden sie frei, schon hier und jetzt ein neues Leben zu beginnen.
Auch verliert der Tod von seinem Schrecken, denn das Ende
all meiner Chancen ist weniger schlimm, wenn ich sie *jetzt* er-
greife. ∽

5. KAPITEL

Zehn Fesseln

Um frei zu werden, muß ich erkennen, was mich hemmt. Weiß ich, wo genau die Grenzen liegen, kann ich sie leichter überschreiten. Gautama verglich überwindbare Beschränkungen mit Fesseln, die es zu lösen gilt. Denke, rede und handle ich von Gier, Haß und Verblendung bestimmt, ziehe ich diese Fesseln fester. Arbeite ich an meiner Verwandlung, lösen sie sich und gewähren mir zunehmend größeren Spielraum.

Ich bin an viele Dinge, Menschen und Wünsche gefesselt. Die Energie, die mich sein und haben läßt, bindet mich an das, was ich bin, besitze und will. Diese Abhängigkeiten können im Einzelfall als freud- oder leidvoll empfunden werden. Bin ich von einem reichen Partner abhängig, der mir jedes Verlangen von den Augen abliest und erfüllt, ist dies angenehmer als an einen Menschen gefesselt zu sein, der mich ausnimmt und quält. Die feste Gewohnheit, immer ordentlich zu sein, wird mich glücklicher machen als eine Drogensucht. Es ist einsichtig, daß ich mich von Abhängigkeiten, die mich leiden lassen, lösen sollte. Doch auch Bindungen, die mir und anderen Freude schenken, schränken mich ein, wenn ich sie nicht durchschaue und bewußt eingehe. Solange ich nur aus innerem Zwang Gutes tue, bleibt es unecht. Denn dann helfe ich, weil ich gelobt oder geliebt werden möchte, also aus selbstsüchtigen Motiven.

Jede Abhängigkeit stellt sich meiner Wandlung entgegen. Ein Mensch, an dem ich hänge, soll so bleiben, wie er ist. Es geht mir nicht um ihn oder darum, was für ihn das Beste wäre. Ich will ihn für mich, und er soll so sein und bleiben, wie ich ihn kenne. Solche Abhängigkeit ist egozentrisch, hat seine Ursache in mir und nie in dem, woran ich hänge. Wird es mir scheinbar oder tatsächlich entzogen, reagiere ich mit Zorn, Wut und Eifersucht.

Gehe ich Bindungen im Bewußtsein der Wandlung ein, darf und soll das, woran ich mich binde, sein, wie es ist, und werden, wie es wird. Gerade für mich nicht Vorhersehbares wird wertvoll. Will ich nicht länger allem und jedem meinen Stempel aufdrük-ken, erfahre ich Unerwartetes als Bereicherung oder zumindest als Herausforderung.

Gautama riet zu gründlichem Erforschen eigener Abhängig-keiten. Er sprach von Grundmustern des Abhängigseins, die er als *zehn Fesseln* bezeichnete. Weil sie uns in unserer Entwicklung be-hindern, müssen wir sie aufspüren und lösen. Die Reihenfolge der Fesseln ist bedeutend. Sie liegen gewissermaßen übereinander, weshalb eine nach der anderen zu lockern ist.

1. *Das falsche Selbstbild*

Was wir denken, reden und tun, geht von unserem Selbstver-ständnis aus, der Art und Weise, wie wir uns erfahren. Weil dies früherem Erleben, Denken und Fühlen entspringt, ist es nichts Abstraktes oder Erdachtes, sondern unsere unmittelbare Wirk-lichkeit. In ihr manifestiert sich unser Karma, und sie wird zu-gleich Ausgangspunkt weiteren Handelns. Wofür wir uns halten, trägt uns, indem es dem Wahrnehmen und Handeln die zur Orientierung notwendige Basis gibt. Andererseits beschränkt es uns, denn wir unterliegen manchem Irrtum über uns, entspricht doch die eigene Wirklichkeit selten der Wahrheit. Sehen wir uns unklar, erfassen und bewerten wir auch anderes verzerrt. Obwohl wir an dem Bild haften, sind wir nicht in jedem Fall glücklich da-mit.

Halte ich mich für feige, bin ich es zwar in meiner Wirklich-keit, aber nicht in Wahrheit. Diese besteht darin, daß ich mutig sein *könnte*, wie ich jetzt feige bin. Mit anderen Worten: Die Wahrheit ist meine Wandlungsfähigkeit. Ich glaube, meine Feig-heit sei ein Dauerzustand oder fester Bestandteil meines Wesens, weil ich sie immer wieder stabilisiere. Indem ich Umstände meide, in denen ich mich bewähren müßte, werde ich feiger. Begäbe ich mich in Situationen, die Mut erfordern, würde ich mutiger.

Die erste und grundlegende Fessel besteht im Mangel an Klarheit über die Offenheit unserer Natur. Wenn ich sie lockere, begreife und erfahre ich zunehmend, was Gautama als drittes Merkmal lehrte, dem *Anātman*: Nichts besteht aus sich und isoliert von anderem, sondern hängt immer von Bedingungen ab. Auf den Menschen bezogen heißt dies: Ohne Wahrnehmungen von anderem besäße ich kein Bewußtsein. Weil ich für mich nichts bin, fließen meine Grenzen. Wer immer ich zu sein glaube, ich bin offener, als ich es für möglich halte, und könnte ganz anders werden. Oft stellt man sich anderen vor, indem man seine Tätigkeiten und Interessen aufzählt. Man nennt seinen Beruf, Musik, die man gerne hört, oder Sportarten, die man mag. Obwohl diese Dinge mein Wahrnehmen, Denken und Tun beherrschen und damit meine Wirklichkeit ausmachen, sind sie nur ein minimaler Ausschnitt dessen, was ich sein kann. Die Frage ist, wie sehr ich mich auf gerade Bestehendes festlegte.

Was ich beruflich tue, ließe sich ebenso ändern wie meine Interessen. Die Neigungen entwickelten sich durch bestimmte Einflüsse und könnten in neue Richtungen gelenkt werden. Ich mag heute nur italienische Opern hören und keinen Gedanken an Sport verschwenden. Trotzdem kann ich mich dafür entscheiden, mich morgen mit den Regeln des Fußballspiels vertraut zu machen. Ich könnte jetzt die Wahl treffen, etwas ganz Neues zu beginnen, Bücher über Schmetterlinge zu lesen oder mich mit chinesischer Malerei zu beschäftigen.

Das festgelegte Selbstbild spiegelt die momentane eigene Wirklichkeit, ist aber im Hinblick auf die Wahrheit meiner Wandlung falsch. Der Mensch bleibt als dynamischer Prozeß keine Sekunde unverändert. Jede Wahrnehmung, jeder Gedanke, jede Empfindung und Vorstellung verändert ihn ebenso, wie der Körper in jeder Bewegung ein anderer wird. Wir sind Fließende, stets Werdende. Ob wir uns von Moment zu Moment nur kopieren oder uns immer weiterentwickeln, hängt von unserer Einsicht sowie den Absichten und dem Einsatz ab, die daraus entspringen.

Wenn ich das theoretisch verstanden und akzeptiert habe, fühle und handle ich doch weiter so, als wäre ich unveränderlich, empfinde mich als Fertiger, der bleiben muß, wie er ist. Eine tief wurzelnde Trägheit gaukelt mir vor, ich sei abgeschlossen. Aus der Angst, mich in der Veränderung zu verlieren, stemme ich mich meiner dynamischen Natur entgegen. Auch wenn ich glaube, daß ich anders besser wäre, will ich nicht anders werden. Doch der Wille ist an sich etwas Bewegtes, auf die Zukunft hin Gerichtetes. Will er Stillstand, verleugnet er sich selbst.

Die Angst, Veränderung zu akzeptieren, ist nicht ganz unberechtigt. Tauscht man den Glauben an die Unveränderbarkeit dessen, was ich bin, gegen das andere Extrem aus, verliert man den Boden unter den Füßen. Manchen überwältigt die Einsicht in seine dynamische Natur, und er verfällt der gegenteiligen Illusion. Aus der Dynamik schließt er, daß es ihn letztlich gar nicht gibt.

Tatsächlich ist alles im Universum Existierende in immerwährender Veränderung. Könnten wir das Werden und Vergehen unseres Sonnensystems in schnellem Zeitraffer erleben, wäre das Leuchten der Sonne nur ein kurzes Aufflackern, die sie umkreisenden Planeten glichen einem flüchtigen Schwirren. Was uns der selbstverständliche und ewige Rahmen unserer Existenz scheint, ähnelt aus weiterer Perspektive dem einige Sekunden währenden Gebilde, das ein Windstoß durch Aufwirbeln von Staub hervorbringt. Doch schiene einem winzigen Wesen, dessen Lebensdauer sich in Milliardenbruchteilen von Sekunden bemäße, das Gebilde aus Staub ein ewiges Universum.

Daß es nirgendwo einen Fixpunkt gibt, mag verunsichern und zur Ansicht führen, letztlich existiere nichts und niemand wahrhaft. Doch liegt unser Werden jenseits von Sein und Nicht-Sein. Indem es keine zwei identischen Augenblicke kennt, nähert es sich dem Nicht-Sein. Doch wenn wir uns der Veränderung bewußt werden, nähern wir uns dem Sein: Wir können uns erinnern, was vor dem jetzigen Zustand war. Die Kontinuität unseres

Bewußtwerdens begleitet das Werden, wodurch dieser Prozeß dem Vergehen entzogen wird. Unser Dasein ist weder etwas abgeschlossenes Festes noch reine Täuschung. Es ist die Möglichkeit eines dynamischen Prozesses, seinerselbst gewahr zu werden.

Mit dem Lockern der ersten Fessel springt ein Mensch über das unbewegliche Schattenbild, das ihm als eigenes Wesen galt, und nimmt seine Chancen in der Wandlung wahr. Ob ich will oder nicht, ich verändere mich, werde älter und gehe dem Zerfall des Körpers entgegen. Ich kann mich innerlich dagegen auflehnen und auf der Stelle treten oder im Lösen dieser Fessel die Wandlung akzeptieren, um zu wachsen, zunehmend zu reifen und das Bewußtsein zu weiten. Im Hinblick auf mein tägliches Leben muß ich fragen, wo diese Fessel sitzt: Worin zeigt sich, daß ich am augenblicklichen Zustand hafte und mich nicht über die Grenzen dessen wage, was ich jetzt bin?

2. Zweifelsucht

Skepsis oder Bedenken, die uns nicht vorankommen lassen, gelten als zweite Fessel. Buddhaghoṣa schrieb: «Zweifelsucht heißt Nichtverstehenwollen. Sie zeigt sich in Unschlüssigkeit; ihre Natur ist der Wankelmut; sie wirkt sich in Unentschiedenheit und unsicherem Beginnen aus; ihre Ursache ist, daß man Zweifeln falsche Aufmerksamkeit schenkt. Als Hindernis des Fortschreitens ist die Zweifelsucht zu erkennen.»[37]

Grundsätzlich sind zwei Arten des Zweifelns zu unterscheiden. Eine kritische Haltung ist hilfreich. Wo kämen wir hin, hielten wir alles für wahr, was man uns sagt? Gautama wäre der letzte, der das begrüßte. Er mahnte zur genauen Überprüfung dessen, was man annimmt und tut. Beim lähmenden Zweifel, den Buddhaghoṣa ansprach, geht es um eine schwere Hemmung unseres Wachstums. Wo die kritische Haltung nachfragt, um die beste Lösung für ein Problem zu suchen, verhindert Zweifelsucht das Finden einer Antwort. Man will nichts, was sich als Lösung bietet, stehenlassen, weshalb man immer neue Bedenken aufwirft. Obwohl es auf viele Fragen keine eindeutigen Antworten gibt, müssen wir uns zumindest provisorisch auf Lösungen einlassen, um voranzukommen. Wirkt Zweifelsucht, während ich überlege, ob ich das Geld, das ich übrig habe, einem Hilfswerk für Kinder oder für den Naturschutz spende, werde ich mich zuerst nicht entscheiden können, ob es wichtiger ist, für Menschen oder die Umwelt zu geben. Schließlich frage ich mich, ob nicht ein Großteil der Spende in der Verwaltung der Organisationen aufgeht. Trotz vieler Überlegungen meinerseits bleibt Mensch und Natur letztlich ungeholfen. Viele trifft die Folgen ihrer Zweifelsucht hart. Wer zum Beispiel an jedem zu nörgeln hat und sich trotz vieler Chancen nie entscheidet, mit einem Partner ernst zu machen, muß damit rechnen, einsam zu altern.

Zweifelsucht verbirgt sich hinter verschiedenen Haltungen. Mancher verliert sich im Spekulieren. Sein Denken kreist um unfaßbare Dinge und kommt so nicht zum Erwägen, was jetzt zu tun wäre. Gautama charakterisierte diese Haltung:

«Unklug wird gedacht: War ich vormals, oder war ich nicht? War und wie war ich vormals? Was war ich noch früher? Werde ich in Zukunft sein oder nicht? Was und wie werde ich in Zukunft sein? Was werde ich in noch fernerer Zukunft sein?

Vielleicht steigen Zweifel an der Gegenwart auf, und man denkt: Bin ich, oder bin ich nicht? Was und wie bin ich? Woher kam ich in dieses Dasein? Wohin gehe ich danach? Wer derart unklug nachdenkt, kommt zu einer Theorie, die ihm wahr und unangreifbar scheint: ‹Ich bin› oder ‹Ich bin nicht› oder ‹Mit dem Ich erkenne ich, was Nicht-Ich ist›, oder er kommt zur Theorie: ‹Mein Ich, das die Folgen guter und böser Taten erlebt, vergeht nicht, dauert an, unverändert während bleibt es immer gleich.›

Dies nennt man Gestrüpp, Gaukelei, Spiel und Fessel der Theorien. Mit der Fessel der Theorien gebunden, wird der Unkluge nicht frei von Sorgen, Jammer, Schmerzen, von Kummer und Verzweiflung.»[38]

Für jemanden, der sich mit philosophischen Themen beschäftigt und Bücher wie dieses liest, lohnt sich die Untersuchung, wie *fruchtbringend* Überlegungen sind, die er darüber anstellt. Führen sie ihn wirklich dazu, das Leben in die Hand zu nehmen und positiv zu verändern? Oder kommt das Gegenteil heraus? Bleibt man dabei stehen, unterschiedliche Aussagen zu vergleichen, Übereinstimmungen und Abweichungen von Lehren festzustellen und daran immer weitere Fragen zu knüpfen?

Nicht daß Übereinstimmungen und Unterschiede unwichtig wären oder es gleichgültig sei, welche Theorien man seinem Handeln zugrunde legt. Auch Gautama forderte, manches zu verstehen, bevor man ans Werk geht. Die Frage ist eine andere: Läßt mich die Beschäftigung mit der Theorie überhaupt zum praktischen Umsetzen kommen?

Zweifel muß sich nicht als nagendes Unwohlsein zeigen. Man kann sich mit angenehmen Gefühlen im Kreis drehen, wenn ein Zuwachs an Kenntnissen den Anschein von Fortschritt erweckt. Mir mag gefallen, Aussagen großer Philosophen zu studieren und zu vergleichen. Ich kenne dann viele Arten der Weltsicht, weiß, was Gautama, Platon und Konfuzius dachten, an welche Mythen Hopi-Indianer, Etrusker und australische Ureinwohner glaubten. Doch was ich selbst denke und glaube oder denken und glauben sollte, habe ich niemals überlegt. So wird aus dem Wissen nie Handlung, und es bleibt Gedankenspiel, was Orientierung und Erfahrung sein könnte.

Auch auf alltäglicher Ebene fesselt lähmender Zweifel: Sie wollen eine Sache erledigen, doch Bedenken halten Sie zurück. Sie fragen sich, ob Sie auf diese oder jene Weise vorgehen sollen, und bald: Welchen Sinn hat es überhaupt? Und schließlich lassen Sie das Ganze. So belanglos das manchmal scheint, hier tut sich ein wertvolles Übungsfeld auf! Wir müssen vom Kleinen zum Großen gehen. Erscheint uns etwas notwendig, sei es nur eine unbedeutende Kleinigkeit, sollten wir uns nicht von Zweifeln überwältigen lassen. Es mag gerade der Zweifel sein, der uns eine Sache zur Nebensache erklärt. In der Trägheit, die uns vieles nicht tun lassen will, besitzt er dabei einen wichtigen Bündnispartner.

Fragen Sie sich: Was habe ich in letzter Zeit, vielleicht gerade heute, nicht erledigt, weil mir Zweifel kamen, obwohl ich grundsätzlich weiß, daß es gut wäre? Eine kleine Reparatur in der Wohnung, die immer aufgeschoben wird? Ein Brief oder Anruf bei einem Verwandten, für den angeblich nie Zeit oder die rechte Stimmung ist? «Das sind nur Kleinigkeiten», «Jetzt ist nicht der geeignete Moment», «Es nützt letztlich doch nichts», der lähmende Zweifel hält immer seine Einwände bereit.

Wenn Sie sich diese Frage ehrlich beantworten, sollten Sie, noch bevor Sie das Kapitel zu Ende lesen, etwas erledigen, was Sie schon länger mit sich herumtragen.

3. Riten und Regeln

Indem sie uns keine Entscheidung finden läßt, hält uns die zweite Fessel von möglichen Veränderungen ab. Die dritte Fessel bewirkt dasselbe durch unsere feste Bindung an Konventionen, die uns Sicherheit bedeuten. Es geht um Regeln der Moral, religiöse und weltliche Vorschriften, Formen des Zusammenlebens sowie persönliche Zwänge, die dem Dasein bewußt oder unbemerkt seine Ordnung geben. Je fester die erste Fessel sitzt, die mich meine dynamische Natur verkennen läßt, um so starrer hänge ich an dem, was das gewohnte Leben regelt. Doch verkehrt mein unflexibles Haften die positiven Möglichkeiten von Normen leicht ins Gegenteil.

Gautama nahm in diesem Sinn oft zu Bräuchen seiner Zeit Stellung, in der viele Vorschriften und Zeremonien das Leben bestimmten. Für unterschiedliche soziale Stände galten eigene Vorschriften. Komplizierte Feueropfer sollten die Götter zu Hilfeleistungen veranlassen. Durch rituelle Bäder wollten Menschen sich von der Wirkung ihrer Verfehlungen befreien.

Ein mit innerer Anteilnahme vollzogener Ritus wird zum Ausdruck echten Erlebens. Steigt ein Mensch ins Wasser, um sich bewußtzumachen, daß er alte Verfehlungen bereuen und künftige vermeiden möchte, kann diese Zeremonie hilfreich sein, sich neu auszurichten. Nicht das Wasser bewirkt die positive Wandlung, sondern die Absicht, die der Badende mit dem äußeren Vollzug der inneren Reinigung verbindet.

Gautama beobachtete, wie man Riten meist ganz äußerlich vollzog. Allein davon, auf vorgeschriebene Weise zu festgelegten Zeiten in ein bestimmtes Wasser zu steigen, erwartete man Tilgung von negativen Wirkungen früherer Taten. Auch die Opfer brachten nicht zum Ausdruck, daß der Mensch als Gebender und Schenkender über sich hinauswachsen will. Sie waren sinnleere und von Gier getragene Handlungen, von denen man sich Glücksgaben der Götter erhoffte. Häufig kritisierte Gautama, der Absicht und bewußtes Denken lehrte, das Verflachen alter Sitten zu äußerlichem Tun. Eine seiner Schülerinnen argumentierte gegenüber einem fanatischen Vertreter rituellen Badens: Fische, Schildkröten, Wasserschlangen und Otter müßten die heiligsten Wesen sein, wenn vom Wasser besondere Kräfte ausgingen.

So heilsam ein lebendiger und mit Teilnahme vollzogener Ritus sein kann, so hemmend zeigt er sich, erwartet man bei oberflächlich eingehaltener Form Ergebnisse. Die Grenze zwischen Glaube und Aberglaube verläuft genau hier. Man ist um eine Selbsttäuschung reicher.

In gleicher Weise wird die Bedeutung ethischer Regeln nicht erfaßt, haftet man an ihren Formulierungen. Alle großen Weisen lehrten, man solle von Lügen Abstand nehmen und die Wahrheit sprechen. Doch verkehren wir die Forderung nach Wahrhaftigkeit ins Gegenteil, machen wir sie zur toten Vorschrift, prinzipiell immer die Wahrheit zu sagen. Extreme Situationen fordern oft starkes Abrücken von der Regel. Unter menschenverachtenden Diktaturen konnte das gezielte Belügen von Polizei und Behörden oft unschuldige Leben retten. Die beste ethische Regel verzerrt die Menschlichkeit, befolgt man sie als Prinzipienreiter.

Wäre das Leben ein spontaner Ausdruck unserer Harmonie mit der Wahrheit, brauchten wir keinerlei Konventionen. Es bedürfte nicht der festgelegten Floskel, mir bekannte Menschen mit

«Guten Tag» zu begrüßen, sondern ich fände unmittelbar für jeden das richtige persönliche Wort. Doch wer erreicht das jemals? Wir benötigen Richtlinien: Der Brauch des Grüßens hilft mir, dem anderen meine Achtung auch dann zu signalisieren, wenn ich ihm spontan nichts zu sagen habe. Das Gebot, nicht zu lügen, ist wichtig für den Moment, in dem wir aus Gier, Haß und Verblendung unserem scheinbaren Vorteil zuliebe einem anderen die Unwahrheit sagen wollen. Dann müssen wir uns daran erinnern. Es gibt uns Rückhalt und Kraft, unheilsamen Impulsen zu widerstehen und die Entscheidung für den rechten Weg zu treffen.

Nicht Riten und Vorschriften lehnte Gautama ab, der selbst seinen Schülern viele Regeln gab, die sie zu ihrem Vorteil anwenden können. Das unflexible Haften daran bezeichnet er als Fessel. Der Arzt, der nach bestem Erwägen glaubt, einem Patienten drohe beim Wissen um seinen Zustand der Zusammenbruch, handelt nicht in selbstischer Absicht, schweigt oder beschönigt er. Die Sache sähe anders aus, wollte er sich selbst nicht mit der Unannehmlichkeit belasten, offen zu seinem Patienten zu sprechen.

Andererseits macht man sich zu leicht vor, eigene Regelbrüche seien gerechtfertigt. Gautamas Mahnung, nicht an Form und Formulierung zu haften, soll keiner Entschuldigung dienen, sich beliebig über Konventionen hinwegzusetzen. Nicht die überlieferte oder geltende Form ist falsch, sondern die Einstellung, sie ohne Rücksicht auf die Situation und die Erfordernisse anzuwenden. Breche ich die Regel aus Gier und Haß, wirkt dies ebenso unheilsam wie ihr Beachten aus egozentrischen Motiven. Denunziere ich einen anderen, dessen Schaden mein Vorteil ist, kann ich mich damit beruhigen, daß ich ja nur die Wahrheit sagte oder meine Pflicht tat. Doch was waren meine Motive?

In einer komplexen Welt, deren Realität aus vielfältigen Bedingungen und Ursachen entsteht, gibt es kein Patentrezept für richtiges Verhalten. Mit den Regeln zum Heilsamen als Richtschnur gilt es immer wieder Einzelfälle abzuwägen: Unsere Absichten sind oft egoistisch. Deswegen bedürfen sie der Korrektur durch ethische Regeln, in denen sich für die Menschheit Bewährtes spiegelt. Weil diese, nur buchstäblich befolgt, das Gegenteil des Erwünschten bewirken können, bedarf die Regel wiederum im konkreten Anlaß der Korrektur durch meine Absicht zum Guten.

Das Haften an Riten und Regeln besitzt weitere Dimensionen als das Haften an Anstandsformen, religiösen Riten und ethischen Geboten, die heute für viele Menschen keine bewußte Rolle mehr spielen. Neben diesen allgemeinen Forderungen gibt es persönliche feste Gewohnheiten, die unserem Leben seine Ordnung geben. Man darf sich durch das Wort «Ordnung» nicht irreleiten lassen. Die Gewohnheiten können so beschaffen sein, daß im Leben keine Ordnung im Sinn des normalen Sprachgebrauchs herrscht.

Oft sind persönliche Gewohnheiten stark von den Umständen des Alltags geprägt. Der Arbeitsrhythmus wird, leidet man auch unter ihm, zur Regel, an die man sich hängt. Aus diesem Grund stehen viele Menschen vor gähnender Leere, verlieren sie ihre Arbeit oder treten in den ersehnten Ruhestand. Mancher nimmt sich vor, nach der Pensionierung etwas Neues zu beginnen, etwa ausgiebiges Lesen. Vielleicht sammelte er im Hinblick darauf schon seit Jahren Bücher. Doch nach der Pensionierung kommt er nicht in den Genuß seiner stattlichen Bibliothek, weil das Lesen zuvor nie Gewohnheit wurde.

Einen anderen Aspekt des Haftens an Riten bilden große oder kleine Zwänge, die sich vielleicht schon mit der Erziehung in der Kindheit bildeten: Man kann einzig mit dem Rücken zur Wand einschlafen, verhält sich am Freitag dem 13. vorsichtiger, fühlt sich zu gewissen Anlässen nur in ganz bestimmter Kleidung wohl oder muß zu einer festgelegten Zeit essen. Wer keinen traditionellen religiösen Riten und Geboten folgt, hat häufig sein ganz eigenes System, auch wenn ihm das selten bewußt wird.

Die Frage nach dieser Fessel lautet: An welchen Regeln und Abläufen hafte ich so, daß ich ohne sie den Boden unter den Füßen verliere? Im Einzelfall können dies für mein Zusammenleben mit anderen gute und wichtige Regeln sein, aber auch Zwänge, die mich nur beschränken, ohne irgendwem hilfreich zu werden.

4. Gier nach sinnlicher Wahrnehmung

Weil ich von Haß und Gier bestimmt werde, nehme ich nichts einfach bloß wahr, wie es ist. Alles was mir ins Bewußtsein kommt, wird von meinem mehr oder weniger egozentrischen Standort bewertet. Darum lehne ich wahrgenommene Objekte entweder ab, oder ich will sie für mich haben. Auf diese Weise fesselt mich viel sinnlich Wahrgenommenes. Dies wird dann besonders offensichtlich, wenn es mich zum Wiederholen gewesener Wahrnehmungen drängt.

Musik, die mir gefällt, möchte ich häufig hören. Speisen oder Getränke, deren Geruch und Geschmack ich mag, will ich immer wieder zu mir nehmen. Orte oder Landschaften, deren Aussehen ich genieße, möchte ich häufig besuchen. Die mir angenehme Berührung eines Menschen, den ich liebe, will ich immer wieder spüren. Nach Gautama zählt auch das Auffassen von Gedanken zum sinnlichen Wahrnehmen, und tatsächlich gibt es allerlei Vorstellungen und Tagträume, in die ich vernarrt bin und die ich stets bewege. Je nachdem, wie mein Wesen beschaffen ist, muß es nicht immer schön oder angenehm im allgemein akzeptierten Sinn sein, was ich gern wahrnehme. Mein Lieblingsgedanke kann der Kummer sein, der dem resignierten Zustand entspricht, in den ich mich verstrickt habe, und es gibt die masochistische Freude an schmerzhaften Berührungen.

Die Grenze zwischen Genuß und Abhängigkeit verläuft fließend. Sie wurde beispielsweise überschritten, wenn es ohne die bevorzugte Musik gar nicht mehr geht. Das Gelingen meiner Arbeit, meines Lernens oder einfach nur mein Wohlbefinden sind dann von der entsprechenden Geräuschkulisse abhängig. Das gleiche gilt, wenn ohne bestimmte Gerichte oder Getränke zum Frühstück der ganze Tag verdorben scheint oder ich mich ohne ein bestimmtes Duftwasser nicht unter die Menschen traue. Vielleicht muß ich in meiner Freizeit auch dann fernsehen, wenn mich das Programm langweilt. Doch flimmert der Bildschirm nicht, fühle ich mich einsam.

Sobald die Abhängigkeit mein Verhältnis zu einer Sinneswahrnehmung dominiert, ist meist der Genuß dahin. Was ich unbedingt haben muß, empfinde ich selten als wirklich schön und angenehm. Ganze Industriezweige existieren vom Geschäft damit: Süßigkeiten, Knabbergebäck wie Kartoffelchips oder Zeitschriften mit sexuellen Inhalten werden seltener gekauft, weil sie echten Genuß vermittelten als durch die Macht der Gewohnheit. Das gleiche gilt für Automatenspiele und viele andere Freizeitbetätigungen, die leicht vom Vergnügen zum Laster werden.

Die Grenze von der scheinbar harmlosen Gewohnheit oder Abhängigkeit zu krankhafter Sucht ist wiederum fließend. Ob Alkohol, Nikotin oder andere Drogen, zu häufig dienen sie nicht der Lebensfreude, sondern sind zur Sucht geworden.

Auch kaum bewußte Abhängigkeiten im Wahrnehmen reduzieren meine Freiheit. Bin ich in dem, was ich erleben möchte, zu festgelegt, beschränkt sich mein Erfahren auf schon Bekanntes. Vielleicht gefällt mir ein bestimmter Typ Mensch, der sich durch Merkmale wie Haar- und Augenfarbe bescheiben läßt. Bei neuen Begegnungen sind mir solche Menschen dann spontan sympathisch. Leicht halten mich solche Vorlieben, denen meist Abneigungen entsprechen, davon ab, die Qualitäten jener zu sehen, die ich nicht auf den ersten Blick ins Herz schließe. Bin ich in meinem Geschmack ganz auf die gewohnte Küche meiner Region festgelegt, habe ich nicht nur bei Reisen die halbe Freude, es verschließt sich mir eine ganze Welt des Genusses.

Wie Gautama lehrte, entsteht unser Bewußtsein durch das, was wir wahrnehmen.[40] Ich erfasse immer nur kleine Ausschnitte der Wahrheit und sogar diese aufgrund meiner Verblendung nur in verzerrter Weise. Je mehr sich das Spektrum des von mir Wahrgenommenen weitet, um so umfassender und intensiver wird mein Bewußtsein. Kann ich Dinge wahrnehmen, wie sie sind, ohne Trübung durch Wünsche und Abneigungen, vergrößert sich mein Freiraum zum Wählen und Handeln.

5. Groll oder Übelwollen

Gautama erzählte folgende Geschichte: «Eine Frau galt gemeinhin als sanft und friedlich. Da überlegte ihre fähige und fleißige Magd: ‹Sollte meine Herrin wahrhaft so sanftmütig sein, oder bricht nur kein Zorn bei ihr aus, weil ich stets gut arbeite? Ich sollte das prüfen.› Als die Magd am nächsten Tag erst am hellen Tag aufstand, rief die Herrin: ‹Was soll das? Warum kommst du so spät zur Arbeit?› Die Magd antwortete: ‹Das ist doch gleichgültig.› Die Herrin legte die Stirn in Falten und sprach: ‹Was, so spätes Aufstehen soll gleichgültig sein?› Die Magd dachte: ‹Sie ist voller Groll, den sie bis jetzt gut versteckt hat, weil ich alles richtig machte. Ich will die Prüfung weiter treiben.› Am nächsten Morgen stand sie noch später auf, worauf die Frau zornig wurde und schimpfte. Als die Magd am Tag darauf noch später kam, nahm die Frau den Türriegel und warf ihn nach der Magd. Am Kopf getroffen, blutete sie, lief zu den Nachbarn und rief: ‹Seht wie die Sanftmütige ihre einzige Magd behandelt!› Seit damals galt die Frau als gewalttätig und streitsüchtig. Ebenso ist mancher meiner Schüler nur sanft und friedlich, solange er nicht beleidigt wird.»[41]

Ich mag meinen Groll und mein Übelwollen gut verstecken, die ich potentiell gegen andere hege. Einmal richtig provoziert, kommen sie ans Licht. Kaum taucht solcher Anlaß zum Ärger auf, ist die Stimmung dahin. Eine Gegebenheit, ich finde zum Beispiel einen verlegten Gegenstand nicht, läßt mich aus der Fassung geraten und meine Wut gegen andere lenken.

Zunächst muß ich feststellen, wo meine Steine des Anstoßes liegen. Was macht mich wütend oder läßt mich insgeheim grollen? Verkehrsampeln, schlechtes Wetter, Nachrichten im Fernsehen, der Lärm der Nachbarskinder, bestimmte Ausdrücke, die mein Partner in bestimmten Situationen verwendet? Ich sollte herausfinden, was mich *immer wieder* aufregt. Besonders von Auslösern, die mich häufig ärgern, besteht starke Abhängigkeit.

Manches, was uns wütend macht, sind von selbst änderbare

Mißstände. Verlegen wir häufig Dinge, sollten wir uns mehr Ordnung antrainieren. Doch vieles ist, wie es ist. Gegen Verkehrsampeln auf dem Weg zur Arbeit können wir nichts unternehmen. Auch dürfen wir nicht andere, über die wir uns ärgern, gewaltsam ändern. Die Welt paßt sich sicher nicht unseren Erwartungen an. Um wahrhaft frei zu leben, müssen wir vieles so nehmen, wie es ist. Hier wird das Verständnis notwendig, daß die Ursache unserer Wut in uns liegt, in der eigenen Ungeduld und Unduldsamkeit.

Wichtig ist das Erkennen solchen Grolls, der sich in Feindseligkeit, Übelwollen, groben Worten und vielleicht sogar Tätlichkeiten gegen Menschen richtet. Wenn uns auch ein anderer zum Anlaß wurde, daß Wut in uns aufsteigt, sind doch wir es, die aus der Fassung geraten. Ist der Zorn gegen einen anderen, der uns schadete, noch so gerechtfertigt, verzerrt die Regung doch unser Gewahrwerden, läßt uns nicht aus der Klarheit des Überblicks, sondern dem getrübten Empfinden des Beleidigtseins entscheiden und handeln.

Starke Formen des Grolls sind aufgrund ihrer Heftigkeit zumindest im nachhinein leicht erkennbar, was uns die Möglichkeit gibt, darüber nachzudenken und längerfristig dagegen vorzugehen. Häufig aber versteckt sich das Übelwollen. Es gibt in jedem negative Regungen gegen andere, die uns nichts getan haben, gegen Leute, die einfach stören, ohne daß man einen Grund nennen könnte. Es sind jene Fälle, die man als Antipathie beschönigt. Vielleicht spüren wir nur jedesmal, wenn ein entsprechender Mensch uns naht, eine kleine Woge des Unmuts.

Streben wir Gautamas Methoden folgend nach Wachheit, lassen wir uns solche Herausforderungen nicht entgehen. Nicht grundlos wird ein anderer uns zum Ärgernis. Vielleicht erinnert er uns an etwas? Was ist es? Möglicherweise finden wir keinen Grund. In jedem Fall gilt es, bei sich zu beginnen. Der andere ist, wie er ist, bei mir steigt der Groll auf.

6. Verlangen nach Gestalt

Die sechste und siebte Fessel betreffen im engeren Sinn die Vorstellungen und Erwartungen, die man zu Gautamas Zeit mit einem Dasein nach dem Tod verband. Diesbezügliche Hoffnungen können zur bedeutenden Motivation werden, auf dem Weg voranzukommen und über sich selbst hinauszuwachsen. Aus diesem Grund sprach Gautama immer wieder über die Möglichkeit einer ‹Wiedergeburt› in Himmelswelten und unter Göttern.

Doch was Ansporn sein kann, wird leicht zur hemmenden Fessel, versteift sich ein Mensch auf seine damit verbundenen Wünsche. Solange ich zwischen Mittel und Zweck unterscheide, bin ich nie in unmittelbarem Einklang mit der Wahrheit. Ich beginne den Weg des Buddha, um mein Leid zu mindern und mehr Glück zu erfahren. Doch auf dem Weg erfahre ich, wie das Gute und Heilsame um seinerselbst willen gut ist. Es ist eine paradoxe Erfahrung: Wegen des Glücks tue ich dazu Gebotenes. Damit es wahrhaftes Glück wird, darf ich es aber gar nicht anstreben, weil mir der egoistische Impuls einen Strich durch die Rechnung macht. Das Gute muß geschehen, weil es gut ist, nicht weil ich mir etwas davon verspreche. Es ist wie beim Verhältnis zu einem Menschen: Liebe ich ihn, weil ich etwas von ihm will, ist die Liebe nicht echt. Ich erfahre ihn nie als das, was er mir sein könnte.

Auf dem Weg Gautamas läßt mich die Aussicht auf Belohnung, ob sie in einem guten Leben im Diesseits oder der Hoffnung auf ein Jenseits besteht, eine ganze Strecke zurücklegen. Doch kommt der Punkt, an dem der Weg nicht Mittel zum Zweck bleibt. Das Tun wird frei davon, einem Sinn zu dienen, wird in sich bedeutsam.

Was ein Leben im Jenseits als Lohn für diesseitiges Wirken betrifft, hat ein Mensch oft sehr feste Bilder in sich. Häufig malt er sich ein Leben nach dem Tod ähnlich wie sein gegenwärtiges aus: Er hat wieder einen formhaften Körper, mit dem er allerdings endlos lange Zeiten glücklich existieren kann. Ein solches Bild orientiert sich am augenblicklichen Dasein und entspricht den Bedingungen und Gesetzen menschlichen Daseins. Mit dem Bild vom Jenseits will man diese Form festhalten und verweigert sich der Wandlung. Zwar gesteht man diese für die hiesige Welt zu, doch hofft man dahinter nach etwas Dauerndem.

Gautama erzählte folgende Geschichte. Einer seiner Schüler stieg hoch in einen Himmel, wo er Brahma besuchte, der für viele Inder der oberste Gott ist. Er wollte Brahma fragen, wo die Welt ein Ende findet. Statt der gewünschten Auskunft wiederholt jedoch Brahma nur: «Ich bin Brahma, der höchste Gott, der Allwissende, der Schöpfer, der Gebieter.» Als Gautamas Schüler nicht aufgab, nach dem Ende der Welt zu fragen, führte ihn der Gott etwas abseits, um zu bekennen: «Ich weiß auch nicht, wo die Welt aufhört. Doch weil die anderen Götter glauben, Brahma wisse alles, muß ich dir das heimlich sagen.»[42]

Die Götter, denen sich der Mensch zuwendet, bleiben die Götter des Menschen. Währt ihr Leben auch länger als das seine und reicht ihre Erkenntnis weiter, so sind sie doch beschränkt wie er. Kein Gott, den der Mensch sich denkt oder erlebt, kann ganz anders sein als er. Auch bezüglich unserer Vorstellungen von dem, was nach dem Tod ist, müssen wir uns fragen, welche Abhängigkeiten in unser Denken und Wünschen eingehen. Nehmen wir Gleichnisse wörtlich und richten uns ein Traumbild ein, an dem wir hängen? Oder bleiben wir offen für eine große Entwicklung, die an unbekannte Ufer führt?

7. Verlangen nach Gestaltlosigkeit

Der Gedanke, daß man nicht an bekannten Formen haften darf, wenn man fortschreitend Neues erfahren will, kann zur extremen Reaktion führen, daß man glaubt, alles Wesentliche verberge sich hinter den konkreten Gestalten. Denkt man in diesem Sinn an Götter oder eine höchste Gottheit, erklärt man sie als ungestaltet oder als reiner formfreier Geist. Die letzte Wahrheit vermutet man derart als ein nicht oder nur wenig Differenziertes hinter der Formenvielfalt der Welt. Wer derart über die letzte Natur aller Dinge nachdenkt, mag große Leistungen der Abstraktion vollbringen, doch bewegt er sich letztlich im Bereich des Spekulativen.

Bezogen auf eine Hoffnung für die Zeit nach dem Tod wünscht man sich ein jenseitiges Dasein, bei dem die Beschränkungen eines konkreten und von anderen getrennten Existierens wegfallen. Zu Gautamas Zeit priesen Mystiker ein von allem Formhaften und Stofflichen losgelöstes Glück als Zustand höchster Seligkeit. Solchen Lehren lag die Idee zugrunde, Leid und Schmerz hänge immer mit wahrgenommenen, also gestalthaften Dingen zusammen. Müßten wir nichts sehen, hören, riechen, schmecken oder tasten, könnte uns kein Leid geschehen, was ungetrübte Freude bedeutete. Manche stellten sich vor, ein Gewahrwerden sei dann nicht mehr vorhanden und man fiele in einen vorbewußten Zustand oder ruhe in sich selbst wie im wonnigen Zustand tiefen traumlosen Schlafes.

Gautama sah im Abwenden vom Konkreten ein ebensolches Hemmnis wie im Haften daran. Zwar ist jede Form dem Wandel unterworfen, und nichts bleibt, wie es war. Doch kann von dieser Veränderung nicht zwingend auf ein form- und veränderungsfreies Prinzip dahinter geschlossen werden. Die Idee eines Ruhens in sich, jenseits des wahrnehmbar Gestalteten wird leicht zur Flucht vor dessen Nichtdauer. Will man sein wahres Wesen von allem, was ist, isolieren, vermag man doch niemals, sich von allen konkreten Bedingungen loszulösen.

Wir können zwar durch Arbeit an unseren Absichten und unserem Denken zunehmend bestimmen, *wovon* wir uns abhängig machen. Wir wählen Dinge und Personen, mit denen wir in Beziehung treten und die so Teil unseres Daseins werden. In dieser Gestaltung unsererselbst durch Entscheidungen erfahren wir eine grundlegende Freiheit. Doch ist diese immer auf anderes bezogen: Freiheit bedeutet die Wahl zwischen Verschiedenem, die Möglichkeit zu tun oder nicht zu tun. Wie frei ich auch bin oder sein will, ich bestehe immer in Beziehung zu anderem. Würde ich nichts mehr wahrnehmen, mich nicht mehr durch Unterscheiden meinerselbst von anderem bestimmen, gäbe es mich nicht mehr.

Sogar wenn man meint, daß man sich von allem getrennt hat, entstand und existiert man durch anderes. Der Rückzug auf ein Innerstes oder Wesentliches jenseits der konkreten Welt ist kein Weg in die Freiheit, sondern selbst gewählte Gefangenschaft in der Täuschung. Das künstliche Isolieren von dem, was Grundlage unseres Wesens ist, muß früher oder später aufhören. Man fällt aus dem egozentrierten Glückszustand wieder in die harte Realität. Man erlangt nicht Freiheit, indem man das, wovon man abhängt, nicht mehr sehen will und so tut, als wären Formen und Gesetze der Welt für einen selbst nicht vorhanden. Immer wieder muß sich diese falsche Wirklichkeit an der umfassenderen Wahrheit, der man nie entkommen kann, reiben.

Nicht nur wenn es ums Jenseits geht, schon hier und jetzt ist das Verlangen nach Gestaltlosigkeit trügerisch. Mancher kapselt sich ein und erlebt eine selbstgefällige Befriedigung, während Probleme und Aufgaben, von denen er sich ins Innere zurückzog, unverändert bleiben und früher oder später wieder auftauchen. Man verschließt die Augen vor den Problemen der Welt und des Nächsten und tut, als hätte man damit nicht das geringste zu schaffen. Oder man träumt in sich versponnen und döst, wodurch man die besten Chancen nicht ergreift.

Solange ich bin und sein will, gehören die konkrete Welt und wir selbst zusammen. Eine Flucht vor der Gestalt hemmt das Fortschreiten, weil man der Wahrheit den Rücken kehrt. Wer sich auf sein Ich zurückzieht, Kontakte abschneidet, seine Aufgaben nicht wahrnimmt, und ohne etwas zu tun, einfach nur sein möchte, wird arm und einsam, wie selig er sich in seinem Taumel zeitweilig fühlt.

Die Hinweise zur sechsten und siebten Fessel lassen sich damit nicht nur auf meine Bilder vom Jenseits anwenden, sondern auch darauf, wie es mit meinem Verhältnis zur konkreten und stofflichen Welt bestellt ist. Das Gegebene verewigen zu wollen ist ein ebensolches Extrem wie die Flucht davor in ein erträumtes wesentliches Sein dahinter.

8. Vergleichender Dünkel

Als konkrete Gestalt existiere ich immer im Kontakt mit anderen. Die Gewohnheit, mich mit ihnen zu vergleichen, ist so selbstverständlich, daß Gautama sagte, sie schwände erst beim Erwachen. Gerade deshalb sollte ich von Anfang an mein Augenmerk auf diese Tendenz richten, die mich immer wieder fesselt und aufhält.

Jeder, mit dem wir umgehen, wird von uns bewertet, wobei wir zur Beurteilung einige Maßstäbe anlegen müssen. Doch diese sind nicht nur das Ergebnis unserer Erfahrung, sondern zugleich Ausdruck unserer Beschränkung. Der verengte Blick wenig wacher Menschen sieht andere nie der Wahrheit gemäß, sondern immer aus dem egozentrischen Blickwinkel der eigenen Wirklichkeit. Andere werden entweder als Instrumente für unsere Zwecke interpretiert, oder wir fürchten umgekehrt, von ihnen vereinnahmt und benutzt zu werden. Im Bewerten kommt es zu Ansichten wie «Ich bin besser als jener», «Ich bin schlechter als jener» oder «Ich bin wie jener». Gautama nennt diese Haltungen Überlegenheits-, Minderwertigkeits- und Gleichheitsdünkel.

Im Licht der Wahrheit gleicht kein Mensch dem anderen, keiner ist besser oder schlechter. Jeder ist einzig aus der Perspektive der Bedingungen, die ihn hervorbrachten, und der Vielfalt seiner Bewußtseinsmöglichkeiten zu verstehen. Weil uns diese Aspekte bei anderen verborgen bleiben, beurteilen wir sie nach äußeren Merkmalen und Fertigkeiten. Dies ist auf einer bestimmten Ebene notwendig. Wollen wir mit einem Menschen zusammenarbeiten, müssen wir wissen, ob er ihm anvertraute Aufgaben ausführen kann. Eine Blinddarmoperation werden wir nicht dem Schornsteinfeger anvertrauen, den verstopften Kamin nicht dem Arzt. Möchten wir von jemandem über ein bestimmtes Thema lernen, müssen wir herausfinden, ob er überhaupt mehr als wir darüber weiß.

Alle diese praktischen Unterschiede oder Gleichrangigkeiten auf Sachgebieten gibt es unbestreitbar. Sie sind oft problemlos feststellbar. Doch lassen sich keine sicheren Wertungen damit verbinden. Wer jetzt als besonders groß gilt, kann aus anderem Blickwinkel als äußerst zweifelhaft erscheinen.

Die Pioniere der Technik und Naturwissenschaft, die anstießen, was uns heute als Fortschritt gilt, mögen jetzt als bedeutende Persönlichkeiten gerühmt werden. Wir sind dankbar und glücklich, Fernsehgeräte, Kühlschränke, Autos, Medikamente und Computer zu besitzen. Doch sollten wir die daraus folgenden Umweltprobleme nicht in den Griff bekommen, werden unsere Nachkommen, die auf einer überbevölkerten Erde nach dem Klimaschock von Hautkrebs geplagt unter der heißen Sonne vegetieren, Probleme mit der Atemluft haben und gegen den steigenden Meeresspiegel kämpfen, die gleichen Erfinder als jene verfluchen, die der Menschheit die Pforten der Hölle geöffnet haben.

Es ist unmöglich, letztlich und sicher zu sagen, wer vor der umfassenden Wahrheit im Einzelfall besser oder schlechter ist. Der Dünkel und damit die Fessel beginnt, wo offensichtliche Unterschiede dazu führen, daß unser Empfinden uns grundsätzlich über andere erhebt. Mancher, der ohne die Segnungen der Zivilisation lebt und auf den die Palastbewohner der Wohlstandsgesellschaften als unkultiviert und entwicklungsbedürftig herabblickt, mag die zukunftsweisende Lebensform besitzen. Vielleicht habe ich wirklich das schönste Gesicht. Aber die Werte, auf denen dieses Urteil ruht, sind wandelbar. Auch werden sich in meinem Gesicht Falten bilden, und irgendwann wird es nicht mehr sein.

Überlegenheitsdünkel bleibt im Alltag oft unbemerkt. Beobachten Sie sich: Gibt es Gefühle der Abschätzigkeit, sehe ich Menschen, deren Erscheinung und Rede meiner Auffassung von Schönheit und Klugheit entgegengesetzt sind? Fühle ich mich besser oder selbstzufrieden, begegne ich solchen, die weniger haben als ich oder denen es schlechter geht? Freue ich mich heimlich, schafft ein anderer nicht, was ich erreicht habe?

Die gefährlichsten Tendenzen des Überlegenheitsdünkels: Auf ganze Rassen und Völker wird im Wahn eigenen Besserseins herabgeblickt, oder große Gruppen wie das andere Geschlecht oder Homosexuelle gelten als minderwertig. Will man es auch nicht wahrhaben, fast jeder ist mehr oder weniger in solchen Vorurteilen befangen, die oft zum Erbe der eigenen Kultur gehören, die einem Feindbilder vermittelt und jedem seine Rolle zuweist. Es ist nicht meine Schuld, wenn ich in einer Umgebung von Rassisten und Chauvinisten aufgewachsen bin, deren Werte und Sprüche ich automatisch übernommen habe. Doch sobald ich es erkenne, wird es zu meiner Verantwortung, mir diese Vorurteile bewußtzumachen und dagegen zu kämpfen.

Der Minderwertigkeitsdünkel besitzt zwei Ausdrucksformen. Er kann zum Komplex werden, daß ich mir nichts zutraue und mir dadurch Möglichkeiten nehme voranzuschreiten. Weil ich mich für dumm halte, lerne ich nicht; weil ich mich für unfähig halte, probiere ich erst gar nichts. In diesem Fall blicke ich zu anderen auf und halte das, was sie sind und können, für unerreichbar. Die andere Ausdrucksform ist der Neid. Ich will sein wie andere und haben, was sie besitzen. Doch weil ich es ihnen mißgönne und nicht frage, was ich dazu tun müßte, komme ich nicht voran. Wir treten auf der Stelle, wenn wir in der Absicht an uns arbeiten, besser als andere zu werden. In diesem Fall richtet sich der Blick mehr auf deren Fähigkeiten und Fehler als auf unsere eigenen. Wahrhaft weiter komme ich dann, wenn ich besser werden will, als *ich* augenblicklich bin. Wende ich dann meinen Blick zum anderen, geschieht dies, um zu lernen.

Der Gleichheitsdünkel fesselt mich oft als Selbstüberschätzung, glaube ich mich schon soweit wie andere, mit denen ich eigentlich gar nicht mithalten kann. Eine weitere Form besteht in der Tendenz, andere mir gleich zu machen. Menschen mit fremden Vorstellungen und Lebensformen können beunruhigen, weil sie mein Dasein in Frage stellen. Darüber kann mich der Gedanke hinwegtäuschen, im Grunde seien doch alle gleich und wollten dasselbe. Aber dem ist nicht so, steht doch jeder im Zusammenhang seiner Bedingungen und Absichten. Der andere ist nicht schlechter oder besser, auch ist er nicht so wie ich. Er ist anders. Das gilt es zu akzeptieren. Keiner braucht den Stempel, den ich ihm aufdrücke, und er muß nicht dem Bild entsprechen, das ich von ihm habe. Manchmal kann mich die vorschnelle Idee, wir seien alle gleich, davon abhalten, wirklich zu verstehen, wie anders ein anderer ist und welche Bedürfnisse er hat.

Auf Gautamas Weg gibt man vergleichenden Dünkel durch Arbeit am eigenen Denken bewußt auf. Will man der Wahrheit näherkommen, muß der andere sein dürfen, was er ist, kein Vergleichsobjekt, niemand, den man mit Vorstellungen, wie alles und jeder sein müßte, beglückt, sondern das, was er ist und sein will. Begegne ich jedem ohne Vorurteil und nehme ihn an, wie er ist, bin ich frei, von dem zu lernen, was er mir geben könnte. Die Fessel lockert sich: Ich bin auf dem Weg, die Wahrheit zu sehen, wie sie ist, und sie mit jedem zu teilen, der dies wünscht.

9. Aufgeregtheit

Innere Ruhelosigkeit findet viele Ausdrucksformen. Wir sind zerstreut, schwankend und nervös; es mangelt uns an Konzentration. Mancher wirkt ruhig und gelassen, doch bleibt er nie bei einer Sache, denkt gleichzeitig über Verschiedenes nach, Vorstellungen wechseln einander schnell ab, und er findet keine konsequente Linie. Andere sind ihrem ganzen Verhalten nach unruhig und zerfahren: Ständig bleibt der Körper in Bewegung, immer müssen die Hände etwas tun.

Aufgeregtheit kann ihre Ursachen in den Lebensumständen haben. Die Hektik des Berufs und der Streß des Alltags gehen an die Nerven. Doch liegen die Wurzeln in zwei tieferen Gründen. Würden diese beseitigt, fände der Streß keinen Angriffspunkt bei uns.

Der erste Grund ist, daß wir dem Leben mit zu festgelegten Erwartungen begegnen. Kenkō Yoshida schrieb darüber:

«Obwohl man sich heute etwas Bestimmtes vornimmt, geschieht doch plötzlich etwas unerwartet Dringliches, mit dem man sich lange abzumühen hat. Vielleicht können Menschen, auf die man wartete, nicht kommen und ganz andere treten ein. Nicht was wir uns vornehmen, sondern immer nur Unvorhergesehenes macht uns zu schaffen. Probleme, die uns viele Sorgen bereiten, werden manchmal mühelos bewältigt, während uns leicht scheinende Dinge lange quälen. So entspricht der Tageslauf nicht unserer Vorstellung, das Jahr nicht und schon gar nicht das ganze Leben. Zieht man darum aber stets das Gegenteil in Betracht, trifft auch dies selten die Wahrheit. Kaum kann man sich im voraus über Geschehenes klar werden. Wer von der Ungewißheit überzeugt ist, kann im konkreten Leben nicht enttäuscht werden.»[43]

Echte Lebenskunst heißt, Offenheit bewahren und nicht das, was geschehen soll und wird, in der eigenen Erwartung minutiös festlegen. Versteife ich mich auf bestimmte Riten und Abläufe, die mein Dasein regeln, oder habe ich sehr klare Urteile über andere im Vergleich zu mir, besitze ich ein sehr fixes Weltbild, das durch die unerwarteten Wechselfälle des Lebens nur erschüttert werden kann.

Die zweite tiefe Ursache unseres Aufgeregtseins besteht in der Unruhe des Gewissens. Diese kommt aus Schuldgefühlen über Gewesenes und Selbstvorwürfe über Angelegenheiten, die sich nicht mehr rückgängig machen lassen. Aufgeregtheit und Zerfahrenheit folgen daraus, daß wir diesen Dingen nicht erlauben, wirklich bewußt zu werden. Es gibt manches, das wir getan haben, worüber wir uns selber schämen. Um nicht damit konfrontiert zu werden, denken wir möglichst wenig darüber nach. Dennoch drängt es sich immer wieder beunruhigend nach oben, als plötzliche Gedanken oder in Träumen. Die einzige sichere Methode, damit umzugehen, ist die Konfrontation. Wir müssen bewußt darüber nachdenken, das nicht mehr Änderbare als solches annehmen und uns fragen, welche konkreten Taten dazu beitragen können, unser Gewissen zu erleichtern. Wenn wir unsere Aufgeregtheit beobachten, stellen wir die Frage nach der Ursache: Entspricht, was geschieht, nicht meinem Wunschbild? Plagen mich Gewissensbisse? Dann betrachten wir die Wurzel der Unruhe immer klarer: Warum habe ich mich auf ein bestimmtes Bild versteift? Was bewirkt das Schuldgefühl? Spornt es mich an, künftig Fehler zu vermeiden, oder hält es mich ab, etwas besser zu machen?

10. Nichtwissen

Die letzte der Fesseln, die Gautama «Nichtwissen» nennt, läßt sich erst ganz lösen, nachdem alle anderen abgetan wurden. Es ist unmöglich, die Welt und uns selbst konsequent der Wahrheit gemäß zu durchschauen, wenn uns die verzerrenden Einflüsse der Aufgeregtheit, vergleichenden Dünkels, des Verlangens nach Gestalt oder Gestaltlosigkeit, des Grolls, des Haftens an Sinneswahrnehmungen oder an Regeln binden, wenn Zweifel und ein falsches Selbstbild regieren.

Um all diese Fesseln zu lösen, muß man erkennen, daß es sich dabei nicht um einen Gewaltakt handelt. Was uns bindet, kann oft unserer Befreiung dienen. Es läßt sich gar nicht ohne Regeln, Werten oder Wahrnehmen leben. Auch streben wir keinen Zustand an, in dem uns nichts mehr aufregt. Empörung über alltägliches oder politisches Unrecht ist wichtig, wenn wir etwas verbessern wollen.

Als lebende Wesen können wir niemals vollkommen ungebunden sein. Immer spielt sich unser Dasein in Einschränkungen ab. Darum sollen wir im Ablegen der Fesseln nicht zu Ungebundenen werden, sondern solchen, denen ihre Bindungen keinen Zwang bedeuten. In diesem Augenblick bestimmen nicht mehr Gier, Haß und Verblendung unsere Beziehung zur Welt und zu anderen, sondern ein Wissen um die wahre Natur der Welt und unsererselbst.

Gehen Sie während Ihrer Meditationszeiten jede der neun vor dem Nichtwissen zu lösenden Fesseln durch. Lassen Sie sich dabei Zeit! Es wäre gut, sich mehrere Tage nur mit einer Fessel zu beschäftigen.

Versuchen Sie, ohne Ausflüchte herauszufinden, wo diese Fessel bei Ihnen sitzt. Wenn die hier angeführten Beispiele nicht auf Sie zutreffen – prüfen Sie auch das genau –, gilt es, entsprechende aus Ihrem Leben zu finden. Machen Sie sich zu jeder Fessel eine Liste mit den Ausdrucksformen, die sie bei Ihnen annimmt. Sich selbst gegenüber können Sie ehrlich sein. Denken Sie über jeden Punkt Ihrer Liste nach, und beobachten Sie sich im Hinblick darauf. Es ist unmöglich, daß Ihre Beobachtungen keine Konsequenzen haben. ~

~ ÜBUNG 14: *Erweiterung des Horizonts*

Sie schaffen das, was Sie sind, zu beachtlichem Teil durch das, was Sie wahrnehmen und tun. Oft beschränken Sie sich darauf, sich von einem Augenblick zum nächsten oder einem Tag zum anderen zu kopieren. Sie sind auf bestimmte Interessen festgelegt, die Ihnen zur Regel wurden. Obwohl Sie sich zwangsläufig verändern, nämlich altern, treten Sie auf der Stelle.

Wenn Sie wollten, könnten Sie heute etwas ganz Neues beginnen. Um sich Ihrer Offenheit zu versichern, sollten Sie das auch tun. Nehmen Sie sich vor, in nächster Zeit etwas zu lernen, das Ihren Horizont erweitert. Möglicherweise haben Sie noch nie einen Kuchen gebacken oder ein kompliziertes Gericht gekocht. Vielleicht wollten Sie schon immer wissen, wie die Vögel heißen, die vor dem Fenster singen, aber Sie schafften es noch nie, in einem Buch nachzusehen. Haben Sie schon einen Kurs über Erste Hilfe besucht, um zu wissen, was

Sie im Notfall tun können? Wie gut kennen Sie die Geschichte des Landes, in dem Sie leben? Es ist nicht wichtig, was es konkret ist, mit dem Sie sich beschäftigen werden, sondern daß es für Sie neu und bereichernd wirkt.

Nehmen Sie sich gezielt vor, etwas zu lernen. Es sollte nichts sein, was Sie unbedingt beruflich brauchen und Sie sich ohnehin aneignen müssen. Lernen Sie um seinerselbst und der Erweiterung Ihres Horizonts willen. In einigen Wochen von heute ab wollen Sie etwas können oder wissen, was bislang außerhalb Ihrer Kenntnis lag. Nehmen Sie sich nicht zuviel vor; es geht nicht um Perfektion oder Vollständigkeit. Doch beweisen Sie sich, wie Sie offen sind, sich in viele Richtungen zu entwickeln. ∼

∼ ÜBUNG 15: *Zeitweiliger Verzicht*

Spüren Sie Ihre großen und kleinen Süchte auf und versuchen Sie, einige Tage auf das zu verzichten, was Ihnen selbstverständlich geworden ist. Das heißt nicht, daß Sie zum Asketen werden sollen. Doch etwas Abstand vom allzu Gewohnten läßt dessen Bedeutung für das eigene Leben besser einschätzen. Gelingt Ihnen der zeitweilige Verzicht auf Normales, werden Sie beweglich. Je weniger abhängig Sie von einer Sache sind, um so mehr können Sie diese genießen.

Versuchen Sie es: Wenn das Fernsehgerät in Ihrem Alltag eine große Rolle spielt, wagen Sie das Experiment des Verzichts für ein paar Tage! Vielleicht schaffen Sie es nicht einmal zwei Tage oder gar nur einen? Oder Sie schaffen es, doch Sie sehen, wie leer Ihr Dasein plötzlich ist. Sie müssen erkennen, wie Sie zum Sklaven eines Gerätes wurden, das Sie – trotz ungezählter Möglichkeiten, aktiv zu werden – zum passiven Beobachter einer Welt aus zweiter Hand macht.

Oft dienen Fernsehgeräte, Computer, elektronische Spiele und andere Medien der Flucht vor sich selbst: Wird das

Fernsehgerät ausgeschaltet, läuft das Radio an; ist dort nichts Befriedigendes zu hören, werden Zeitschriften durchgeblättert.

Ohne eine Tasse Kaffee, ein Glas Bier, Wein oder was immer sitzen Sie selten da; ist es einmal leer, greifen Sie in die Knabberschale oder zur Zigarette. Mancher kann nicht lesen, ohne Musik zu hören; nicht fernsehen, ohne dabei zu essen, nicht auf die Zigarette zur Tasse Kaffee verzichten.

Es scheint, als müßten wir uns betäuben oder zumindest ablenken, um nicht mit uns allein zu sein. Stille drückt nach der hektischen Überreizung des Tages auf die Ohren. Allein zu sein ist uns unheimlich. «Ich muß doch einmal abschalten.» Das ist ein wichtiges Argument. Aber sind Sie sicher, daß Sie wirklich ab- und nicht nur umschalten?

Vielleicht dient all das der Flucht vor der Erkenntnis, daß ich einsam bin. Aber die Abhängigkeit von bestimmten Medien oder Getränken schafft mir keine Begegnung mit Menschen. Möglicherweise dient es auch der Flucht davor, daß es mir in Beziehungen zu eng wurde. Aber so löse ich keine Beziehungskonflikte.

Der zeitweilige Verzicht auf etwas Vertrautes kann das Empfinden einer inneren Leere auslösen. Das ist nicht schlecht, denn diese Leere bereichernd zu füllen, wird mich weit voranbringen. ~

6. KAPITEL

Meditation

Vorangegangene Kapitel behandelten Themen der *Philosophie*, wie wir die Welt und den Menschen sehen und darüber nachdenken, und der *Ethik*, unseres konkreten Wirkens in Worten und Taten. Ein gleichwertiger dritter Aspekt der Lehre Gautamas ist die *Meditation* zur Verwandlung unseres Daseins. Das Erwägen philosophischer Inhalte wie der Nichtdauer stellt uns auf zu erfahrende Gesetze ein. Durch ethisches Bemühen verwirklichen wir im Umgang mit anderen und uns selbst Harmonie mit diesen Gesetzen. Wenn wir meditieren, erfahren wir sie und damit unsere Wahrheit unmittelbar.

Der aus dem Lateinischen stammende Begriff «Meditation» hängt mit der «Mitte» zusammen. Auf Gautamas Lehre bezogen, bezeichnet er eine konzentrierte Aufmerksamkeit, die um die Mitte eines Motivs kreist, bis diese gefunden und vom Gewahrsein aufgenommen worden ist. Letztlich suchen wir dadurch unsere eigene Mitte. Von diesem Standpunkt aus erkennen wir größere Zusammenhänge, aus denen wir existieren. Mitte heißt Überschaubarkeit und Freiheit: Vom Zentrum blicke ich gleichermaßen nach allen Seiten. Dies schließt waches Wahrnehmen ein. Gautamas große Meditationserfahrung war sein Erwachen. Sein Sitzen unter einem Baum wurde ihm die Mitte, von der aus er sein Dasein als gewaltigen Prozeß des Werdens überschaute, der das Entstehen und Vergehen von Welten einschloß.

Der Begriff Meditation faßt die beiden letzten Glieder in Gautamas Edlem Achtfachem Pfad zusammen. Das Sanskritwort *Smṛti* bezeichnet Gewärtigsein, Achtsamkeit und Erinnerung, drückt also aus, wie wir uns meditierend der Dinge und unsererselbst bewußt werden. *Samādhi* bedeutet Sammlung oder Zusammenfügung. Dies weist einerseits auf das konzentrierte Gelangen zur Mitte, andererseits auf die Erfahrung der größeren Ganzheit, in der wir in komplexen Beziehungen und Verflechtungen werden, was wir sind. Gautama lehrte also ein Meditieren, das uns bis in die Tiefen gewärtig und achtsam macht, damit wir uns nicht nur auf einen kleinen Teil dessen beschränken, was wir im großen Strom des Werdens waren und sein könnten.

Meditieren als Leben aus der Mitte beschränkt sich nicht auf bestimmte Übungen. Es ist die Grundhaltung eines klaren Bewußtseins. Deshalb geht es um mehr als festgelegte Zeiten der Praxis. Aus der Mitte wahrnehmend und handelnd führt man ein meditatives Leben ungetrübter Bewußtheit, erfaßt nicht nur kleine Ausschnitte der Wahrheit, sondern fortschreitend weitere ihrer mannigfachen Aspekte. Was um einen geschieht und in einem vorgeht, erschließt sich zunehmend, wodurch die eigene Wirklichkeit immer mehr in Einklang mit der Wahrheit kommt. In dieser Wachheit scheinen vielfältige Informationen nicht als chaotisches Wirrwarr, sondern ordnen sich von der Mitte aus zur überschaubaren Ganzheit.

Dieses Erfahren ist keinesfalls selbstverständlich. Viele unserer Gedanken und Handlungen vollziehen sich mechanisch und nebeneinander. Die Beine laufen die Straße entlang, halb bewußt nimmt man wahr, wo man geht, um nirgends anzustoßen. Man erfährt sich nicht wirklich als Gehender, spürt nicht die Bewegung und auch nicht den Boden unter den Füßen, sieht unterwegs kaum die Häuser, Fahrzeuge und Menschen. Das Gewahrsein bleibt gespalten, ein Teil kümmert sich um die Außenwelt und ein anderer Teil ist in Gedankenspiele oder Tagträume eingesponnen, die wie das außen Wahrgenommene nach Erreichen des Ziels schon vergessen sind. Die Zeit des Weges hinterläßt in unserem Bewußtsein nur einen verschwommenen Eindruck, fast so, als wäre sie nie gewesen. Trotzdem wirkt sie weiter, indem sie unseren unwachen Zustand stabilisiert oder stärkt. Nicht nur Strecken auf der Straße, der gesamte Lebensweg kann so mehr oder weniger dumpf verstreichen. Mit dem Verzicht auf volles Teilnehmen am jeweiligen Augenblick betrügen wir uns ums ganze Dasein.

Fragen Sie sich: Wie häufig sind die Momente, an denen ich vollkommen beteiligt bin? In solchen Momenten erfahre ich, was um mich ist, und zugleich mein Fühlen und Denken. Ich bin ganz dabei. Diese kostbaren Zeiten zeichnet aus, daß man sich ihrer sogar nach Jahren lebhaft erinnern kann. Man war wahrhaft Teil des Geschehens, das seinerseits zum unverlierbaren Teil dessen wurde, was ich bin. Wer den Tagesrückblick (Übung 1) praktiziert, sieht, wie wenig es ist, was tatsächlich erinnerbare Wirklichkeit bleibt. Rasch verblaßt Gewohntes und Alltägliches, das mechanisch ablief, und nur Außergewöhnliches und Einzigartiges läßt sich leicht ins Gedächtnis zurückrufen.

Es ist unmöglich, jeden Moment zur außergewöhnlichen Sensation zu machen. Zwangsläufig besteht das Dasein aus Alltäglichem. Aber wir können den normalsten Wahrnehmungen und Handlungen eine Erlebnisqualität verleihen, die sie für uns bedeutsam werden läßt. Jede Sekunde ist unwiderbringlich und damit einzigartig. Wir sollten ihr diesen Wert beimessen, gleichgültig, womit wir uns gerade beschäftigt haben. Jeder Moment prägt unser weiteres Leben, ob wir dies bemerken oder nicht. Schaffen wir es, wach dabeizusein, gestalten wir die Qualität der Prägung bewußt mit.

Nehmen wir an, Sie schälen Kartoffeln, stecken am Fließband Minen in Kugelschreiber oder streichen einen hölzernen Zaun. Sie können all dies gespalten tun: Ein kleiner Teil der Aufmerksamkeit begleitet die Tätigkeit, gerade soviel, daß man sich nicht mit dem Messer schneidet, die Minen richtig greift oder den Pinsel nicht zu tief in Lack taucht. Während das roboterartig abläuft, hat sich der größere Teil des Gewahrseins nach innen zurückgezogen und widmet sich Phantasien, Grübeleien über ein Problem oder dem Abspulen von Erinnerungen.

Derart gespaltenes Gewahrsein bleibt meist dumpf. Weder wird der manuelle Vorgang wirklich erlebt, noch weiß man später, was währenddessen in einem vorging. Doch können solche alltäglichen Handgriffe zur tiefen Erfahrung werden, verbindet man sein Tun mit dem, was im Inneren abläuft. Ich spüre die Kartoffel mit der Hand und bedenke, wie sie vorher in der Erde lag. Unebenheiten in ihrer Form können daher rühren, daß Steine ihre Ausdehnung verhinderten. Ich erlebe das Herunterschneiden der Schale, sehe, was geschieht, höre das Geräusch dabei. Von jemandem, für den ich koche, oder mir selbst wird die Kartoffel gekaut, worauf sie im Magen in Stoffe zergeht, die das Funktionieren des Körpers in Gang halten. Oder: Während man das Material der Kugelschreiber und Minen tastet, denkt man über deren weiteren Weg nach. Es werden damit Einkaufszettel, Schulaufsätze und Liebesbriefe geschrieben, Totenscheine und Strafmandate ausgestellt. Oder: Die Maserung des Brettes, das ich streiche, erinnert mich daran, daß es einst Teil eines lebendigen Baumes war. Jetzt grenzt es zwei Stücke Erde voneinander. Mein augenblickliches Tun, so klein und unbedeutend ein Handgriff mir scheint, steht in sehr weiten Zusammenhängen.

Es soll kein Ziel sein, bei jedem Kartoffelschälen oder beruflichen Routinegriff genauestens zu spüren, was wir in Händen halten, und über dessen weiteste Bedingungsgeflechte nachzusinnen. Das Schicksal einer Kartoffel, eines Kugelschreibers oder Holzbretts mag einige Male spannend zu bedenken sein. Zwingen wir uns immer, wenn wir damit umgehen, zu solchen Erwägungen, werden diese leicht zu dumpfer Mechanik. Bei sich Wiederholendem ist oft angebracht, in Gedanken andere Wege einzuschlagen. Auch wäre falsch, sich um bewußtes Wahrnehmen jeden Schrittes und einzelner Stationen oft zurückgelegter Strecken zu bemühen, wenn gerade wichtigere Überlegungen anstehen. Doch steigert gelegentliches Lenken der Achtsamkeit auf Alltägliches, um ungewohnte Dimensionen des Normalen zu erschließen, unser Bewußtsein für den Wert jeden Augenblicks und erhöht unsere Wachheit.

Es gilt, zu jenem Punkt zu gelangen, an dem wir frei entscheiden, wohin wir unsere Aufmerksamkeit wenden. Das Bewußtsein ist dann nicht heillos in möglichst vielen Wahrnehmungen zerstreut, sondern ordnet alles aus seiner Mitte.

Wie gelangen wir dahin, wach im Augenblick zu sein und absichtlich zu entscheiden, was wir denken und tun? Nicht indem wir krampfhaft versuchen, möglichst viel auf einmal wahrzunehmen. Dieser Weg führte zu heilloser Zerstreuung. Es gilt, die ruhige und zwanglose Konzentration auf eine Sache zu lernen, die uns zur Mitte werden kann. Wer nicht eine Gegebenheit ganz erleben kann, wie sie ist, wird die Fülle, die Ganzheit aller Gegebenheiten, nicht erfahren.

Wo beginnen?

Auch wenn ein meditatives Leben, ein Dasein aus der Mitte, angestrebt wird, ist es notwendig, mit einzelnen Übungen zu beginnen. Diese sind aber mehr als Mittel zum Zweck: Einerseits helfen sie, das ganze Leben zu verwandeln; andererseits bildet jedes Üben schon eine Zeit besonderer Vertiefung und Erkenntnis.

Worauf soll sich die Konzentration richten, wenn wir das Ziel haben, wacher und gewärtiger zu werden? Gautama empfahl, bei sich selbst zu beginnen. Wir sollen uns mit dem beschäftigen, was uns am nächsten liegt, unserem Körper. Obwohl er die Grundlage unseres Daseins bildet, steht er vielfach außerhalb des Bewußtseins. Wenn wir etwas hören oder anschauen, wird die Aufmerksamkeit ganz vom Wahrgenommenen beansprucht, und wir vergessen dabei den Körper. Gerade jetzt haben Sie gelesen, daß man den Körper vergessen kann und haben ihn dabei vergessen.

Während der Meditationszeiten soll es darum gehen, sich des Körpers als Basis allen Erlebens zu erinnern. Wir kehren dabei die sonst fast ausschließlich nach außen oder auf mentale Prozesse gerichtete Konzentration um und werden selbst zum Objekt unserer Wahrnehmung. Gautama rät, mit dem bewußten Beobachten des Atmens zu beginnen:

«Im Wald, unter einem Baum oder in einem leeren Raum sitzt der Schüler mit untergeschlagenen Beinen, den Oberkörper gerade aufgerichtet, und er beginnt mit dem Üben der Achtsamkeit. Achtsam atmet er ein und aus. Atmet er lang ein, ist er sich bewußt, daß er lang einatmet; atmet er kurz ein, ist er sich bewußt, daß er kurz einatmet, atmet er lang oder kurz aus, ist er sich bewußt, daß er lang oder kurz ausatmet.»[44]

Es klingt ganz einfach. Man sorge dafür, daß man ungestört ist, setze sich aufrecht hin und werde sich der Tatsache bewußt, wie man atmet, flach oder kurz, tief oder lang. Dabei soll nicht mit dem Atem gespielt werden, indem man ihn verändert. Er wird einfach so gesehen, wie er jeweils ist.

Unterbrechen Sie Ihr Lesen kurz, um es zu versuchen: Sitzen Sie möglichst gerade, werden Sie still, und lassen Sie Ihre Aufmerksamkeit ungeteilt beim Ein- und Ausatmen sein. Beobachten Sie es nur!

Sie sehen, wie schwer die simpel klingende Aufgabe in Wahrheit ist: Vielleicht gelingt es Ihnen erst gar nicht, ein paar Minuten still zu sitzen, um sich auf einen Vorgang am eigenen Körper zu konzentrieren. Können Sie still sitzen, ohne ungeduldig und nervös zu werden, dann schaffen Sie es, sich einiger Atemzüge bewußt zu werden. Doch ohne es zu merken, sind Sie wahrscheinlich bald wieder in Gedanken und Tagträume abgeglitten, und die ursprüngliche Absicht ist vergessen, bis man sich ihrer plötzlich erinnert. Möglicherweise ist es Ihnen gelungen, aufmerksam beim Atem zu sein. Aber blieb es nicht nur beim Betrachten: Der Atemrhythmus wird störrisch. Obgleich man weiß, daß man nur bemerken soll, was ist, drängt sich eine Veränderung auf, die man nicht will. Das reine Beobachten gelingt nicht sogleich.

Eigentlich sollte diese Entdeckung, überdenkt man sie in aller Konsequenz, wie ein Schock wirken. Was glauben wir alles, durch eigene Absicht entscheiden zu können! Wir fällen Entschlüsse von weitreichender Bedeutung für unser und anderer Leben. Doch wir schaffen es nicht, den Entschluß umzusetzen, uns nur einige Minuten ungeteilt auf den einfachen Vorgang unseres Atmens zu konzentrieren.

Dabei gelingt eine solche Konzentration in der Regel mühelos, ist sie auf äußere Vorgänge gerichtet: Im Kino oder im Theater sind Stillsitzen und gesammeltes Verfolgen eines äußeren Ablaufs kein Problem. Sobald wir jedoch einen einfachen Vorgang bei uns selbst beobachten wollen, stellen sich Schwierigkeiten ein.

Ein Grund dafür ist die Macht der Gewohnheit. Wir scheinen alles andere mehr zu schätzen als unser Dasein. Wir suchen nach äußeren Sensationen und vergessen, welches Wunder unsere bloße Existenz darstellt. Könnten wir dieses vollkommen würdigen, welche Möglichkeiten erschlössen sich erst im äußeren! Doch wir sind auf der Flucht vor uns selbst. Wir fliehen in eine Vielfalt an Wahrnehmungen, in Gedanken, Erinnerungen und Tagträume. Wir wollen nichts sehen, wie es in Wahrheit ist, am wenigsten uns selbst.

Beim einfachen Betrachten des Atems wären wir ganz allein mit dem gegenwärtigen Augenblick. Als unbewußte, unwache Menschen ertragen wir dies nicht. Wir möchten aufstehen und einer gewissen Zukunft entgegeneilen, von der wir Besseres erwarten, als der Moment bietet. Wir wollen uns zumindest in Gedanken und Tagträumen betäuben.

Aber nur wenn wir ganz erfassen, was in diesem Augenblick in unserem unmittelbaren Bereich vorgeht, können wir allmählich das, was uns die Sinne darüber hinaus vermitteln, bewußt erkennen. Das Erleben der momentanen eigenen Gegenwart ist die innere Mitte, von der alles andere überschaubar wird.

Die Bedeutung des Atems

Weshalb steht das Betrachten des Atems im Zentrum von Gautamas Meditationsmethoden? Führt nicht die Konzentration auf das Gehen oder Sitzen, Denken oder Fühlen zu gleichen Ergebnissen? Gautama lehrte auch Übungen, die das Gehen, Sitzen, Denken oder Fühlen bewußtmachen. Ausnahmslos jeder Vorgang, Kartoffelschälen oder die Vorfreude auf ein Fest, ließe sich mit vollkommener Achtsamkeit betrachten. Doch kommen dem Atem Eigenschaften zu, die ihm besondere Bedeutung auf dem Weg zu wachem Leben verleihen.

Ein indischer Mythos aus der Zeit vor Gautama illustriert dies. Die fünf menschliches Dasein tragenden Kräfte Sehen, Hören, Denken, Geschlechtstrieb und Atem stritten, welche von ihnen am wichtigsten sei. Schließlich vereinbarten sie, jede solle für ein Jahr den Körper verlassen, um zu testen, wie es ohne sie geht. Als das Sehen und Hören austraten, waren Blindheit oder Taubheit zwar Erschwernisse, doch der Mensch konnte gut leben. Auch ließ es sich ohne Denken oder Trieb aushalten. Doch als der Atem den Körper für ein Jahr verlassen wollte, protestierten die anderen vier, denn das wäre ihr Ende gewesen.

Unter den lebenserhaltenden Funktionen des Körpers ist der Atem die kontinuierlichste. Ohne Nahrung und Flüssigkeit vermag ich vergleichsweise lange zu existieren. Doch ob ich gehe, liege, stehe oder sitze, esse oder trinke, stets muß ich atmen, sogar im traumlosen Schlaf. Versiegt dieser unmittelbarste Ausdruck des Lebenswillens, ist mein Dasein vorbei. Unter dieser Perspektive läßt sich sagen, daß ich immer ein Atmender bin, alles andere bin ich nur zeitweilig.

Zwar gibt es weitere ständig notwendige Prozesse, die das Funktionieren des Körpers gewährleisten; auch das Herz schlägt Zeit meines Lebens. Doch unterscheidet sich der Atem grundlegend von den anderen: Einerseits ist er ein Automatismus, andererseits kann ich ihn bewußt steuern. Denke ich nicht an ihn, fließt er meinem körperlichen und emotionalen Zustand entsprechend ruhig oder hektisch. Dies geschieht von selbst, ob ich es merke oder nicht. Wende ich jedoch die Aufmerksamkeit dem Atem zu, kann ich seinen Rhythmus absichtlich ändern oder ihn für kurze Zeit anhalten.

Nicht nur die Kontinuität des Atems verkörpert meine Existenz, sondern auch seine Stellung an der Grenze zwischen unkontrolliertem Geschehen und absichtlicher Lenkbarkeit, die ich im Wechsel der Rollen des Täters und des Opfers immer wieder überschreite. Mein Dasein steht in der Spannung dessen, was ich frei zu gestalten glaube, und den Zwängen und Umständen, die mein Wollen einschränken. Ich erfahre die von Gautama mit der

Ersten Edlen Wahrheit beschriebene Unzulänglichkeit, bekomme nicht, was ich will, und erhalte, was ich nicht will. Sogar wo ich gestalte, weisen mich Gesetze in die Schranken des Möglichen, was wiederum der Atem zeigt, den ich nur innerhalb gewisser Grenzen lenken und anhalten kann.

Der Atem als die das ganze Leben umfassende Brücke zwischen unbewußten und bewußt steuerbaren Prozessen ist meine natürliche Mitte, von der ausgehend ich zunehmend Wachheit entfalten kann. Im Meditieren nach Gautama soll man des Atemflusses gewahr sein, ohne daß man ihn verändert, um die Freiheit im reinen Beobachten eines Geschehens zu erfahren. Doch in einem Zustand jenseits von Aktivität und Passivität einfach nur zu sehen, was sich vollzieht, kann schwierig sein. Auf der Flucht vor dem, was wir sind, akzeptieren wir nichts an uns, wie es ist. Sobald wir uns dem Atem achtsam zuwenden, taucht meist schon der Impuls auf, ihn zu verändern. Wir wollen ihn regelmäßiger, tiefer oder entspannter. Und schon greifen wir ein.

Es geht darum, genau das zu erfahren, was jetzt ist: Ich sitze allein in der Rolle, die ich immer einnehme: als Atmender. Meine ungeteilte Aufmerksamkeit begleitet das Strömen der Luft in meinen Körper und wieder hinaus. Obwohl ich die Möglichkeit, ja den Drang zur Veränderung spüre, lasse ich bloß geschehen, was von selbst kommt, fliehe nicht in Wertungen, Aktivitäten, Tagträume oder anderes Denken.

In dieser stillen und reinen Gegenwart lehrt das Atmen jenseits begrifflichen Denkens die Wahrheit unseres Lebens. Es zeigt uns als Werdende und niemals Abgeschlossene. Wie alles am Menschen ist es ein dynamischer Prozeß, es kann unmöglich still stehen oder zu einem Endpunkt gelangen, solange wir als diese Körper existieren. Indem wir uns bewußt als Atmende erfahren, klärt sich das Grundgesetz des Daseins nicht nur theoretisch, sondern unmittelbar: Unser Wesen ist Bewegung, wir bestehen im Wandel. Man ist nicht, sondern wird, was man ist, um weiter werdend damit aufzuhören.

Der Atem offenbart den Rhythmus dieser Bewegung: Wie wir

ausgewogen und im Wechsel ein- und ausatmen, müssen sich im ganzen Leben Nehmen und Geben die Waage halten. Flüssigkeit und Nahrung haben den Körper in gewandelter Form zu verlassen, soll er nicht krank werden. Dieses Prinzip gilt überall: Herrscht kein Gleichgewicht zwischen An- und Entspannung, fühlen wir uns unbehaglich. Wollte man die Welt nur wahrnehmen, ohne ihr reagierend etwas zurückzugeben, könnte man nicht bestehen. Häuften wir nur Besitz an, ohne damit umzugehen und weiterzugeben, brächen wir unter seiner Last zusammen. Immer gilt das Gesetz des Atems: Nehmen, Verwandeln, Geben. Was wir nehmen, wandelt uns, und wir wandeln es. Durch krampfhaftes Festhalten sperren wir uns gegen das Gesetz der Nichtdauer. Was wir nehmen, müssen wir lassen können. Das gilt für alle Dinge wie für den Körper. Wahre Reife entspricht dem Ausmaß, in dem das ohne Widerstände gelingt. Nie bin ich, immer werde ich.

«Ich denke, also bin ich», der berühmte Satz des Philosophen René Descartes, ist aus der Warte Gautamas mit Fragezeichen zu versehen. Daß mein Ich aus dem Gewahrwerden von Prozessen entsteht, macht es selbst zum Prozeß. Es atmet, also werde ich meiner als Atmenden gewahr; es denkt, also werde ich meiner als Denkenden gewahr. Wer ein Geschehen als solches erlebt, erfährt sich selbst, sein Bewußtwerden, als Geschehen. Da ist kein «ich bin», sondern unausgesetzt ein «ich werde». Was langes Überlegen nur vage faßt, lehrt zwanglos und wunderbar der Atem. Dazu ist notwendig, daß wir still werden, um allein mit uns, konzentriert und doch zwanglos dem Strömen des Atems zu folgen.

Still werden, ruhig sitzen

Eine Voraussetzung für die Meditation des Atmens ist ruhiges Sitzen in äußerer und innerer Stille. Wie die zitierte Anweisung Gautamas sagt, spielt es keine Rolle, ob man im Freien oder in einem Raum übt. Es geht nur darum, von Ablenkungen frei zu bleiben. Sind wir nicht mit Menschen zusammen, die ebenfalls meditieren, sollten wir im Zimmer, Garten oder der Natur allein sein. Quellen äußerer Störung, etwa Geräusche, werden am Beginn möglichst vermieden. Erst fortschreitendes Üben läßt waches Vergegenwärtigen sogar bei Lärm und anderen Umständen, die den Anfänger behindern, aufrechterhalten. Zunächst wird man vollends beschäftigt sein, innere Ablenkungen zu meistern.

Am ungestörten Ort nehmen wir eine zum Meditieren geeignete Sitzhaltung ein, die ermöglicht, *wach* und *still* zu bleiben, um uns mühelos zu konzentrieren. Ruhelosen oder nervösen Menschen mag dies besonders schwer fallen. Doch bedarf es fast immer einiger Übung. Die Haltung darf weder so entspannt sein, daß wir zur Schläfrigkeit neigen, noch so gezwungen, daß die Anstrengung, sie einzunehmen, unsere Aufmerksamkeit vom Betrachten des Atems ablenkt. Klassische Meditationshaltungen Asiens am Boden unterstützen das Üben. Sitzen wir mit herabhängenden Beinen auf einem Stuhl, ist unser Körper vom Scheitel bis zu den Sohlen denkbar weit ausgedehnt. Beim Sitzen am Boden findet seine Ausdehnung ihre Mitte im Bereich der Lunge, wohin sich unser Meditieren richtet. Wir sind zentriert und dadurch leichter konzentriert.

In Asien, wo Gautamas Meditationsübungen entstanden und weiterentwickelt wurden, war und ist das Sitzen am Boden oft eine normale und gewohnte Sache. Wer zum Essen oder Lesen immer am Boden sitzt, empfindet es nicht als zusätzliche Anstrengung, beim Meditieren diese Haltung einzunehmen. Doch ist sie keine unverzichtbare Voraussetzung. Es wäre geradezu hinderlich, wenn wir uns zum Sitzen am Boden zwingen müßten. Wir können auch auf einem Hocker oder Stuhl meditieren, wenn wir so leichter zur Ruhe und Wachheit finden.

In jedem Fall sitzen wir gerade und lehnen uns nicht an. Die Wirbelsäule hält den Körper ungezwungen, nicht steif wie einen Stock aufrecht. Aus eigenem Vermögen, doch ohne Gewalt halten wir uns gerade. Durch leichtes Hin- und Herpendeln mit dem Oberkörper läßt sich jene Position finden, in der man mühelos bleiben kann.

Sitzt man auf einem Stuhl, stehen die Beine parallel nebeneinander. Der Kopf ist weder nach oben gestreckt noch nach unten geneigt. Aufrecht ruht er auf der Wirbelsäule. Das Geradehalten des Kopfes ist ganz natürlich. Die Hände liegen mit den Handrücken nach unten im Schoß oder mit den Handflächen auf dem jeweiligen Oberschenkel. Die Arme hängen weder völlig entspannt nach unten, noch werden sie angespannt gewinkelt.

Wer den traditionellen Lotossitz am Boden bevorzugt, wie man ihn von Buddha-Statuen kennt, sollte sich diesen von jemandem zeigen lassen, der ihn gegebenenfalls korrigieren kann. Bei dieser Haltung kommt es durch ein Überdehnen der Sehnen und Bänder leicht zu Schmerzen, und Druck auf die Gefäße hemmt die Blutabfuhr aus den Beinen, wodurch diese einschlafen. So förderlich der Lotossitz für die Meditation dessen ist, der ihn ausführen kann, so hinderlich wäre er dem Ungelenkigen. Bevor das Gefühl aufkommt, man zwinge sich zu schmerzhafter Akrobatik, sollte man den Schneidersitz oder das Üben auf einem Stuhl oder Hocker bevorzugen.

Auf diese Weise sitzen wir weder entspannt noch angespannt für einige Zeit ruhig und wach. Wem das sofort gelingt, der kann gleich zur Betrachtung des Atems übergehen. Wahrscheinlich haben Sie Probleme: Der Körper möchte nicht still sitzen. Man verspürt Lust, sich zu bewegen, hat vielleicht Angst vor der Ruhe, zappelt und möchte am liebsten gleich wieder aufstehen. Das Stillsitzen will geübt sein.

Man versucht, für einige Minuten einfach ruhig zu sitzen, noch ohne die Aufmerksamkeit auf den Atem zu lenken. Eine Beschäftigung mit dem eigenen Körper würde die Unruhe wahrscheinlich verstärken. So lenkt man das Bewußtsein auf das, was einen umgibt. Ohne sich zu bewegen und mit dem festen Vorsatz, still zu bleiben, betrachtet man, was sich im Blickfeld befindet, und macht sich das Gesehene bewußt. Man kann es sich in Gedanken beschreiben und die Dinge beim Namen nennen: Vor mir links die Tür, das braune Holz unregelmäßig gemasert. Die Klinke aus Messing... Es ist auch möglich, auf die Laute zu lauschen, die ans Ohr dringen. Aus der Ferne Motorengeräusche, Tellerklappern aus dem Nebenzimmer, unverständliche Stimmen von irgendwo ...

Übt man jeden Tag für fünf oder zehn Minuten das stille Sitzen, steigert sich die Fähigkeit des ruhigen konzentrierten Verweilens. Allmählich wird man reif, die Achtsamkeit vom äußeren Objekt auf den Atem zu lenken.

Oft scheint es, der Körper unternähme alles, sich dem Wunsch nach zehn Minuten der Stille zu widersetzen. Plötzlich tritt Juckreiz auf, wir spüren den Drang, uns zu bewegen, oder es stellt sich das Empfinden ein, wir säßen schlecht und müßten unsere Haltung dringend korrigieren. Gerade am Beginn sollten wir uns in solchen Situationen *nicht gewaltsam beherrschen* oder wütend werden, wenn es uns nicht gelingen will, fünf Minuten still zu sitzen. Wenn wir gegen den Juckreiz oder den Wunsch nach Bewegung kämpfen, wird uns Meditation bald als traurige Pflicht erscheinen, die wir wieder aufgeben.

Soll uns meditatives Üben auf dem Weg zur Freiheit voranbringen, müssen wir es als freudige Herausforderung annehmen. Darum akzeptieren wir jede Störung als Hilfe, die wir in die Meditation einbauen, indem wir sie uns bewußtmachen. Spüren wir zum Beispiel einen Juckreiz am Rücken, dann versagen wir es uns nicht, etwas dagegen zu tun. Doch wir fahren nicht sofort mit der Hand zum Rücken, um ihn zur Ruhe zu bringen. Während der Meditation nehmen wir alles bewußt vor: Wir bleiben ruhig und sagen uns, daß wir einen Juckreiz am Rücken spüren. Dann versuchen wir diesen für einige Sekunden achtsam zu empfinden. Wir machen uns die Stelle bewußt, an der er auftritt, und spüren ihn einfach. Schließlich bewegen wir unseren Arm ganz langsam zum Rücken und kratzen ebenfalls ganz langsam die Stelle auf der Haut. Wir erleben bewußt, wie der Juckreiz verschwindet, und führen die Hand behutsam in die vorherige Haltung zurück.

Verlangsamung hilft, bewußt zu erfahren, was normalerweise als Reflex außerhalb des Bewußtwerdens geschieht. Kratzt man sich während des Tages vielleicht mehrfach unbemerkt, tut man es in der Meditation mit vollkommener Aufmerksamkeit.

Mit jeder Störung verfahren wir so: Drängt es uns, den Kopf oder die Beine zu bewegen, beobachten wir zunächst ruhig, was uns dazu veranlaßt; dann tun wir es. Jedoch soll es nicht hektisch und nervös passieren, sondern wiederum ganz langsam mit klarer Beobachtung und voller Bewußtheit. Auf diese Weise machen wir gerade das, was uns in unserer Konzentration stören will, zum Objekt der Konzentration. Wir nützen Hindernisse aus, um uns weiterzuentwickeln.

Sitzen Sie regelmäßig jeden Tag nur einige Minuten still und nehmen dabei das wenige, was Sie sehen und tun, ganz achtsam und bewußt zur Kenntnis, wird diese Übung bereits große Folgen für Ihr Leben haben: Aufgeregtheit und Nervosität gehen zurück, in entscheidenden Momenten können Sie Ruhe bewahren, Sie nehmen vieles wahr, was Sie nie zuvor bemerkt haben, und schließlich lernen Sie, auch im Alltag Hindernisse auszunützen, um voranzukommen.

Gelingt es durch Betrachten dessen, was wir von außen wahrnehmen, und ruhiges Beseitigen von Störungen, einige Minuten still zu sitzen, können wir dazu übergehen, die Aufmerksamkeit auf den Atem zu lenken. Ob dies sofort, nach drei Tagen, zwei Wochen oder fünf Monaten der Fall ist, spielt keine Rolle. Wichtig sind Regelmäßigkeit und Ausdauer. Echtes Fortschreiten wird Ihnen ungeachtet der benötigten Zeit Freude machen.

Das Zählen des Atems

Bereitet das Stillsitzen kein großes Problem mehr, beginnt man mit dem Beobachten des Atems. Wie bereits dargelegt, geht es darum, nicht einzugreifen, nichts zu verändern, sondern den Fluß des Atems zu sehen.

Unmittelbares Bewußtwerden des Atems gelingt im Anfang nicht selbstverständlich. Entweder bleibt die Aufmerksamkeit zwar beim Atem, doch man muß dagegen ankämpfen, ihn zu verändern; oder man schafft es nicht, sich wahrhaft darauf zu konzentrieren. Man ist sich zunächst vielleicht eines Atemzuges bewußt, um dann eventuell erst nach Minuten zu bemerken, daß man das ursprüngliche Vorhaben der Meditation vergaß und sich in Träumereien oder Gedanken verlor.

Als Tor zur Meditation über den Atem kann man die einzelnen Atemzüge in Gedanken zählen. Es ist dies zwar noch kein reines und unmittelbares Gewahrsein des Atems, weil noch das sprachliche Mittel verwendet wird, doch die geringe geistige Aktivität des Zählens verhindert, daß die Gedanken allzuweit vom Objekt der Konzentration abschweifen oder daß man seine Aufmerksamkeit auf die Kontrolle und Korrektur des Atemflusses richtet.

So zählt man beim ersten bewußten Einatmen innerlich «eins», beim folgenden Ausatmen «zwei», beim erneuten Einatmen «drei» und so weiter, bis man bei «acht» oder «zwölf» angelangt, worauf man erneut von vorn beginnt. Es kommt darauf an, den jeweiligen Atemzug durch das Benennen mit der Zahl bewußt zu registrieren. Gelingt dies, werden andere Gedanken ausgeschieden. Der mit dem Zuordnen einer Zahl beschäftigte Geist braucht sich nicht um eine Veränderung des Atemrhythmus zu kümmern.

Wichtig ist, nach etwa zehnmaligem Ein- und Ausatmen wieder mit «eins» anzufangen, damit das Zählen nicht selbst zur unbewußten Routine wird. Sie werden es merken: Plötzlich ertappen Sie sich, schon bei «fünfzehn» oder «zwanzig» zu sein. Mechanisch zählten Sie weiter, während Ihre Gedanken parallel anderen Überlegungen nachgingen. Ohne sich zu ärgern, daß Sie vom Meditieren abgekommen sind, beginnen Sie dann einfach wieder mit «eins».

Gelingt es, einige Minuten still sitzend die Aufmerksamkeit durch das Zählen zu konzentrieren, geht man zum direkten Gewahren des Atmens ohne begriffliche Hilfsmittel über. Doch sollte dieser Schritt nicht zu früh erfolgen. Solange ruhiges Sitzen und ein bewußtes Verweilen beim Zählen der Atemzüge noch schwerfallen, wird es kaum erfolgversprechend sein, weiterzugehen. Im Anfang kommt alles darauf an, regelmäßig eine Viertelstunde am Tag dieser Arbeit an sich selbst zu widmen.

Stellen Sie sich unter keinen Leistungsdruck. Lediglich etwas Geduld ist erforderlich. Umgehen Sie das Hindernis, in der Meditation etwas Schwieriges oder Außergewöhnliches zu sehen! Unser Vorhaben ist im Grunde das einfachste der Welt: Solange es uns gibt, existiert unser Atem. Wir machen uns lediglich etwas bewußt, das ohnehin immer zu uns gehört. Wie wir aufmerksam einen Film verfolgen, müßte es gelingen, jenen Vorgang zu betrachten, der uns am nächsten ist. Eigentlich braucht es dazu weder Zwang noch verkrampfte Willensanstrengung. Daß es uns trotzdem schwerfällt, beweist, wie weit wir vor uns selbst geflüchtet sind.

Das Betrachten des Atems

Wenn wir das Zählen als Brücke zur Konzentration hinter uns gelassen haben, rückt allein der Atemvorgang in den Brennpunkt der Aufmerksamkeit. Wir erleben uns ganz als Atmende, alles andere wird für die Zeit der Meditation unwichtig.

Begriffe wie *Beobachten* oder *Betrachten* des Atems dürfen uns nicht irreführen: Wir betrachten uns in der Meditation nicht so, als würden wir uns von außen sehen. Beobachter und Beobachtetes werden zur Einheit: Ich erlebe mich als Atmender. Ich bin dieses Atmen. Nicht ich atme, sondern es atmet mich, ich bin als Gewahrsein dieses Prozesses untrennbar von ihm.

Es gibt verschiedene Möglichkeiten, auf diese Weise konzentriert im Atemfluß zu bleiben. Man kann das leichte Heben und Senken der Bauchdecke erfahren oder die Atemluft an jener Stelle der Nasenflügel spüren, die sie beim Eintreten und Verlassen des Körpers berührt. Auch kann man achtsam dem Weg des Atems als Bewegung folgen.

Je länger es gelingt, ganz im oder mit dem Atem zu sein, um so stiller, bewußter und wachsamer wird man. Anfänglich mag es ein großer Erfolg sein, ein zwei-, drei- oder viermaliges Ein- und Ausatmen ohne Zählen bewußt zu erleben. Vielleicht kann man einige Wochen oder Monate später fünf, zehn oder fünfzehn Minuten die Aufmerksamkeit zwanglos mehr oder weniger beim Atmen festhalten. Es geht nicht um Schnelligkeit oder Rekorde.

Die Atemübung verspricht nicht nach kurzen Versuchen spektakuläre Erfolge. Heilsame Resultate stellen sich durch die beharrliche Praxis ein. Es nützt wenig, sich alle paar Wochen oder einmal im Monat in einer Gewaltkur zu mehrstündigem Stillsitzen zu zwingen, um sich krampfhaft auf den Atem zu konzentrieren. Werden Sie jedoch täglich nur für zehn Minuten ruhig und lenken die Achtsamkeit auf das Atmen, nimmt langsam, aber sicher Ihre Fähigkeit zur Konzentration zu. Immer klarer durchschauen Sie den Atemvorgang in vielen Einzelheiten und öffnen sich den Lehren, die er erteilen kann. Sie erfahren aus Ihrer Mitte, der reinen Gegenwart, ungeahnte Tiefen und Weiten des Gewahrseins.

Solches Meditieren unterstützt die Arbeit an Ihrem Denken und Ihren Absichten. Wer gelernt hat, bei der Sache zu bleiben, seine Aufmerksamkeit willentlich in diese oder jene Richtung zu lenken und dort festzuhalten, kann leichter negative Gedanken durch positive ersetzen. Die einfache Übung klärt mehr als tausend Worte, wie wir in angemessener Weise mit uns umgehen.

Wichtig ist das Prinzip, Störungen in Hilfsmittel zu verwandeln. Alle Träumereien, Vorstellungen oder Gedankenspiele, deren Bemerken plötzlich zeigt, daß wir die Konzentration auf das Atmen verließen, sollten uns nicht ärgern, weil uns das Umsetzen unserer Absicht nicht befriedigt. Im Gegenteil: Das Bewußtwerden der Tatsache, daß wir den Faden verloren haben, darf als positiv gelten! Es gibt uns die Möglichkeit, die Übung wiederaufzunehmen. Also sagen Sie sich ganz nüchtern, was Sie abgelenkt hat, und legen Sie es durch dieses Bewußtmachen zur Seite. So kehren Sie mit Ihrer Konzentration zwanglos zum Atmen zurück.

Wir brauchen nicht Sklave dessen zu sein, was wir als Vorstellung oder Gedanken in unserem Geist wahrnehmen. Es ist möglich, bewußt auszuwählen, womit man sich beschäftigt. So, wie man weghören oder fortsehen kann, läßt sich auch die Aufmerksamkeit von Gedanken und inneren Bildern abziehen. Es ist nicht zu vermeiden, daß während der Atembetrachtung Vorstellungen aufsteigen. Unser Geist bewegt sich immer. Auch während der Meditation bringt er spontan Gedanken hervor und gestaltet bewußte oder unbewußte Wahrnehmungen zu Bildern. Diesen natürlichen Prozeß zu unterdrücken, wäre ein aufreibender Kampf. Wir gehen einen anderen Weg: Nichts außer unserer Schwäche zwingt uns, aufsteigende Vorstellungen anzunehmen, fortzuspinnen und zum Ausgangspunkt langer Tagträume zu machen. Wir können schlicht feststellen: «Da ist jener Gedanke, den ich aufgegriffen habe, doch ich will meine Konzentration wieder dem Atmen zuwenden.» Dieser kleine Impuls kann uns zwanglos zum Verfolgen der ursprünglichen Absicht zurückführen.

Auch dies fordert Übung: Anfänglich muß man oft entdecken, daß der Atem vergessen wurde und man sich in Erinnerungen, Sorgen oder Träumereien verlor. Immer wieder sagt man sich ohne Zorn: «Nein. Ich kehre zur Atembetrachtung zurück.» Auch später, wenn die Übung vertrauter wurde, gibt es Tage, an denen die Konzentration schwerfällt.

Leicht kann es geschehen, daß man zu solchen Zeiten die Lust am Üben verlieren und aufgeben möchte. Dann sollte man sich das Herausfordernde der Situation bewußtmachen: «Wie wenig bin ich doch Herr meinerselbst, wenn es mir nicht gelingt, meine Aufmerksamkeit auf den natürlichsten Vorgang meines Körpers zu lenken.» Wer sich auf diese Herausforderung einläßt, merkt bald, welche bedeutende Gelegenheit sie bietet, über sich hinauszuwachsen.

Das einfache Betrachten des Atems ist ebenso ungefährlich wie wirksam. Da es sich nicht um eine Manipulation der natürlichen Vorgänge oder eine gewaltsame Veränderung ihres Ablaufes handelt, kann es jedermann ohne Schädigung tun. Wie sollte etwas Negatives geschehen, wenn man lediglich betrachtet, was ist? Wer jedoch ernsthafte Schwierigkeiten mit dem Atemrhythmus oder der Lunge hat und sich deswegen in Behandlung befindet, sollte die Absicht zu dieser Meditation mit seinem Arzt besprechen, damit sie mit einer bestehenden Therapie in Einklang gebracht werden kann.

Das Betrachten des Gefühls

Der zweite Bereich meditativen Gewahrwerdens ist unser Gefühlsleben. Zu verschiedenen Gelegenheiten frage man sich: «Wie fühle ich mich jetzt?» Die Antwort darauf soll nicht in weitschweifige Analysen münden, weshalb wir uns so fühlen. Wieder geht es nur um ein Registrieren dessen, was ist. Fühlt man sich angenehm oder unangenehm, oder befindet man sich in einem neutralen Zustand, der weder positiv noch negativ empfunden wird?

Reines Betrachten ohne Werten oder Verändern ist auch hier schwieriger als zunächst vermutet. Fühlen wir uns schlecht, neigen wir dazu, sobald wir dies merken, einem Zustand oder einem bestimmten Menschen die Schuld dafür zuzuschreiben. Indem wir die Verantwortung für unser Gefühl nach außen verlegen, fliehen wir vor dem bewußten Erfahren unseres Empfindens und lassen negative Gedanken der Wut und des Hasses zu. Es kommt zu einem Teufelskreis aus schlechter Laune und Ärger darüber.

Jedes negative Gefühl als Folge äußerer Umstände bleibt immer unsere eigene Reaktion darauf. Wir können nicht erzwingen, daß die Umstände unseren Wünschen entsprechen und sich alle Menschen so verhalten, daß ihr Reden und Tun bei uns Glücksgefühle und gehobene Stimmung bewirken. Aber wir können an unseren Stimmungen arbeiten.

Das jeweilige Gefühl verändert unser Wahrnehmen und färbt unser Denken, Reden und Handeln. Leichter als bei uns sehen wir manchmal an anderen, ob sie schlecht gelaunt sind. So wie wir andere als übelgestimmt erleben, handeln wir aus negativen oder positiven Stimmungen heraus, wodurch wir anderen als ungerecht oder unberechenbar erscheinen. Sogar wenn wir glauben, uns ganz gut zu beherrschen: solange wir nicht umfassend wach und bewußt geworden sind, stehen wir unter der Herrschaft der Launen.

Aus einer angenehmen Stimmung heraus neigen wir dann zum Akzeptieren von Dingen, die wir letztlich nicht wollen. Ein unangenehmer Gefühlszustand läßt uns selbst jene ungnädig behandeln, die uns die Liebsten sind. Natürlich machen wir uns das nicht bewußt. Wir wollen die üble Laune nicht als unser eigenes Problem wahrnehmen und flüchten in Rechtfertigungen. Doch noch nie hat mich ein anderer Mensch geärgert, sondern *ich* ärgerte mich *über ihn*. Wer bringt schon fertig zu sagen: «Ich bin schlecht gelaunt»?

Die Anregung Gautamas hilft uns, unsere Stimmung so zu erfahren, wie sie ist. Ohne Flucht nach rückwärts in Form einer Schuldzuweisung oder Rechtfertigung und ohne Flucht nach vorwärts in blindes Handeln.

Fragen Sie sich einfach: «Wie fühle ich mich?» Und dann stellen Sie nüchtern fest: «Schlecht», «gut» oder «neutral». Erleben Sie dabei das Empfinden als das, was es ist, ohne weitere Überlegung.

Diese Betrachtung läßt sich während der Meditationszeiten beim stillen Sitzen vor oder nach der Atembeobachtung anstellen. Doch auch im Alltag lohnt sich immer wieder die Frage nach dem augenblicklichen Gefühlszustand. Ist die Aufmerksamkeit grundsätzlich auf diese Dimension unseres Erlebens gelenkt, erübrigt sich mit der Zeit die Frage. Zunehmend wird uns zu verschiedensten Gelegenheiten bewußt, wie wir uns fühlen. Unangebrachte Euphorie wird dadurch von selbst gedämpft, ebenso schlechte Laune, auch wenn sie nicht sogleich vergehen. Kennen Sie das, daß Wut oder schlechte Laune, sobald sie offen eingestanden sind, Sie selbst zum Lachen bringen?

Was geht in mir vor?

Wir können und wollen aber noch mehr über uns erfahren außer dem Gefühlsleben. Welche Vorstellungen bewegen wir gerade? Welche Tagträume und Erinnerungen beschäftigen uns?

Was denken wir? Die vielen passiven Zeiten des Alltags oder mechanisch vorgenommene Beschäftigungen eignen sich, diesen Fragen nachzugehen.

Unsere Gedanken und Absichten machen uns weitgehend zu dem, was wir sind. Wollen wir die uns an den augenblicklichen Zustand bindenden Fesseln lösen und unheilsame Vorstellungen durch heilsame ersetzen, müssen wir der Tatsache gewahr werden, daß überhaupt Negatives in uns ist.

Wurde erst zur Gewohnheit, den Blick nach innen zu wenden, um ohne voreiliges Bewerten oder Verändern einfach zu sehen, was im Denken vorgeht, wird es uns zunehmend bewußter. Die regelmäßige Atemübung fördert den Prozeß. Nehmen wir wahr, wie wir uns fühlen und was wir denken, erleben wir unser Dasein neu. Es wird zunehmend ganzheitlich in seinen vielfältigen Vernetzungen erfahren.

Kenkō Yoshida meinte: «Ein Haus mit Herrn können Fremde nicht einfach betreten. Ein unbewohntes Haus besuchen Wanderer, wie sie wollen, weil ihnen dies niemand streitig macht. Tiere wie Füchse und Eulen kommen ganz selbstverständlich herein und fühlen sich daheim. Dazu erscheinen Gespenster, etwa die Geister der Bäume. Teil das Innere des Spiegels farblos und ohne eigene Gestalt ist, reflektiert es Tausende Dinge. Besäße es Farbe und Form, würde sich nichts darin spiegeln. Leere Räume ziehen an, was sie füllt. In unserem Herzen machen sich viele Gedanken und Wünsche breit, weil es ohne bedeutenden Inhalt ist. Gäbe es einen wichtigen Gedanken darin, spukten uns nicht zahllose Gespenster im Herzen.»[45]

Wurden wir durch Meditation und Streben nach Gewahrwerden zu Herren im eigenen Haus, bleibt unser Inneres nicht länger die Spielwiese sich aufdrängender Wahrnehmungen, Vorstellungen und Gedanken. Jetzt entscheiden wir, welche heilsamen Motive mit Absicht aufgenommen und verfolgt werden. Diese bewußt gewählten Impulse richten unser ganzes Denken, Reden und Handeln entsprechend aus. Schließlich findet das Unheilsame immer weniger Raum.

Achtsamkeit im täglichen Leben

Die tägliche Zeit der Meditation dient dem Vertiefen des Gewahrseins und Finden der Mitte, die das ganze Leben bewußter durchblicken und gestalten läßt. Von Anfang an ist daher ratsam, sein Streben nicht auf Übungszeiten zu beschränken, sondern sich im Alltag immer wieder Momente tiefer Bewußtheit zu schenken. Dies geschieht, indem wir gewöhnliche und scheinbar unwichtige Tätigkeiten zur Bedeutsamkeit erheben.

Wie das Atmen, obwohl Grundlage des Daseins, meist unbewußt vollzogen wird, gibt es viele kleine Handlungen, die normalerweise kaum beachtet, doch wichtige Elemente unseres Lebens sind. Im Augenblick lesen Sie in diesem Buch. Sie sind auf dieser Seite angelangt und werden noch ein Stück weiterlesen. Etwas über die Lehren und das Meditieren Gautamas zu erfahren ist der Zweck des Lesens, alles weitere dient diesem als Mittel: Immer wieder müssen Sie eine Seite umblättern, obwohl Ihnen das wahrscheinlich gar nicht bewußt wird. Ihre Achtsamkeit bleibt beim Inhalt und schweift nicht zum Umschlagen der Seiten oder dem Halten des Buches. Und dennoch: Ohne Umblättern wäre eine Beschäftigung mit dem Thema nicht möglich.

Recht bedacht, ist die kleine unbeachtete Tätigkeit des Umschlagens ebenso notwendig wie das Lesen und Nachdenken. Sieht man, daß das eine ohne das andere nicht sein kann, erhalten winzigste Tätigkeiten hohe Bedeutung. Das ist ein wichtiges Element des Bewußtwerdens seinerselbst.

Schlagen Sie die nächste Seite ganz achtsam um: Empfinden Sie die Bewegung der Hand, spüren Sie die Finger auf dem Papier, registrieren Sie alles, was Sie bei dieser selten bemerkten Handlung wahrnehmen. Freuen Sie sich über den kleinen Griff, denn er schenkt Ihnen den Gewinn, den Sie vom Lesen haben.

In der Routine jedes Vorgangs kann man fragen: «Was tue ich eigentlich? Wie tue ich es?» Dann wird plötzlich möglich, diesen Vorgang mit jener Sorgfalt und Achtsamkeit auszuführen, die er als Teil des Lebens verdient.

Ziehen wir uns am Morgen an, läßt sich das mechanisch erledigen, während die Gedanken zu den Pflichten des Tages eilen. Doch wir sollten es manchmal mit Achtsamkeit und Liebe zum Detail versuchen: Da läßt sich bewußt empfinden, wie jedes Kleidungsstück übergezogen wird, wie es sich auf der Haut anfühlt und welche Handgriffe nötig sind, es in die rechte Position zu bringen oder zu verschließen. Lichtanschalten, Heizen, Waschen, Duschen und Baden werden so zu Erlebnissen.

Mahlzeiten, die man mit anderem beschäftigt oft hastig einnimmt, kann man gleichfalls bewußt erfahren: «Was tue ich mit dem Besteck? Was schmecke und rieche ich? Wie zart ist das Gemüse? Wie schlucke ich? Bemerke ich, wie sich mein Magen füllt und sich Sättigung einstellt?» Ungezählt sind die Möglichkeiten: Kochen, Putzen, das Wählen einer Telefonnummer, alles kann dazu dienen, den Augenblick zu vertiefen.

Aber ist überhaupt wünschenswert, sich lästiger Pflichten umfassend bewußt zu werden? Wäre es nicht besser, man wendet sich den wesentlichen Dingen des Lebens achtsam zu? Gegenfrage: Was sind denn die «wesentlichen Dinge»? Was wäre der eigentliche Zweck, und was sind bloße Mittel dazu? Wir schlafen, stehen auf, ziehen uns an, gehen zur Arbeit, essen, trinken und hunderttausend Angelegenheiten mehr. Sind das alles Mittel zum Zweck unseres Lebens oder nicht in ihrer Summe das Leben selbst?

Wir schaden uns, teilen wir unsere Tätigkeiten streng in wichtige und unwichtige ein. Wird uns die Arbeit zur unerwünschten Notwendigkeit, damit wir in der Freizeit unser «eigentliches Leben» führen können, versuchen wir damit eine letztlich nicht durchführbare Spaltung der Persönlichkeit. Wie das Umblättern einer Buchseite wesentlich zum Lesen gehört und nicht davon getrennt werden kann, tragen viele kleine Elemente zum umfassenden Mosaik unseres Lebens bei. Jeder Augenblick ist einzigartig und kehrt nicht zurück, gleichgültig, was wir gerade tun. Wer die kleinen Teilchen nicht schätzt, wird nie das Wunder eines Mosaikbildes erleben. Er reduziert sein Dasein freiwillig.

Ungeduldig durchlebt er Stunden und Tage, in denen er nichts Bedeutsames sieht, um auf Sensationen zu warten.

Der gegenwärtige Moment ist eine einmalige Chance. Kenkō Yoshida erzählte folgende Geschichte: «Ein Schüler im Bogenschießen stellte sich mit zwei Pfeilen vor der Zielscheibe auf. Sein Lehrer tadelte ihn: ‹Anfänger dürfen nie zwei Pfeile haben. Weil sie sich auf den zweiten verlassen, gehen sie unachtsam mit dem ersten um. Man sollte jede Berechnung aufgeben und denken, alles hänge von dem Pfeil ab, den man jetzt hält.›

Dieser Mahnung soll man bei vielen Angelegenheiten gedenken. Mancher, der eine Fertigkeit oder ein Wissen lernt, meint am Abend, es kommt noch der Morgen. Am Morgen sagt er sich dann, der Abend wäre noch zum Üben frei. So bleibt es beim bloßen Wunsch, etwas zu lernen. Solche Menschen bemerken den mit Nichtstun versäumten Augenblick gar nicht. Warum ist es so hart, einen Entschluß unverzüglich auszuführen?»[46]

Wer ein meditatives Leben beginnt, muß zu seinem eigenen kritischen Lehrer werden, der immer wieder mahnt: Nur dieser Pfeil zählt! Allein das, was wir in diesem Augenblick tun, zählt. Was ich morgen vorhabe, ist jetzt unerheblich. Der Bissen, den wir gerade essen, die Arbeit, die wir erledigen, das Gespräch, das wir führen, all das sind einmalige Gelegenheiten. Dieser Moment kommt nicht wieder. Es gibt keinen zweiten Pfeil.

Erscheinen uns die vielen kleinen Dinge des Alltags als lästige Pflicht, die wir kaum beachten, versäumen wir das Leben. Wir sollten jeden Moment mit Liebe annehmen und gestalten, indem wir wahrhaft dabei sind. Der erste Schritt hierzu besteht im Ausdehnen des achtsamen und bewußten Lebens auf die Zeit außerhalb der Meditationsübungen.

7. KAPITEL

Fünf Regeln

Seit seinem Erwachen bis zum Tod fünfundvierzig Jahre später führte Gautama ein Wanderleben als lehrender Weiser. Nur während der Regenzeiten, wenn das Wetter ein Reisen zu Fuß erschwerte oder unmöglich machte, blieb er mehrere Wochen am gleichen Ort. Ansonsten war er unterwegs, um möglichst vielen die von ihm erkannten Wahrheiten durch Hinweise zur Lebensgestaltung und Meditation zu vermitteln.

Unter seinen Schülern waren solche, die es ihm völlig gleichtaten. Sie ließen alle anderen Beschäftigungen und Bindungen, um sich ganz dem Erwachen zu widmen. Sie zogen mit Gautama, ließen sich unterweisen und setzten alle Zeit und Kraft zu ihrer Verwandlung ein, um dann anderen als Lehrer und Vorbilder zu dienen. Da sie gleich Gautama an keinen Ort gebunden waren, konnten sie wandernd zur Verbreitung seiner Botschaft beitragen.

Die größere Gruppe von Schülern Gautamas umfaßte Frauen und Männer aller Stände: Bauern und Händler, Mütter und Mägde, Soldaten und Politiker, Bürger und Diener, Geächtete und Fürsten. Niemanden, der an sich arbeiten wollte, wies Gautama ab. Immer auf die persönliche Situation der Betroffenen bezogen, zeigte er, wie man im Rahmen eigener Lebensbedingungen eine größere Freiheit findet.

Obwohl er auf unterschiedliche Voraussetzungen seiner Schüler einging, lehrte er auch allgemeine Regeln, deren Beachten die auf das Erwachen gerichtete Lebensgestaltung bei jedem Menschen unterstützt. Diese Regeln sind nicht als Gebote mißzuverstehen, deren Übertreten ein Gott bestraft. Nicht auf Gehorsam war Gautama bedacht, sondern auf die Einsicht der Schüler in das, was ihnen selbst Nutzen und Schaden bringt. Er übergab dem Menschen die Entscheidung über ein Tun und Lassen, damit er nicht aus Furcht vor Strafe, sondern aus Erkenntnis und innerem Reifen in Freiheit die Handlungen und Verhaltensweisen wählen kann, die für ihn und andere das beste sind.

Halten wir uns von negativen Taten fern, weil sie verboten sind und wir Strafen im Diesseits oder Jenseits fürchten, wirkt sich unsere untadelige Lebensweise zwar angenehm für andere aus, die nicht unter uns leiden müssen, doch ist sie kein Zeichen für Wachheit. Vielmehr sind wir Sklaven von Vorschriften, von heilsamen Regeln gefesselt. Solange wir uns zwingen, Unheilsames zu lassen, während unsere Absichten heimlich das Gegenteil ersehnen, haben wir nicht erkannt, daß es in erster Linie schädlich für uns selbst ist. Die Absicht entscheidet.

Unsere negative Absicht kann mehr Leid schaffen als manche aus Angst vor Strafe unterdrückte Tat. Wie Gautama mit seiner Lehre vom Karma zeigte, straft mich nicht irgend jemand für eine unheilsame oder schlechte Tat. Dinge, die für mich und andere gleichsam negativ sind, bringen mit Sicherheit Schaden. Indem das Unheilsame als solches klar durchschaut wird, schwindet die Neigung dazu. Es wird dann nicht mehr aus Furcht vor Bestrafung gelassen, sondern aus Einsicht in die Schädlichkeit.

Was unheilsam oder negativ ist, kann nicht nach eigenem Gutdünken festgelegt werden. Oberste Richtschnur sind unverrückbare Gesetze. Nur ein mit ihnen harmonisches Leben garantiert uns und anderen Freiheit. Was dieser Harmonie zuwiderläuft, ist negativ und unheilsam. Soll eine Lebensregel sinnvoll sein, hält sie uns zu einem Verhalten an, das uns zunehmend in Einklang mit den Gesetzen des Lebens bringt.

Anfänglich wird beim Tun des Positiven und Lassen des Negativen die Hoffnung auf gute oder die Furcht vor negativen Wirkungen eine Rolle spielen. Doch je tiefer wir das Gesetz des Karma und die Verbundenheit aller Wesen und Dinge im großen Strom des Werdens erkennen, je mehr der Augenblick mit seinen Möglichkeiten an Wert gewinnt, um so aufrichtiger geschieht Heilsames freudig ohne heimliches Schielen nach Lohn.

Wozu dann überhaupt noch Regeln? Reicht es nicht, das Karma-Gesetz einzusehen, um automatisch stets das Rechte zu tun?

Bloßes Wissen vermag wenig. Es muß im Umsetzen zum lebendigen Teil von uns selbst werden. Gautamas Regeln sind Übungen, um Eingesehenes zu trainieren, damit es zum Bestandteil unserer Persönlichkeit wird. Eine wachsame Auseinandersetzung mit vorgegebenen Übungsfeldern verwandelt die Absichten und Haltungen.

Seinen wie er obdachlosen Schülern gab Gautama zahlreiche Regeln für ein diszipliniertes Leben im Dienst anderer. Weil sie nicht an bestimmte Menschen oder Besitz gebunden waren, konnten für jeden Lebensbereich eigene Regeln gegeben werden. Jene, die ein in alltägliche Pflichten und Beziehungen eingebettetes Leben führten, erhielten von Gautama nur fünf Regeln. Mache dir zur Übung

1. kein Lebewesen bewußt zu töten oder zu verletzen,
2. Nicht-Gegebenes nicht zu nehmen,
3. ein sittlich reines Leben zu führen,
4. Lügen und grobe Worte zu vermeiden,
5. die Bewußtheit nicht durch Drogen zu trüben.

Auf den ersten Blick sehen diese Regeln wie vieles, was Gautama ansprach, so selbstverständlich aus, daß eine weitere Erörterung unnötig erscheint. Geht man tiefer, findet man fünf Übungsfelder, die wesentlich zur Verwandlung unseres Wesens beitragen. Was anfänglich wie ein Gebot oder Verbot empfunden wird, weil es unseren Neigungen entgegensteht, führt im Lauf ernsthafter Auseinandersetzung zu einer Haltung, die Regeln überflüssig macht.

1. Kein Lebewesen bewußt töten oder verletzen

Wahrscheinlich lehnen die meisten Menschen aus natürlichem Empfinden das Töten eines anderen ab. Staat und Gesellschaft verbieten es und stellen es unter höchste Strafen. Doch schon hier treten Ungereimtheiten auf. Was einzelnen streng untersagt wird, gilt nicht als Unrecht, tut es eine Gruppe. Erklären Staaten das Leben eines Menschen für verwirkt oder lassen sich auf Unternehmungen ein, die mit Sicherheit Menschenleben kosten, wird dies als ebenso selbstverständlich erachtet wie die Vorschrift, die dem einzelnen das Schädigen von Leben verbietet. Über das mit vielen Worten und Paragraphen begründete Töten von seiten des Staats wird gnädiger hinweggesehen als über die Verwirrung einzelner. Das zeigt, wie sehr allgemeines Bewußtsein mit zweierlei Maß mißt.

Wenn Kriegsberichterstattung im Fernsehen zur Abendunterhaltung wird und man das Hinschlachten von Menschen durch Begründen mit politischen Notwendigkeiten versachlicht und verharmlost, verliert der einzelne leicht die grundsätzliche Wertschätzung des Menschenlebens. Gautama legte einmal gleichnishaft dar, wie die Einführung der Todesstrafe eine Gesellschaft in den Niedergang führte: Ein Volk verlor den Respekt vor dem Leben, weil es sah, daß es den Regierenden nicht heilig war.[47]

Wollen wir unser Leben zur Wachheit führen und den Augenblick bewußt nutzen, müssen wir unser Menschsein wahrhaft schätzen. Eine Voraussetzung dafür ist, daß man jedem Menschenleben grundsätzlich Wert beimißt. Ohne Beschönigung und Ausrede gilt es zu erkennen, wo wir die Integrität eines anderen mißachten. Selbstverständlich gibt es Notwehrsituationen, in denen man sich oder andere verteidigen muß. Auch Gruppen oder ganze Staaten können in solche geraten. Dies wurde von Gautama nie bestritten. Aber wir sollten Ausnahmen nie zur Regel erheben.

Um in Harmonie mit den universellen Gesetzen zu leben und zu erfahren, wie man als Werdender in der Ganzheit alles Seienden verflochten ist, bedarf es einer Einstellung, die Gautama folgendermaßen charakterisierte: «Da verwarf einer das Töten von Lebewesen, vom Töten steht er ab. Stock und Schwert verwerfend, denkt er zartfühlend und liebreich an das Wohl alles Lebenden.»[48] Wie stets in Gautamas Lehre steht die Haltung im Mittelpunkt: Wie sieht es in uns aus? Hegen wir geheime Todeswünsche gegen einen oder mehrere Menschen? Freuen wir uns, wenn bestimmten Personen ein Leid geschieht? Sind anderen absichtlich zugefügte emotionale Kränkungen nicht ein Ersatz für körperliche Verletzungen? Ist eines nicht so schlimm wie das andere?

Lesen Sie über diese Fragen nicht hinweg, weil Sie von Ihrer Friedfertigkeit und Liebe zu allem, was lebt, überzeugt sind. Das positive Bild von uns selbst muß auch dann nicht stimmen, wenn es immer wieder gelingt, uns und andere davon zu überzeugen. In jedem, der nicht an seiner Verwandlung zum Heilsamen gearbeitet hat, wohnen Haß und Übelwollen. Erst wer die Fessel des Grolls erkannt hat, kann sie bewußt lösen.

Fragen Sie daher tiefer, und bleiben Sie nicht bei dem stehen, was Sie selbst zu tun imstande wären. Betrachten Sie kritisch, was Sie offen oder heimlich gutheißen: Ziehen Sie Trennungsstriche zwischen Menschen, um die es ihnen mehr oder weniger leid tut?

Sind Ihnen negative Tendenzen bewußt geworden, können sie manchmal sofort vergehen. Mitunter ist man bei ihrem Gewahrwerden derart betroffen, daß man sie spontan losläßt. Sind sie hartnäckig, müssen wir mit Gautamas Methoden der Schulung des Denkens an ihrer Überwindung arbeiten.

Gautama sprach nicht nur vom Töten und Verletzen menschlichen Lebens, sondern hatte die gesamte Natur im Auge. Der Mensch neigt dazu, sich besonders wichtig zu nehmen. Es kann dies, weil er erkennt, daß er existiert, und absichtlich verändernd auf seine Umwelt einwirkt. Besonders in Europa schloß man daraus eine überragende Bedeutung des Menschen gegenüber allem Leben. Man erklärte ihn als «Krone der Schöpfung» und legitimierte damit das Ausbeuten der Natur, bis man der verheerenden Folgen gewahr wurde.

Sicher ist unser menschliches Bewußtsein wunderbar und kostbar. Doch wir machen schlechten Gebrauch davon, indem wir uns über all das andere erheben, aus dessen Bedingungsgeflecht wir entstanden sind. Obwohl das Bewußtsein für uns so großartige Möglichkeiten birgt, ist es doch im größeren Zusammenhang ein Wunder unter vielen. Friedrich Nietzsche spottete: «In irgendeinem abgelegenen Winkel des in zahllosen Sonnensystemen flimmernd ausgegossenen Weltalls gab es einmal ein Gestirn, auf dem kluge Tiere das Erkennen erfanden. Es war die hochmüthigste und verlogenste Minute der ‹Weltgeschichte›: aber doch nur eine Minute. Nach wenigen Athemzügen der Natur erstarrte das Gestirn, und die klugen Tiere mußten sterben!» Dann stellte Nietzsche fest: «Wie kläglich, wie schattenhaft und flüchtig, wie zwecklos und beliebig sich der menschliche Intellekt innerhalb der Natur ausnimmt; es gab Ewigkeiten, in denen er nicht war; wenn es wieder mit ihm vorbei ist, wird sich nichts begeben haben. Denn es giebt für diesen Intellekt keine weitere Mission, die über das Menschenleben hinausführte. Sondern menschlich ist er, und nur sein Besitzer und Erzeuger nimmt ihn so pathetisch, als ob die Angeln der Welt sich in ihm drehten. Könnten wir uns aber mit einer Mücke verständigen, so würden wir vernehmen, dass auch sie mit diesem Pathos durch die Luft schwimmt und in sich das fliegende Centrum der Welt fühlt.»[49]

Diese Mücke ist zudem untrennbar von uns selbst. Zwar nehmen wir keine Mücken zu uns, und sie mögen lästig erscheinen, wenn sie stechen. Wir glauben sie nicht zu brauchen. Doch vielleicht dienen sie Vögeln oder anderen Tieren zur Nahrung, die wiederum eine direkte Rolle für unser Existieren spielen. Gautama dehnte seine Regel des Nicht-Tötens und Nicht-Verletzens auf alle Lebewesen aus. Nicht nur das Dasein des Menschen, jeden Ausdruck des Lebens soll sein Schüler achten. Gelingt es, auch dem Tier mit Wertschätzung zu begegnen und in einer Pflanze das lebendige Wesen zu sehen, erlangen wir ein neues Bewußtsein dessen, was Leben ist.

Versuchen wir, die Grundlage unseres Daseins zu erfassen: In jedem Augenblick müssen wir töten, um zu existieren. Mit jedem Atemzug oder Schritt, den wir tun, zerstören wir Leben, geschieht dies auch jenseits des Sichtbaren. Sehr deutlich wird es bei der Nahrungsaufnahme: Leben lebt von Leben.

Beim besten Willen wäre es unmöglich, diese Gegebenheit abzuschaffen. Immer muß anderes vernichtet werden, damit wir sind. Es kommt auf die Haltung gegenüber dieser Tatsache an. Wollen wir nicht sehen, wie unser Dasein von anderem abhängt, bleibt ein wesentlicher Aspekte dessen verborgen, was wir sind, nämlich unsere universelle Bedingtheit. Bewußte oder wache Menschen im Sinn Gautamas werden wir so nicht. Wissen wir zwar, wie wir zum Existieren auf das Sterben anderer angewiesen sind, nehmen dies jedoch als Selbstverständlichkeit, weil wir finden, es stehe uns zu, und die ganze Natur sei für den Menschen gemacht, dann schätzen wir das Leben nicht. Selbstherrlich stehen wir über dem, dessen Teil wir doch sind. Wir schneiden unsere Wurzeln ab.

Weil unser Dasein unweigerlich von anderem Leben zehrt, müssen wir die Einstellung wandeln: Es bedarf einer *dankbaren* Haltung, die jede Form des Lebens wahrhaft achtet und Tiere wie Pflanzen bewußt als das sieht, was sie sind: Wesen, die viel mit uns gemeinsam haben.

Jedes Wesen tritt ins Dasein, will wachsen und werden, nährt sich von der Erde, lebt und schenkt neues Leben. Darin ist es uns verwandt. Es lebt anders, aber es lebt auf seine Weise und will leben.

Als Menschen unterscheidet uns von anderen, daß wir den Zusammenhang, wie Leben von Leben lebt, durchschauen. Wir können sehen, wie anderes uns zu dem macht, was wir sind, und wir es deshalb mindestens wie das eigene Dasein achten sollten. Dies zu erkennen wäre der Beginn der Dankbarkeit.

Eine solche Haltung entspringt nicht allein theoretischem Erwägen. Wie lernen wir praktisch, alles Leben liebevoll zu achten? Das gedankenlose Abreißen von Pflanzen am Wegesrand oder das Schlagen nach einem als störend empfundenen Insekt, erachtet mancher als nicht erwähnenswert. Gelingt es aber, im Kleinsten zu sehen, daß uns hier wie im Menschen der Wille zum Dasein entgegentritt, sind wir der Wachheit einen wichtigen Schritt nähergekommen.

Der Mensch brachte die Erde in eine bedrohliche Lage, weil er Pflanzen und Tiere nicht als vollwertig nahm, sondern nach ihrer Nützlichkeit für das eigene Wohl fragte. So entzog er sich die Basis seines Daseins. Gautama mahnte, alles, was leben will, zu lieben. Wer lernte, aus echter Wertschätzung vor dem Zertreten des kleinsten Käfers zurückzuschrecken, wird auch den Mitmenschen ohne Feindseligkeit begegnen.

Prüfen Sie sich kritisch: Wie verhalte ich mich nichtmenschlichem Leben gegenüber? Nehme ich es überhaupt bewußt wahr? Akzeptiere ich, wie wichtig es für mein Dasein ist?

2. Nicht-Gegebenes nicht nehmen

Die zweite Regel bezieht sich auf unser Verhältnis zu den Dingen. Die Kraft, die uns werden läßt, möchte uns auch haben lassen. Ein Mensch kann nicht sein, ohne zu haben. Zum Existieren brauchen wir Kleider, Lebensraum, Nahrung und manche grundsätzliche Notwendigkeit des Daseins mehr. Darüber hinaus besitzt ein Mensch in den Ländern mit entwickelter Ökonomie in der Regel noch viele Dinge, die er zwar nicht unbedingt braucht, die ihm aber das Leben angenehmer erscheinen lassen.

Nach allgemeiner Übereinkunft unter den Menschen, die sich in der Gesetzgebung der Staaten niedergeschlagen hat, darf keiner dem anderen dessen rechtmäßigen Besitz stehlen. Gautamas Formulierung, man solle «Nicht-Gegebenes nicht nehmen», geht weiter. Ein Mensch, der sich mit dieser Regel auseinandersetzt, fragt verschiedene Bereiche seines Daseins betreffend: «Was ist mir gegeben? Was steht mir zu?»

Das hat bald nur noch entfernt mit Eigentum im juristischen Sinn zu tun. Nehme ich etwas, das mir nicht zukommt, störe ich die Harmonie mit den universellen Gesetzen, denn ich setze mich über das Sein- und Habenwollen anderer hinweg. Von der achten Fessel gebunden, nehme ich mich wichtiger als andere.

Höhere Wachheit stellt höhere Anforderungen als nur die,

im äußerlichen das Eigentum anderer zu achten. Definitionen darüber können sehr unterschiedlich sein. Manche Staaten enteigneten Menschen ihres durch eigene Anstrengung erworbenen Besitzes, andere schufen Gesetze, die es einzelnen erlauben, auf Kosten wenig entlohnter Arbeit anderer viel anzuhäufen. In solchem Fall mag Pierre-Joseph Proudhons bekannter Satz zutreffen: «Eigentum ist Diebstahl.» Es ist sehr relativ, was offiziell als Eigentum definiert wird.

Ein erster Schritt, im Alltag herauszufinden, was ich mir nehme, besteht in einfachem Beobachten: Wo greife ich ganz selbstverständlich zu, ohne mir meiner Absicht bewußt zu sein? Wo verfüge ich ohne nachzudenken über den Besitz, die Zeit oder die Geduld anderer? Kann ich ehrlich vor mir selbst behaupten, all mein Besitz käme mir tatsächlich zu?

Bei allem was wir haben, gilt das gleiche Gesetz wie beim Atmen: Nehmen und Geben müssen einander entsprechen. Leisteten wir nichts für das, was wir besitzen, geben wir für Genommenes nicht etwas hin, stören wir die Harmonie. Sogar Geschenktes oder durch einen Glücksfall Erlangtes müssen wir nachträglich verdienen, indem wir uns seiner würdig erweisen.

Alles was wir besitzen, verlangt Einsatz. Besitzen, ohne die Bedingungen dafür zu schaffen, wird zur schweren Bürde. Nicht wir beherrschen es, sondern es beherrscht uns.

Wer auf anderer Kosten lebt, ohne etwas dafür zu geben, kann nicht frei werden. Wer sich zurücklehnt, während andere ihre Zeit, Kraft und Leistung einsetzen, damit sie sich selbst erhalten und die Gesellschaft sich entwickelt, bleibt von einem Schaffen abhängig, zu dem er nichts beiträgt. Wer ein bewußtes und glückliches Leben in innerer Freiheit führen möchte, muß die Verantwortung für sein Dasein übernehmen.

Dies hat nichts mit übertriebenem Stolz zu tun, der nicht erlaubt, Geschenke anzunehmen. Man sollte, schon um den Gebenden nicht zu verletzen, aufrichtig Geschenktes gerne nehmen. Es geht auch nicht darum, genau aufzurechnen, was wir wem zurückgeben müssen – dann verliert man sich in Kleinlichkeiten.

Wichtig ist die bewußte Dankbarkeit für alles, was wir ohne eigene Leistung erhalten. Wir müssen wissen, daß auch wir zu geben haben, vielleicht nicht jemandem, der uns beschenkte, sondern einem ganz anderen. Nur wenn wir in gleicher Weise nehmen und geben können, sind wir auf dem Weg zur Harmonie.

Grundsätzlich ist zu überlegen, ob wir Ersehntes oder schon Besessenes wahrhaft wollen. Wir müssen haben, um zu sein. Das steht fest. Auch gibt es neben dem, was wir brauchen, viel Schönes, das uns Freude bereitet und das Leben angenehmer macht. Was aber von dem, was wir haben oder möchten, brauchen oder genießen wir wirklich?

Letztlich ist nur innerer Gewinn von Wert. Der größte Besitz macht uns nicht zu glücklichen Menschen. Die Menge der Dinge, die wir horten, schenkt keine Freiheit. Eigentum und Besitz müssen andererseits die erstrebte Verwandlung nicht behindern und können sogar wertvolle Hilfsmittel werden, wenn wir für uns und andere heilsamen Gebrauch davon machen.

Gautamas zweite Regel mahnt, unser Verhältnis zu den Dingen der Welt, den fremden wie den eigenen, wachsam und kritisch zu prüfen. Zunächst sind grobe Formen möglichen Fehlverhaltens zu korrigieren: Neige ich ganz physisch dazu, mir Dinge anzueignen, die mir nicht zukommen?

Dann richtet sich die Achtsamkeit verstärkt auf den Gedanken: «Gibt es in mir Gier auf das Eigentum anderer oder Neid auf das, was ein anderer erlangt hat?» Schließlich fragt man weiter: «Was ist mir überhaupt gegeben? Was steht mir zu, bedenke ich meinen eigenen Einsatz?»

Wir sollen nicht in Minderwertigkeitsgefühlen versinken, denn wir können uns nur an dem messen, was wir innerhalb unserer Bedingungen sind. Bin ich kein Arzt, kann ich nicht heilen; sitze ich im Rollstuhl, kann ich nicht als Olympia-Sieger im Hochsprung zur Unterhaltung der Massen beitragen. Ich muß von mir ausgehen. Glaube ich, gar nichts geben zu können, kann ich doch das einschränken, was ich von anderen fordere, und ihnen so einen größeren Freiraum schenken.

Nimmt man entsprechende Überlegungen aufrichtig vor und scheut keine Konsequenzen, wandelt sich die Beziehung zu den Dingen. Man sieht sie nicht länger als Zweck des Daseins, sondern als Lebens-Mittel. Die Erfahrung erweist, wie die Qualität unseres Menschseins nicht von einer Anzahl besessener Dinge abhängt. Wir haften nicht mehr an dem, was wir haben oder wollen.

Dies bedeutet nicht, keine Freude mehr an Dingen zu empfinden. Im Gegenteil: Wir erfahren Glück erst durch Dinge, an denen wir nicht haften. Alles, woran wir hängen, macht uns unfrei. Solange wir glauben, etwas unbedingt zu brauchen, macht sich die Gier zu sehr in uns breit, um Raum für den Wert und die Schönheit der Sache zu lassen.

Der Unwache jagt heute diesem und morgen jenem nach. Nicht die Dinge schätzt er dabei. Wichtig ist die Selbstbestätigung, die sie ihm vermitteln. Doch erfährt er so keine wahre Bereicherung, denn er bestätigt lediglich jenes Bild von sich, das er bereits hat. Er bleibt Gefangener seiner Verblendung; Gier und Haß kommen nicht zur Ruhe. Erkennt er, daß nicht Besitz verwandelt, sondern nur heilsame Haltungen, Absichten und Werte, die man durch Arbeit an sich erwirbt, wird Freiheit gegenüber Dingen möglich.

Diese läßt nicht nur uns frei sein vom Zwang, haben zu müssen, sie befreit die Dinge davon, unseren Zwecken unterworfen zu sein. Wir erlauben ihnen, zu sein, was sie sind, und lernen, uns an der Schönheit einer Gegebenheit zu erfreuen, ohne sofort zu denken: «Das will ich haben!» Dann sind wir frei, auch zu schätzen, was wir nicht raffen können. Vielleicht ist manches ohnehin besser bei anderen aufgehoben als ausgerechnet bei mir.

Erst mit dieser Haltung kommt die Reife, Besitz im Einklang mit den universellen Gesetzen zu verwalten. Er dient nicht mehr der Befriedigung unserer Gier, sondern wir können für uns und andere besten Gebrauch davon machen, wodurch Dinge zu Mitteln des Glücks werden.

Dann erschließt sich eine neue Dimension des Besitzens, das

Geben. In der Regel gibt man, wenn man sich etwas davon verspricht. Aus einer wachen Haltung, die kein Anhaften mehr kennt, vermag man um der Sache oder eines anderen willen zu geben. Das Glück des Gebens ist dann der schönste Lohn.

Auf dem Weg dahin ist es ein beachtlicher Anfangserfolg, wenn man lernt wegzugeben, was man ohnehin nicht braucht. Kann man erst geben, was einem teuer ist, wurde ein großer Sieg erlangt. Man erfährt, wie man durch Geben reicher wird.

Wie wir keine Sekunde unseres Lebens halten können, läßt sich kein Besitz über dieses Dasein hinaus retten. Die Konsequenz? Jedes Teil unseres Besitzes «erleben», lieben, nützen, als Geschenk betrachten. Dann herrscht bei mir Dankbarkeit für alles Gegebene.

3. *Ein sittlich reines Leben führen*

Gautamas dritte Regel bezieht sich auf den Bereich der Sexualität, einem machtvollen Ausdruck der Kraft, die uns werden läßt. Vieles, was wir bewußt oder unbewußt tun, bestimmt sie entscheidend. Was so unmittelbar wie natürlich zum Leben gehört und in der Praxis das Dasein des einzelnen Lebens verursacht, ist etwas grundsätzlich Positives. Doch alles Gute läßt sich in Schlechtes verkehren, geht man in extremer Weise damit um. In der Sexualität sind zwanghafte Unterdrückung der Triebe oder gierhaftes Ausleben eigenen Verlangens ohne Rücksicht auf andere die Extreme.

Gautama verurteilte keine Form des Umgangs mit der Sexualität, weder irgendeine der denkbaren Arten sexuellen Miteinanders noch die Enthaltsamkeit. Seine Lehre zielt darauf, daß jeder seine Mitte findet.

Glaubt jemand, sexuelle Enthaltsamkeit fördere das Erreichen seiner Ziele, mag dies zutreffen, wenn sie aus freien Stücken gewählt wird. Enthaltsamkeit dürfte sich dann nicht als schwer erweisen. Bei jeder Lebensform ist wichtig, wachsam zu sehen, was man tut und warum. Gautama wertete das bloße Übernehmen von Formen als Fessel. Er betonte die Einstellung, die den einzelnen in einer gewissen Weise handeln oder nicht handeln läßt.

Jeder der nicht in Gedanken und Taten enthaltsam lebt, hat sexuelle Kontakte oder strebt diese an. Die Reinheit, die Gautama als Richtschnur gibt, läßt uns nicht gegen den Wunsch und das Interesse eines anderen in dessen Intimsphäre eindringen. Mit anderen Worten: Der Schüler Gautamas soll nicht vergewaltigen.

Vergewaltigung mag hart klingen, grausam. Müssen Sie sich überhaupt angesprochen fühlen? Vergewaltigen beginnt nicht erst dort, wo man einen anderen mit Brutalität und Drohungen zu sexuellem Verkehr zwingt. Vergewaltigung herrscht überall, wo wir aus sexuellem Begehren einen anderen mit dem leichtesten Druckmittel zu etwas bewegen, was er nicht will.

Es ist eine fadenscheinige Rechtfertigung, sagt man: «Der andere muß selbst wissen, was er tut. Macht er mit, was ich ihm antrage, ist er schließlich selbst verantwortlich.» Wer sein Bewußtsein weiten will, muß Empfindsamkeit für den Nächsten entfalten. Er darf ihn nicht zu einem Mittel zum Zweck der eigenen Befriedigung entwerten. Vielmehr muß er sich fragen, was gut für den anderen ist. Gerade in der Sexualität, wo starke Triebe bestimmend sind, mag dies schwer sein.

Wichtig ist, den Gründen, mit denen man sich rechtfertigt, zu mißtrauen. Das wenigste, das wir für Liebe halten, ist solche. Was wir für andere tun, geschieht oft nur, damit diese sich unseren Wünschen entsprechend verhalten. Wähnt man sich ganz sicher, sollte man sich doch prüfen: «Was fordere ich vom anderen? Will er wirklich das, was ich verlange? Was möchte er selbst?» Gerade Nähe macht oft blind. Man nimmt seine Gewohnheitsrechte wahr, doch der andere gibt vielleicht nur mechanisch, was wir fordern, ohne mit Würde dabeizusein. Doch entwürdigen wir ihn, entwürdigen wir uns selbst.

Hier gilt wieder, daß Schaden, den wir anderen zufügen, zu mindestens gleichem Teil uns trifft. Leidet ein anderer nicht, weil sich Negatives nur in unserem Denken abspielt, arbeiten wir doch gegen uns selbst. Phantasien, von denen wir wissen, daß sie uns etwas vorgaukeln, was der andere in Wahrheit nicht will, sind gefährlich. Sie halten das Karussell in Gang: Indem man über Unerreichbares phantasiert, haftet man immer stärker am Unmöglichen und verliert das Erreichbare aus den Augen. In diesem Fall ist wiederum mit den fünf Methoden zur Schulung des Denkens zu arbeiten.

Wir werden offener für andere, begegnen wir ihnen nicht fordernd, sondern fragend, um herauszufinden, was für sie das beste ist.

Gautama lobte einen Schüler mit Namen Ugra wegen besonderer Eigenschaften.[50] Hört man, was er tat, kann man es heute noch außergewöhnlich finden. Wie es in jener Zeit in Indien oft bei wohlhabenden Männern vorkam, hatte Ugra mehrere Ehefrauen. Die Mädchen wurden durch geschäftsmäßige Händel von den Eltern an den Ehemann gegeben, wobei die Bräute in der Regel kein Mitspracherecht besaßen. Für Liebesheiraten war kaum Platz. Dennoch ließ sich auch damals nicht vermeiden, daß Menschen sich verliebten. Trafen die Eltern aber ein anderes Abkommen, hatte die Tochter die Pflicht, dort hinzugehen, wohin sie bestimmt wurde. Man kann sich vorstellen, wie tragisch oft die Schicksale waren, in die sich Frauen fügen mußten. Der Rückweg zu den Eltern war ausgeschlossen und die Trennung vom Mann, um allein zu leben, unmöglich.

Als Ugra, der mit vier Frauen zusammen war, mit der Lehre Gautamas in Berührung kam, begann er in allen Lebensbereichen, Ernst damit zu machen. Er übte sich in Meditation und beachtete die Ratschläge Gautamas für ein bewußteres Dasein. So stellte er konsequent in Frage, was zuvor als selbstverständlich galt: Was dachten eigentlich diese Frauen, die nicht freiwillig zu ihm gekommen waren? Was wünschten sie wahrhaft? Vielleicht hatten sie ganz andere Träume und Vorstellungen und waren nun zum Leben mit ihm gezwungen.

Eine große Ehrlichkeit gegenüber sich selbst, die er aus Gautamas Anweisungen gewann, erlaubte ihm, sich zum Wohl aller Beteiligten über das zu seiner Zeit Übliche und Schickliche hinwegzusetzen. Er sprach mit seinen Frauen in aller Offenheit und fragte, was sie wünschten: Wollten sie weiter in seinem Haus wohnen mit allem Verfügungsrecht über den Besitz, doch ohne Verpflichtung, ihm zu Willen zu sein? Wollten sie sich lieber bei Verwandten niederlassen? Oder sehnten sie sich vielleicht nach anderen Männern, mit denen die Verbindung durch seine Vereinbarung mit ihren Eltern nicht zustande gekommen war?

Tatsächlich nannte ihm die erste seiner Frauen einen anderen Mann, mit dem sie gerne zusammengelebt hätte. Offenbar liebte jener Mann auch diese Frau, und so sorgte Ugra dafür, daß beide zueinander fanden. Persönlich richtete er die Hochzeitszeremonie für sie aus, ohne in diesem Augenblick Zorn, Wut oder Trauer zu empfinden.

Hierfür rühmte ihn Gautama als einen Mann außergewöhnlicher Eigenschaften. Er konnte seine Gier zurücknehmen, um ganz zu berücksichtigen, was im Interesse des anderen ist. Dabei kannte er weder Stolz noch Eitelkeit. Er sah ein, daß es keinen Sinn hat, sein Leben auf einer Täuschung aufzubauen und sich Zuneigung zu erkaufen. Zugleich verwirklichte er etwas, was meist mit Gier verwechselt wird, nämlich wahre Liebe.

Eigentlich liebt nur, wer Abstand von dem nehmen kann, was er selbst will, fordert und verlangt, um nach den Interessen des Geliebten zu fragen.

Immer weniger Partnerschaften werden heute von den Eltern ausgehandelt, und so leben zunehmend Menschen zusammen, die sich hierzu aus mehr oder weniger freiem Antrieb entschieden. Braucht einer, der die Fragen des Ugra stellt, deshalb nicht mehr damit zu rechnen, daß sein Partner ihm den Unwillen zur Gemeinsamkeit erklärt? Lieblosigkeit und Zwang gibt es jetzt wie damals. Heute entsteht sie aus Verblendung, denn die Freiheit, mit der wir jetzt eine Wahl treffen, ist auch die Freiheit, bei der Entscheidung zu irren. Ein allgemein verbreiteter Irrtum: Als unwache Menschen neigen wir dazu, die Nähe, Zuwendung und Fürsorge eines anderen sowie die Befriedigung, die er uns verschafft, als Selbstverständlichkeit hinzunehmen.

Auch wenn es unbequem sein sollte, über Gewohntes kritisch nachzudenken, müssen wir uns ohne Umschweife fragen: «Was will der andere?» Wir selbst müssen uns diese Frage beantworten, nicht der andere. Vielleicht hat sich unser Partner darauf eingestellt, erwartete Leistungen zu erbringen, unter denen er insgeheim leidet. Wir nehmen sie fraglos hin und merken gar nicht, wie wir den anderen buchstäblich vergewaltigen. Vielleicht verdrängt er es aus seinem Bewußtsein. Doch wir müssen unsere Augen öffnen! Wir sollten nur nehmen, was uns wirklich aus vollem Herzen gegeben wird.

Aus nichts dürfen wir jemals die Verfügungsgewalt über einen anderen Menschen ableiten! Trotz aller Eheverträge oder Versprechen, die uns ein anderer gibt, können wir letztlich keine Forderungen oder Ansprüche an ihn stellen, achten wir seine Freiheit als unserer gleichwertig. Die Gegenwart eines anderen bleibt immer ein kostbares Geschenk. Was wir dabei durch offene oder versteckte Drohungen und Forderungen zwingen, hat keinen echten Wert. Der andere wird zum Mittel unserer Selbstbefriedigung. Äußerlich sind wir nicht allein, doch im Herzen blieben wir einsam.

Wer die Gegenwart eines anderen, sei sie auch noch so gewohnt, als Geschenk begreift, dem wird sie niemals selbstverständlich. Liebend kann er geben, ohne selbst einem Anspruchsdenken zu verfallen. Zärtlichkeiten und liebe Worte sind dann Ausdruck wahren Gebens. Man gibt, weil man den anderen schätzt, und dies auch, wenn er sich nicht so verhält, wie man es selbst gerne hätte.

Erst mit dieser Haltung ist unsere Liebe echt. Wir sind frei von Forderungen und Ansprüchen, die immer wieder Leid gebracht haben, wenn sie sich nicht erfüllten. Diese Freiheit läßt uns Geschenktes in Freude annehmen: Zuwendung, die wir nicht innerlich fordern oder äußerlich erzwingen, wird uns zur wahren Begegnung mit dem anderen.

4. Lügen und grobe Worte vermeiden

Über einen Menschen, der in Einklang mit den universellen Gesetzen spricht, lehrte Gautama:

«Das Lügen verwarf er, vom Lügen hält er sich fern. Er spricht die Wahrheit und ist ihr standhaft und vertrauensvoll ergeben. Kein Heuchler und Schmeichler ist er.

Die Zwischenträgerei verwarf er, von der Zwischenträgerei hält er sich fern. Hier Gehörtes erzählt er dort nicht weiter, um jene zu entzweien. Dort Gehörtes, erzählt er hier nicht weiter, um diese zu entzweien. Vielmehr einigt er Entzweite und festigt Einträchtige. Weil ihn Verbundenheit freut, spricht er über sie fördernde Worte.

Grobe Worte verwarf er, von groben Worten hält er sich fern. Makellose Worte, die dem Ohr wohl tun, weil sie liebreich sind und zu Herzen gehen, spricht er höflich, viele erfreuend und aufrichtend.

Leeres Geschwätz verwarf er, von leerem Geschwätz hält er sich fern. Zur rechten Zeit spricht er den Tatsachen gemäß, inhaltsgetreu und auf die heilsame Wirkung bedacht. Seine Rede sei inhaltsreich, angebracht, deutlich, ausführlich und heilsam.»[51]

In Übung 8 wurden grundsätzliche Redegewohnheiten beobachtet. Nun erfahren wir, welches konkrete Sprechen wir auf dem Weg zur Wachheit ablegen oder annehmen sollten. Gautama schlägt das Beachten von vier Aspekten vor:

a) Von der Lüge zur Wahrheit

Mit jeder bewußten, absichtlichen oder kaum bewußten, gewohnheitsmäßigen Lüge entsteht Disharmonie zwischen der Wahrheit und dem, was wir sind. Wir schaffen eine Kluft zwischen uns und dem Belogenen, die uns trennt und immer einsamer macht, je öfter wir lügen. Mögen Hunderte von Menschen voller Bewunderung und gläubig an unseren Lippen hängen, wir sind ganz allein, wenn wir wissen, daß alles auf Täuschung beruht. Für den Lügner, sagte Gautama, gibt es kein Versteck, «denn er selbst weiß immer, was Wahrheit und Lüge ist»[52].

Genießt man dennoch die scheinbaren Vorteile einer Lüge, indem man sich etwa vormacht, eine erschwindelte Bewunderung wäre echt, schließt man ein Erweitern des Bewußtseins aus. Die enge, sich und anderen vorgespielte Scheinwelt läßt keine Wachheit zu. Bringt einem die Lüge auch Reichtum und Befriedigung aller Art, echtes und tiefes Glück bleibt unmöglich. Wer sich zum Sklaven selbst hervorgebrachter Täuschungen macht, ist unfrei.

Nicht nur Lebenslügen sind gefährlich. Mit jeder kleinen Unwahrheit, die wir anderen bewußt auftischen, verdunkeln wir unseren Charakter: Meine Wirklichkeit wird von Mal zu Mal unwahrhaftiger. Wie Gautama lehrte, ist derjenige, der zu einer bewußten Lüge fähig ist, immer auch imstande, jede andere unheilsame Tat zu vollbringen.[53] Das Maß unserer Wahrhaftigkeit ist der Gradmesser für die positive Beschaffenheit des eigenen Charakters.

Gerade die vielen kleinen Lügen, die gar nicht auffallen, sind in diesem Zusammenhang bedeutend und sollten entlarvt werden. Wichtig ist der Hinweis Gautamas, daß man kein Heuchler und Schmeichler sein darf.

Fragen Sie sich: Stimme ich manchmal anderen zu oder nicke beipflichtend, obwohl ich innerlich ablehnend bin, nur um zu imponieren? Bin ich oft zu feige, standhaft zu sein, obgleich ich nichts zu befürchten hätte, wenn ich ehrlich meine Ansicht vertreten würde?

Denken Sie, es handle sich hier nicht um wirkliche Lügen? Schließlich möchte man dem anderen nicht weh tun. Aber stimmt das denn? Ist es nicht die eigene Bequemlichkeit oder der Wunsch, bei jedem gut angesehen zu sein, der zu solchem Verhalten veranlaßt? Es gibt keinen Grund, stets grob zu widersprechen, wenn man anderer Auffassung ist. Doch weshalb Zustimmung heucheln, obgleich man voller Zweifel blieb? Wäre Schweigen da nicht angebrachter? Auch Schweigen kann schon der Vorhof zur Lüge sein. Im kleinsten müssen wir beginnen, unser Leben zu verwandeln, es wahrhaftiger und heller zu machen. Auch scheinbar Unwichtiges erhält bei der Verwandlung unsererselbst große Bedeutung: Jedes Wort und jede Handlung müssen zum Ausdruck der Wahrheit werden.

b) keine Zwischenträgerei

Wie bei allem kommt es beim Sprechen der Wahrheit auf die Absicht an. Treiben niedrige Motive dazu, die Wahrheit zu sprechen, wachsen wir an dieser Ehrlichkeit nicht. Sie verengt unser Bewußtsein und wir werden ärmer. Man stelle sich die ehrliche Frage: «Spreche ich manchmal oder häufig aus bloßer Boshaftigkeit die Wahrheit? Möchte ich andere damit verletzen? Bereitet es mir geheime Freude, Mißverständnisse zu stiften? Schweige ich auf der anderen Seite, damit Unstimmigkeiten bestehen bleiben, obwohl ich die Wahrheit sehr gut kenne?

Gerade hier können wir erkennen, wie ernst unser Wunsch nach Harmonie mit den universellen Gesetzen ist: Gelänge es uns, dort Frieden und Eintracht zu stiften, wo es vordergründig nicht in unserem Interesse scheint, blicken wir entscheidend über uns hinaus.

Ein wichtiger Aspekt ist in diesem Zusammenhang, wie ich andere und mich selbst im Gespräch darstelle. Wer erkennt sich in Gautamas folgender Beschreibung eines schlechten Charakters?

«Die Fehler des anderen legt er auch ungefragt offen. Fragt man ihn, erklärt er sie lückenlos und ohne Zögern in aller Ausführlichkeit. Die Vorzüge des anderen erwähnt er sogar bei Nachfrage nicht. Dringt man in ihn, gibt er sie nur zögernd, lückenhaft und unvollständig zu.

Eigene Fehler erwähnt er auch gefragt nicht. Zur Rede gestellt, spricht er zögernd, lückenhaft und unvollständig davon. Die eigenen Vorzüge hingegen legt er sogar ungefragt offen. Fragt man ihn, erklärt er sie lückenlos und ohne Zögern.»[54]

c) Von der Grobheit zur Höflichkeit

Beim Sprechen kommt es nicht nur darauf an, was wir sagen, sondern auch darauf, *wie* wir es sagen.

Natürlich ist es zuweilen notwendig, harte Wahrheiten auszusprechen. Zudem muß manches deutlich gesagt werden. Menschen, die uns wohl Verdientes streitig machen, sollten wir in die Schranken weisen.

Auch wenn wir uns mit Bestimmtheit Gehör verschaffen müssen, brauchen wir nicht grob und beleidigend zu werden. Schlimmer jedoch als Grobheiten im Streitfall ist die grundsätzlich barsche Rede.

Selbst wenn wir viel einstecken mußten und unter Streß stehen, was kann der andere dafür? Wir mögen uns trösten, wir meinen es ja nicht böse. Aber unsere Rechtfertigung vor uns nutzt dem anderen nicht. Wer kennt nicht Schmerz, Kummer und Enttäuschung, die man dem Empfinden eines Kindes durch grobe Behandlung bereitet? Es versteht die Sorgen gar nicht, die den anderen so gereizt machen. Auch die meisten Erwachsenen, die wir grob behandeln, kennen unsere Probleme nicht.

Gelang es uns einmal nicht, eine Grobheit zu vermeiden, oder wird sie uns erst später bewußt, sollten wir das nicht allzu schnell vor uns entschuldigen. Es gibt auch den Betroffenen. Wenn wir es schaffen, liebevoll auf den zuzugehen, der unsere Grobheit zu spüren bekam, um uns bei ihm zu entschuldigen, dann wachsen wir über unser enges Ich hinaus. Wir schließen den anderen in unser Bewußtsein mit ein. Wir werden offener, weiter, freier. Wer um Verzeihung bitten kann, erwarb die Fähigkeit, sich zu seinen Fehlern zu bekennen. Dies ist ein großer Schritt! Versteckte Fehler wird man nicht leicht überwinden. Doch einmal bekannte und offengelegte sind halb besiegt!

d) Kein leeres Geschwätz

Eigentlich läge auf der Hand zu schweigen, wenn man nichts zu sagen hat. Doch aus vielerlei Gründen sprechen wir doch. Wir reden aus Angst, Unsicherheit, um uns selbst oder anderen etwas vorzumachen. Vielleicht wollen wir uns auch nur wichtig machen oder fühlen uns akzeptierter, wenn wir mitreden. Wenn wir auch andere täuschen, die uns für besonders klug halten, freut einem die daraus gewonnene Selbstbestätigung nicht recht: Man verschleiert, daß man keine Ahnung hat.

Wer viel über Dinge spricht, über die er eigentlich keine

Kenntnis besitzt, führt ein armes Leben: Diejenigen, die mehr als er wissen und tieferes Verständnis besitzen, wollen mit einem Schwätzer nichts zu tun haben. Sie amüsieren sich über ihn und ziehen sich zurück. So bleibt er auf den Umgang mit denen angewiesen, die ihn immer weiter in die Selbsttäuschung treiben.

Es ist wichtig, seine Grenzen anzuerkennen. Dort, wo wir nichts zu sagen haben, sollten wir schweigen oder *fragen* und *zuhören*! Nur auf diese Weise können wir lernen und wachsen. Schweigen und Zuhören sind wichtige Begleiter auf dem Weg zur Wachheit.

5. Die Bewußtheit nicht durch Drogen trüben

Gautama mahnte seine Schüler, ihre Wachheit nicht zu betäuben und keine Süchte und Abhängigkeiten einzugehen, die Freiheit verhindern. Das Beachten anderer Regeln, die Schulung des Denkens, die Meditationsübung, all dies bedarf eines klaren Bewußtseins. Die Abhängigkeit von Suchtmitteln, die unser Bewußtsein trüben, wurde im Zusammenhang mit den zehn Fesseln schon behandelt.

Um den Sinn dieser Regel über den Buchstaben hinaus zu erfassen, müssen wir sehen, daß nicht nur Drogen wie Heroin oder Alkohol zu Suchtmitteln werden können. Wir sollten herausfinden, was unsere persönlichen Drogen sind, Dinge, zu denen es uns immer wieder treibt, die unser Erleben der Wahrheit verzerren, unser Denken betäuben und uns unfrei machen.

Da gibt es zum Beispiel Spielautomaten, die man immer wieder mit Geld füttert, Hoffnungen, die man immer wieder nährt, die jedoch an der Tatsächlichkeit vorbeizielen. Man lebt in einer Traumwelt, wartet auf das Eintreffen des Unmöglichen und versäumt das, was zu tun wäre. Der Glaube an das Unwahre kann zur schlimmeren Droge werden als solche, die man so nennt.

Wach werden heißt, die Wahrheit sehen, wie sie ist. Um auf gesichertem Grund zu stehen, bedarf es der Nüchternheit. Um dieser willen sollte man eindämmen, was vom Boden der Tatsachen wegführt. Wir gewinnen dafür echte Freiheit und ein Glück, das nicht von bestimmten Mitteln abhängt, die uns süchtig machen und täuschen.

Zum Ausklang

Wir meditieren. Wir bemühen uns um ein Lösen der zehn Fesseln. Wir streben nach einem wahrheitsgemäßen Bild der Welt. Wir versuchen, uns im täglichen Leben durch ein Arbeiten mit den fünf Regeln des Buddha zu bewähren. Warum das alles?

Es ist die Sehnsucht nach Freiheit für dieses Leben und darüber hinaus, die uns anspornt. Wir ahnen, daß wir echtes Glück nicht in den kurzfristigen Freuden des Egoismus finden. Wir fühlen, daß Freiheit nicht in der Absonderung unsererselbst besteht: Es geht um ein Erfahren der universellen Verknüpftheit aller Dinge und Wesen, wie es Gautama im Erwachen erlebte. Nur das Bewußtsein unserer wahren Stellung in dieser Welt läßt sie uns verstehen und vielleicht über sie hinausblicken.

Erst wenn wir unseren Standort kennen, können wir zielgerichtet weitergehen. Zu unseren Voraussetzungen, unserem Ausgangspunkt gehören grundlegende Gesetze wie jenes der Nichtdauer alles Werdenden. Solange wir uns dagegen sträuben, verharren wir in der Täuschung. Wissen wir nicht, wo wir sind, können wir nicht sehen, wohin der Weg führt.

Es genügt keine vage Vorstellung des Zieles, kein Schwelgen in Phantasien und schwärmerisches Träumen von unserer Harmonie mit dem Universum. Unser Weg ist voller Freude, doch dabei ganz nüchtern! Wir wollen uns und die Welt der Wahrheit gemäß erleben.

Erst wenn wir unsererselbst und der Welt, zu der wir gehören, gewahr werden, können wir den Blick weiter wagen. Wer den jetzigen Augenblick in Spekulationen über die Wandlungen nach dem Tod vergißt, flieht seine eigene Gegenwart, das einzige, was er sicher hat. Solange unser Bewußtsein nicht so umfassend wird, daß die Wahrnehmung über den Bereich dessen hinausreicht, was uns als die gewöhnliche Welt erscheint, hat es wenig Zweck, in der Phantasie solche Gebiete zu bereisen.

Was helfen Überlegungen zur Bedeutung des Karma über den Tod hinaus, solange wir nicht sehen, wie wir hier und heute Dinge tun, die uns und anderen unmittelbar nützen oder schaden? Im Alltag müssen wir sehen, wie banalste Gedanken, Worte und Taten wirken, bevor sich uns weitere Dimensionen des Karma-Gesetzes erschließen. Was wir im kleinsten nicht schaffen, gelingt im großen nie. Wer nicht seine unmittelbare Umgebung überschaut, wird kaum darüber hinausblicken. Wer nicht lernte, mit Einfachstem umzugehen, dessen Beschäftigung mit den letzten Dingen verspricht nicht viel.

Immer wieder sagte Gautama seinen Schülern: In dieser Welt müssen wir uns bewähren und positiv ausrichten, sollen unsere Wandlungen auch über das Sterben hinaus einen positiven Fortgang nehmen.

Mysterien des Todes

Die Bedeutung des Bewährens im Alltag dieser Welt für die Qualität des Werdens nach dem Sterben wird vom sogenannten *Tibetischen Totenbuch* bestätigt. Dieser Text beschreibt aus der Erkenntnis fortgeschrittener Schüler der Lehre Gautamas mit dem Sterbevorgang verbundene Erfahrungen. Berichte klinisch Toter, die man wieder zu Bewußtsein brachte, und Ergebnisse der Sterbeforschung bestätigen eindrucksvoll die Aussagen dieses Textes.

Einen wesentlichen Aspekt der bildhaften Schilderungen der Erlebnisse des Sterbens bilden Lichterscheinungen: Helle und trübe Lichter werden sichtbar, wenn die Körperkraft erlischt. Die hellen Lichter stehen für die Wahrheit und die höchsten Ideale des Menschen, sie sind Ausdruck der Wachheit und der wunderbaren Möglichkeiten, die man strahlend vor sich sieht. Das trübe Scheinen steht für das gewöhnliche Welterleben mit seinem Auf und Ab, seinen Zwängen und Fesseln.

Wie das *Tibetische Totenbuch* darlegt, müßte sich das Bewußtsein zum hellen Licht wenden und so zu den höchsten Idealen bekennen. Dann erführe es im Sterben die Lösung von Leid und Beschränkungen. Der unbewußte Weg der «Wiedergeburten» fände ein Ende; es käme zur Neugeburt, die einen befähigt, sich in liebender Harmonie mit den positiven Kräften des Universums heilsamem Wirken zum Nutzen allen Lebens zu widmen.

Doch strebt das Bewußtsein in der Regel ins trübe Licht und verbleibt in der Täuschung. Da ist eine tiefe Angst vor dem Klaren, Hellen, Wunderbaren. Man gibt sich lieber mit weniger zufrieden, als vollkommen *Ja* zum Besten zu sagen.

Warum sollte man sich im Sterben anders verhalten als im Leben davor? Die Chance der besseren Wahl im Tod wird vertan, weil man die Wahl des Besseren zu Lebzeiten nicht trainiert hat. Fast in jedem Augenblick des Alltags scheuen wir das Helle und geben uns mit dem Trüben zufrieden. Obwohl wir oft bessere Möglichkeiten kennen, begnügen wir uns mit der zweiten Wahl: Wir tun lässig, was wir vollkommen erledigen könnten; leichtfertig lassen wir Talente und Fähigkeiten verkümmern, indem wir uns für den bequemeren Weg entscheiden; obwohl wir um das Positive genau wissen, wählen wir das Unheilsame und nehmen die daraus entspringenden Konsequenzen in Kauf.

Im Alltag müssen wir lernen, uns bewußt vom Dunkeln und Trüben abzukehren, die schlechtere Möglichkeit zu lassen, um uns dem Klaren und Großartigen zuzuwenden. Auf diese Weise das Beste aus seinem Leben zu machen, ist das einzige Mittel gegen die Todesangst.

Einmal klagte Mahānāma, ein Vetter Gautamas, diesem sein Leid: «Wenn mich Geschäfte immer wieder in die laute und hektische Stadt führen, verliert mein Bewußtsein oft seine Ausrichtung. Meine zuvor auf Heilsames und Positives gerichteten Gedanken zerstreuen sich. Jetzt fürchte ich, was wohl geschehen würde, müßte ich in einem solchen Moment sterben.»

Gautama fragte: «Wohin, glaubst du, wird ein ganz nach Osten geneigter Baum stürzen, wenn man ihn fällt?»

Mahānāma antwortete: «Er stürzt natürlich in die Richtung, in die er geneigt ist!» Dieser Antwort zustimmend, legte Gautama dar, daß, wer sein Leben auf das Überwinden von Gier, Haß und Verblendung ausrichtet, im Tod automatisch in diese Richtung fällt, ist er sich ihrer durch vorübergehende Zerstreuung auch nicht bewußt. Wer das Beste aus seinem Leben macht, es in Einklang mit den universellen Gesetzen bringt, kann bange Furcht vor den Wandlungen nach dem Tod vergessen.

In Gautamas Lehre sind die Mysterien des Todes die Mysterien des Lebens: Richten wir uns immer wieder im Sinn unserer Ideale aus, dann fallen wir sterbend von selbst in ihre Richtung. Dazu müssen wir lernen, mit bewußter Absicht frei zu wählen, uns zum Hellen zu wenden und das Trübe zu lassen. Diese Fähigkeit ist das größte Wunder unseres Daseins.

Die Freiheit des Willens

Gautama bezeichnete die Absicht als das, was Karma wirkt. Durch unsere Absichten gestalten wir uns zu denen, die wir sind. Wie wir unsere Fähigkeit zur Absicht ausschöpfen, zeigt das Maß der gewonnenen Freiheit.

Absichten im höchsten Sinn haben wir, wenn wir etwas absehen, also Überblick besitzen: Nur wer mehrere Wege kennt, kann sich bewußt für einen entscheiden. Wer nur einen oder keinen kennt, geht seinen gewohnten Trott oder überläßt sich dem Zufall und der Beeinflussung durch andere.

Menschliches Dasein gleicht dem Flug einer Feder: Wie ein Stückchen Flaum wird man vom Umstand des Windes umhergeweht. Bald oben, bald unten, bald rechts, bald links, findet das Fliegen schließlich ein Ende, wenn man am Boden landet. Planlos und ohne Absicht ließ man sich treiben. Doch kann dieses federleichte Dasein ein freies schwereloses Schweben werden. Wer die Gesetze des Windes kennt, kann sich ausrichten, um im Aufwind zu sein. Mit Leichtigkeit bewegt er sich mit Hilfe des Windes, benutzt ihn und seine Gesetze, um in die gewählte Richtung zu steuern.

Freiheit bedeutet Freiheit der Wahl. Und wählen kann oft heißen, sich bewußt gegen das zu entscheiden, wohin einen der Wind der Umstände wehen möchte. Aus diesem Grund ist es wichtig, daß wir in der Meditation und im ehtischen Streben lernen, notfalls gegen unsere Neigungen zu handeln: Wir bemühen uns, still zu sitzen, auch wenn alles in uns zappeln will. Wir entscheiden uns bewußt für den positiven Gedanken oder die heilsame Tat, obwohl das Negative leichter kommen möchte und Teil unseres Wesens ist. Bewußt entschließen wir uns für das Helle, auch wenn das Trübe bequemer scheint!

Bemühen wir uns unablässig, gelangt unser Wesen nach anfänglicher Anstrengung zunehmend in Einklang mit den Gesetzen der größeren Ganzheit, die uns birgt. Worum man vorher kämpfte, geht dann mit Leichtigkeit wie von selbst. Freiheit und Glück sind nicht länger große Worte, wenn wir unser Verknüpftsein mit dem Ganzen erfahren.

Streben und Scheitern für uns und die Welt

Doch Vorsicht! Es ist leicht, sich mit abstrakten Ideen oder Phantasien einer Ganzheit mit allem und jedem einzulullen und ein Opfer neuer Selbsttäuschung zu werden. Wie weit man die Erfahrung gewann, erweist sich praktisch in der Beziehung zu dem, was uns am nächsten ist, besonders zum nächsten Menschen!

Werden wir gleichmütiger gegenüber eigenem Wohl und Kummer? Treten Gier und Haß zurück? Können wir das Leid anderer teilen? Freuen wir uns mit ihnen? Lieben wir vorbehaltlos? Fühlen wir uns freier, sind wir glücklicher? In ehrlicher Beantwortung zeigt sich, ob wir vorankommen!

Begrenzte Zeit lebe ich als der Mensch, der ich bin, in dieser Welt. Es ist meine Welt; ich entstand in ihr und aus ihr. Nur indem ich sie annehme und mich ihren Aufgaben stelle, werde ich frei. Nawang Kelsang (Tomo Gesche Rimpotsche), ein moderner tibetischer Weiser, sprach in diesem Sinn zu seinem Schüler Anagarika Govinda: «Solange wir glauben, anderen überlegen zu sein, und auf die Welt herabblicken, können wir nicht wahrhaft fortschreiten. Doch sobald wir einsehen, genau in *der* Welt zu leben, die wir verdienen, empfinden wir anderer Fehler als eigene, treten sie auch anders als bei uns in Erscheinung. Durch unser Karma leben wir in dieser unvollkommenen Welt, die letztlich unsere Gestaltung ist. Diese Haltung hilft, unsere Probleme zu überwinden, denn sie ersetzt fruchtloses Verneinen durch den positiven Impuls zur Besserung, der uns einer schöneren Welt nicht nur würdig macht, sondern zu Mitwirkenden und Teilhabern an ihrer Gestaltung werden läßt.»[55]

Heilsame Arbeit an uns verbessert zugleich die Welt. Jeder Mensch, der gut denkt, redet und handelt, verwandelt sie zum Positiven. Jeder Schritt, auch der kleinste, zählt dabei. Indem wir uns bemühen, wache, freie und glückliche Menschen zu werden, dürfen wir sicher sein, daß wir es nicht allein für uns tun. Wir wirken immer für die ganze Welt. Es ist eine große Verantwortung ...

Doch geht es nicht um Perfektion. Die Richtung ist wichtig, nicht das Erreichen *des* Ziels. Auf dem großen Weg gibt es nur Etappen oder Stationen. Ich muß auch wissen: Mein Scheitern ist programmiert. Bemühe ich mich mit ganzer Energie, Wahres und Gutes zu denken und zu reden, will ich Fehler vermeiden und immer das Richtige tun, ich werde doch stolpern, fallen, an meine Grenzen stoßen, jetzt und immer wieder. Das kann schmerzhaft sein, ist aber unerläßlich und wichtig. Will man die Egozentrik überwinden, muß das Ich scheitern. Da ich in meinen Beschränkungen nie mit absoluter Sicherheit sehe, was wahr oder gut ist, irre und versage ich.

Es ist ein Paradox des Weges: Je aufrichtiger das Bemühen, um so sicherer scheitert das Ich. Bin ich offen für dieses Scheitern und akzeptiere es, komme ich echter Freiheit näher. Das Bewußtsein weitet sich und gelangt über die Grenzen dessen, was ich jetzt bin. Das tiefste Scheitern kann dann zum Augenblick wahrer Neugeburt werden. Der Prozeß der «Wiedergeburt», in dem ich mich von einem Augenblick zum anderen in meiner Mittelmäßigkeit kopiere und fortpflanze, hört auf, und ich wende mich zum Licht. Wer diesen Weg zum Licht höherer Bewußtheit geht, kann sich manchmal einsam fühlen. Nicht jeder Nahestehende begreift, was in dem vorgeht, der Schranken durchbricht. Bevorzugen andere, man bliebe in vertrauter Beschränkung, ist das kein böser Wille, sondern Angst vor Veränderung. Es verunsichert, wenn ein Mensch, der es mit der Wahrheit nie genau nahm, plötzlich keine Lügen mehr auftischt oder jemand auf die gewohnten zwei Gläser zuviel verzichtet. Wer nicht mehr rauchen, prahlen, faulenzen oder lange Stunden mit Gerede über Abwesende zubringen möchte, kann dadurch auch provozieren. Zurückhaltung ist angebracht: Statt mit überlegener Geste das bewußte Dasein zu predigen, das man versucht, schweigt man besser darüber und bemüht sich, andere zu verstehen. Das eigene Beispiel wirkt auf Dauer mehr als viele Worte.

Teilt der Partner, eine gute Freundin oder ein Freund den Wunsch nach wacherem Leben, schenkt der offene Austausch über unser Bemühen wie Scheitern großen Ansporn. Wer sich ohne gleichgestimmte Weggefährten aufmacht, bewährt sich nach einem Wort Gautamas zunächst «allein wie das Nashorn».[56] Er kann geeignete Literatur und manche Hilfe zum Fortschreiten finden.[57] Arbeitet er beharrlich an sich, macht ihn dieser Weg reif für tiefe und anregende Freundschaft.

Als Gautama sich im Alter von achtzig Jahren klar bewußt und heiter zum Sterben legte, erinnerte er seine Schüler an die Vergänglichkeit alles Gewordenen. Keine Chance kommt wieder! Dann sprach er seine letzten Worte. «Strebet ohne Unterlaß!» ❧

Anmerkungen

1. Kasar-Devi-Publication, Almora, Indien 1980.
2. Nach Gautamas Tod versammelten sich der Überlieferung zufolge seine Schüler, um über die Bewahrung seines geistigen Erbes zu beraten. Sorgsam und mit Ehrfurcht wurden seine Aussprüche wiederholt und in ihrem weiterzugebenden Wortlaut festgelegt. Anfänglich, als die Erinnerung an den Meister noch frisch war, vermittelte man seine Botschaft mündlich. Doch spätere Generationen schrieben Lehre und Leben Gautamas nieder, um ihren Erhalt zu sichern. Heute sind entsprechende Texte in den indischen Sprachen Sanskrit und Pāli sowie in Chinesisch und Tibetisch erhalten. Dieses Buch führt Aussagen Gautamas nach der Pāli-Version an, die einen sehr alten Kern bewahrt. Aus Gründen besserer Verständlichkeit wurden Zitate gekürzt und in freierer Sprache wiedergegeben. Dies gilt gleichfalls für die zitierten Meister in Gautamas Nachfolge. Alle indischen Namen und Begriffe im Text sind in Sanskrit gegeben.
3. Anguttaranikāya I, 1.
4. Majjhimanikāya 80.
5. Majjhimanikāya 22.
6. Anguttaranikāya III, 66.
7. Tsurezuregusa.
8. Udāna VI., 4.
9. Anguttaranikāya I, 22.
10. Dīghanikāya 2.
11. Anguttaranikāya III, 62.
12. Saddharmapuṇḍarīkasūtra XVI.
13. Majjhimanikāya 63.
14. Dhammapada 277.
15. Samyuttanikāya XV, 5.

16. Dhammapada 103.
17. Dhammapada 1.
18. Anguttaranikāya V, 177.
19. Anguttaranikāya IV, 13.
20. Majjhimanikāya 22.
21. Vgl. Majjhimanikāya 135.
22. Anguttaranikāya III, 66.
23. Anguttaranikāya VI, 44.
24. Majjhimanikāya 86.
25. Anguttaranikāya VI, 63.
26. Majjhimanikāya 19.
27. Majjhimanikāya 20.
28. Buddhaghoṣa, Visuddhimagga VIII.
29. Majjhimanikāya 131.
30. Anguttaranikāya III, 66.
31. Dīghanikāya 9.
32. Samyuttanikāya LVI, 41.
33. Visudhimagga VIII.
34. Itivuttaka 112.
35. Majjhimanikāya 4.
36. Tsurezuregusa.
37. Visudhimagga XIV.
38. Majjhimanikāya 2.
39. Therīgāthā.
40. Majjhimanikāya 38.
41. Majjhimanikāya 21.
42. Dīghanikāya 11.
43. Tsurezuregusa.
44. Majjhimanikāya 10.
45. Tsurezuregusa.
46. Tsurezuregusa.
47. Dīghanikāya 26.
48. Anguttaranikāya X, 176.
49. Friedrich Nietzsche: Über Wahrheit und Lüge im außermo-

ralischen Sinne. In: Kritische Studienausgabe. Berlin/New York 1986, I, S. 875.

50. Anguttaranikāya VIII, 21.
51. Majjhimanikāya 51.
52. Anguttaranikāya III, 40.
53. Itivuttaka 25.
54. Anguttaranikāya IV, 73.
55. Zitiert nach Lama Anagarika Govinda: The Way of the White Clouds. London 1965.
56. Suttanipāta 45–47.
57. Weitere Anregungen zu den Themen dieses Buchs und Hinweise auf vertiefendes Material: www.mit-buddha-das-leben-meistern.at

Bücher des Autors zum Thema

Buddha (rowohlts monographien 50477)

Das Wirken Gautamas wird in dieser Biografie mit vielen Zitaten aus den klassischen indischen Texten und zahlreichen Bilddokumenten vorgestellt. Wer wissen möchte, unter welchen Bedingungen der Buddha lebte, lehrte und starb, mit wem er sich auseinanderzusetzen hatte und wie er auf die Menschen wirkte, findet hier eine Fülle an Informationen. Zudem werden Gautamas Aussagen über den Weg zum Erwachen und zu sozialen Themen allgemein verständlich und systematisch behandelt.

«Einen prägnanten Einblick in sein Leben, seine Zeit und seine diffizile Philosophie bietet der schmale, illustrierte Band *Buddha* von Volker Zotz. – Vielleicht ein Anstoß, sich intensiver mit einer Weltsicht zu befassen, die gerade heute besonders aktuell wäre.»
Roland Mischke in **Der Standard** (Wien)

«Fernab des Klischees vom abgeklärten, über alles erhabenen und unerreichbar fernen Meister stellt dieses Buch den Buddha in den Kontext seiner Zeitgenossen: Monarchisten und Republikaner, aber auch Magier und halbverhungerte Asketen, die dem Erleuchteten den Weg in die Hauslosigkeit – als Aussteiger aus dem Kastensystem – vorangegangen sind.»
Markus Ladstätter in **RELIGIONEN unterwegs**

Geschichte der buddhistischen Philosophie (re 55537)

Obwohl sich seine Lehre auf die Lebenspraxis konzentrierte, war der Buddha Gautama auch ein bedeutender Denker. Auf Basis seiner Aussagen entwickelte sich in Indien, Sri Lanka, Birma, Thailand, Indochina, China, Japan und Tibet eine reiche philosophische Tradition. Diese hält nicht nur wichtige Anregungen zur persönlichen Orientierung bereit, sondern liefert auch einen Schlüssel zum Verständnis der aktuellen Kultur und Politik in Süd- und Ost- und Zentralasien. Volker Zotz zeigt in diesem Buch die Entfaltung der buddhistischen Philosophie von den Anfängen bis in die Moderne und das Charakteristische der verschiedenen buddhistischen Richtungen aller Regionen Asiens.

Stimmen zum Buch:

«Bemerkenswert an dieser Arbeit ist, daß sie eine Vorstellung vom immensen Reichtum buddhistischen Denkens vermittelt; sie ist in den Einzelheiten präzis und im Ganzen prägnant.»
Jens Heise in **Nachrichten der Gesellschaft für Natur- und Völkerkunde Ostasiens, Hamburg**

«Volker Zotz behandelt in seiner präzisen, konzentrierten und trotzdem sehr gut lesbaren Weise praktisch alle wesentlichen buddhistischen Entwicklungen. Dabei gelingt es ihm, die einzelnen Schulen und Richtungen nicht trocken und langweilig zu definieren und voneinander abzugrenzen, sondern die Dynamik und innere Logik aufzuzeigen, nach der sie sich in Abhängigkeit voneinander herausgebildet haben, indem Gedankengänge und Schwerpunkte von Buddhas Lehre immer wieder neu aufgegriffen, durchdacht und ausformuliert, miteinander verknüpft und gegenseitig beantwortet wurden.»
Regine Leisner in **Lotusblätter. Zeitschrift für Buddhismus**

«Daß der Buddhismus seine Wurzeln im indischen Denken früherer Epochen hat, gewinnt hier Anschaulichkeit durch das vorzügliche Kapitel über die Vorgeschichte, das auf die ökonomischen und gesellschaftlichen Wandlungen nach der arischen Einwanderung eingeht, nach denen das Subjekt als Leben, Dasein und Sterben des Einzelnen in den Mittelpunkt des Denkens tritt.»
Thomas Immoos, **Deutsche Gesellschaft für Natur- und Völkerkunde Ostasiens, Tôkyô**

Konfuzius (rowohlts monographien 50555)

Wie der Buddha Gautama ist Konfuzius ein Meister der Lebenspraxis. Er verstand sich als Lehrer der Werte, die sich im öffentlichen wie privaten Leben bewähren: Nächstenliebe, Gewissenhaftigkeit und Respekt vor den legitimen Institutionen der Gesellschaft. Seine Lehrsätze, in Harmonie mit den Gesetzen des Kosmos gedacht, prägten Politik und Kultur in China, dann in ganz Ostasien. Die praktische Moral des Konfuzius kommt ohne Metaphysik aus, sie wendet sich dem Alltag zu: Darin liegen ihre Wirkung und ihre Faszination und ihre Provokation für das Abendland:

«Die alten Konfuzianer erschienen den meisten Abendländern als unerträgliche Moralprediger. Sie sprächen voller Ernst von der guten alten Zeit, in der jeder persönlich seine Eltern dankbar bis zum Tod pflegte und sich freute, seinen Kindern das Beste mitzugeben; in der Verwandte füreinander einstanden und man lebenslange Freundschaften pflegte; in der man alle Nachbarn kannte, ihnen half und gemeinsam Feste feierte; in der man gerne miteinander sang und klassische Gedichte aufsagte, in der Anstand und Bildung mehr zählten als Einkommen, Besitz und darauf gründende Vergnügen; in der man um einen lieben Toten bitterlich weinte. Ihr Ruf nach Umkehr hätte wohl noch weniger Chancen auf Gehör als im China ihrer Zeit. Bescheidenheit, Treue und unmittelbare Freude am Miteinander oder einer Erweiterung des Wissens sind keine Werte der Wachstumsgesellschaft, die auf das Recht und die Produktivität der stärkeren Ellbogen setzend ihre menschliche Mitte verlor.»